高速铁路精测精调

主　编　徐金锋
副主编　胡建财　刘　锋　耿　楠
参　编　高永刚　李　鑫　王　瑛　白广明
　　　　梅　韩　王明友　王　进　吴永峰
主　审　王军龙　王宏昌

北京理工大学出版社
BEIJING INSTITUTE OF TECHNOLOGY PRESS

内 容 提 要

本书紧紧围绕高素质技术技能人才培养目标，对接专业教学标准和高速铁路线路岗位标准，选择项目案例，结合生产实际中需要解决的一些测量技术应用与创新的基础性问题，以项目为纽带、任务为载体、工作过程为导向，科学组织教材内容，进行教材内容模块化处理，注重课程之间的相互融通及理论与实践的有机衔接，开发工作页式工单，形成了多元多维、全时全程的评价体系，并基于互联网，融合现代信息技术，配套开发了丰富的数字化资源。本书共分为高速铁路工程测量认知、高速铁路工程变形监测、CPⅠ和CPⅡ控制网测量、轨道控制网CPⅢ测量、CRTSⅠ型双块式无砟轨道精调、CRTSⅢ型轨道板精调、长枕埋入式无砟道岔精调、高速铁路线路维修8大模块。

本书可作为高职高专院校、技术应用型本科院校铁工类专业群学生、高技能人才培训或继续教育人员用书，也可作为企业技术人员的参考资料。

版权专有　侵权必究

图书在版编目（CIP）数据

高速铁路精测精调 / 徐金锋主编 . -- 北京：北京理工大学出版社，2023.8
ISBN 978-7-5763-2834-9

Ⅰ.①高… Ⅱ.①徐… Ⅲ.①高速铁路—检测 ②高速铁路—调试方法 Ⅳ.① U238

中国国家版本馆 CIP 数据核字（2023）第 167445 号

责任编辑：高雪梅	**文案编辑**：高雪梅
责任校对：周瑞红	**责任印制**：李志强

出版发行	/ 北京理工大学出版社有限责任公司
社　　址	/ 北京市丰台区四合庄路6号
邮　　编	/ 100070
电　　话	/ （010）68914026（教材售后服务热线）
	（010）68944437（课件资源服务热线）
网　　址	/ http：//www.bitpress.com.cn
版 印 次	/ 2023年8月第1版第1次印刷
印　　刷	/ 河北鑫彩博图印刷有限公司
开　　本	/ 787 mm × 1092 mm　1/16
印　　张	/ 18
字　　数	/ 392千字
定　　价	/ 79.00元

图书出现印装质量问题，请拨打售后服务热线，负责调换

前 言

高速铁路精测精调课程是高职高专铁工类专业群的一门专业课程。为建设好该课程，编者认真研究专业教学标准和高速铁路线路岗位标准，开展广泛调研，联合企业制定了毕业生所从事岗位（群）的《岗位（群）职业能力及素养要求分析报告》，并依据《岗位（群）职业能力及素养要求分析报告》开发了《专业人才培养质量标准》，按照《专业人才培养质量标准》中的素质、知识和能力要求要点，注重"以学生为中心，以立德树人为根本，强调知识、技能、素养目标并重"，组建了校企合作的结构化课程开发团队。以生产企业项目为纽带、任务为载体、工作过程为导向，进行课程内容模块化处理，以"项目+任务"的方式，开发工作页式工单，注重课程之间的相互融通及理论与实践的有机衔接，形成了多元多维、全时全程的评价体系，并基于互联网，融合现代信息技术，配套开发了丰富的数字化资源。

本书以工作页式工单为载体，强化项目导学、自主探学、合作研学、展示赏学、检测评学，在课程、学生地位、教师角色、课堂、评价等方面全面改革，在评价体系中强调以立德树人为根本、素质教育为核心，突出技术应用，强化学生创新能力培养。

本书实施"双主审"制，由西安铁路职业技术学院徐金锋担任主编，由广州南方测绘科技股份有限公司胡建财、西安铁路职业技术学院刘锋、山西铁道职业技术学院耿楠担任副主编。全书由西安铁路职业技术学院王军龙和中国铁路西安局集团有限公司王宏昌联合主审。每一模块内容均由企业和学校人员联合编写。具体编写分工：杨凌职业技术学院白广明和中国铁路西安局集团有限公司王进联合编写模块1；陕西机电工程职业技术学院李鑫和中铁北京工程局王明友联合编写模块2；西安铁路职业技术学院高永刚和中国铁路郑州局集团有限公司梅韩联合编写模块3；西安铁路职业技术学院徐金锋编写模块4、模块6；山西铁道职业技术学院耿楠和广州南方测绘科技股份有限公司胡建财联合编写模块5；

西安铁路职业技术学校王瑛和中国铁路西安局集团有限公司吴永峰联合编写模块 7；西安铁路职业技术学院刘锋和广州南方测绘科技股份有限公司胡建财联合写模块 8。

由于编写时间仓促，加之编者水平有限，书中难免存在不妥之处，请广大读者批评指正。

编　者

目 录

模块 1　高速铁路工程测量认知 ……………………………………… 1

　　任务 1.1　国外高速铁路工程测量认知 ………………………………… 3

　　任务 1.2　我国高速铁路测量认知 ……………………………………… 8

模块 2　高速铁路工程变形监测 ……………………………………… 14

　　任务 2.1　高速铁路工程变形监测网布设 …………………………… 16

　　任务 2.2　路基变形监测 ……………………………………………… 23

　　任务 2.3　桥涵变形监测 ……………………………………………… 33

　　任务 2.4　隧道变形监测 ……………………………………………… 44

模块 3　CPⅠ和CPⅡ控制网测量 …………………………………… 52

　　任务 3.1　CPⅠ和CPⅡ控制网测量 …………………………………… 54

　　任务 3.2　CPⅡ导线测量 ……………………………………………… 67

模块 4　轨道控制网 CPⅢ测量 ……………………………………… 78

　　任务 4.1　CPⅢ平面数据采集及加密测量 …………………………… 80

　　任务 4.2　CPⅢ控制点埋设和编号 …………………………………… 92

任务 4.3　CPⅢ平面控制网外业数据采集 …………………………………… 102

任务 4.4　CPⅢ控制网外业测量数据处理 …………………………………… 108

任务 4.5　CPⅢ高程控制网闭合环法测量 …………………………………… 123

任务 4.6　CPⅢ高程控制网三角高程测量 …………………………………… 134

任务 4.7　CPⅢ网的复测和维护 ……………………………………………… 139

模块 5　CRTS I 型双块式无砟轨道精调 …………………………………… 148

任务 5.1　CRTS I 型双块式底座板测量 ……………………………………… 150

任务 5.2　轨排组装及粗调 …………………………………………………… 158

任务 5.3　轨排精调 …………………………………………………………… 165

模块 6　CRTS Ⅲ型轨道板精调 ……………………………………………… 173

任务 6.1　CRTS Ⅲ型底座板测量 …………………………………………… 175

任务 6.2　CRTS Ⅲ型轨道板精调 …………………………………………… 185

模块 7　长枕埋入式无砟道岔精调 …………………………………………… 200

模块 8　高速铁路线路维修 …………………………………………………… 216

任务 8.1　高速铁路线路检查 ………………………………………………… 218

任务 8.2　长轨精调 …………………………………………………………… 238

任务 8.3　长轨精调数据处理 ………………………………………………… 251

任务 8.4　高速铁路线路联调联试与维修作业 ……………………………… 258

参考文献 ………………………………………………………………………… 279

模块 1

高速铁路工程测量认知

📖 模块描述

　　铁路工程建设中工程测量必不可少，测量中要建立一套完整的满足铁路工程勘察、施工控制、运营维护的铁路工程测量控制网。传统的铁路工程测量使用光学水准仪、经纬仪等仪器，采用中桩法、偏角法、切线支距法等测量方法进行施工测设。使用的仪器落后，采用的测量方法效率低下，而且精度也比较低。随着高速铁路（也称高铁）的不断发展、测量技术和施工工艺的更新，需要建立高精度的控制网、生产精密的仪器和采用先进的施工方法，要使列车达到 350 km/h 的速度行驶，必须使线路处于绝对控制中，这不仅有利于轨道控制，也对保持轨道的平顺性有积极的意义。

　　相对于传统的铁路工程测量而言，高速铁路工程测量属于精密工程测量，对轨道的测量精度控制在毫米级。精密控制网布设、施测与传统的工程控制测量有所不同。

　　通过本模块的学习，学生应重点了解国内外高速铁路工程测量发展，熟悉我国高速铁路控制网系统。

📧 学习目标

1. 知识目标
（1）掌握日本高速铁路工程测量方法；
（2）掌握德国高速铁路工程测量控制网；
（3）掌握我国高速铁路工程测量控制网。

2. 技能目标
（1）能分析日本高速铁路工程测量的优缺点；
（2）能分析德国高速铁路工程测量的优缺点；
（3）能分析对比德国与我国高速铁路工程测量方法。

3. 素养目标
（1）培养爱国主义和詹天佑精神；
（2）培养取其精华、去其糟粕的观念；
（3）培养追求卓越、精益求精的工匠意识。

📧 重点和难点分析

1. 重点

重点：德国与我国高速铁路工程测量控制网对比。

重点分析：德国高速铁路控制网与我国高速铁路控制网有许多地方相似，德国高速铁路控制网分为平面控制网和高程控制网，两个控制网是分开的；我国高速铁路控制网也分为平面控制网和高程控制网，一个控制点集合了这两种控制网。

2. 难点

难点：三角规测量。

难点分析：日本作为世界上最早建成高速铁路的国家，其测量被各国模仿和借鉴，三角规又是其高速铁路测量中的重要组成部分，对人员素质和操作提出很高的要求。

任务 1.1　国外高速铁路工程测量认知

📋 任务引入

自从世界上第一条高速铁路开通运营，德国、法国、意大利、韩国等国家相继开通高速铁路，高速铁路大发展的时代已经到了。多个国家建成了高速铁路工程测量控制网系统，请查阅文献完成国外高速铁路测量知识。

📍 任务分组

班级		组号		组长	
组员	姓名	学号	姓名	学号

📖 熟悉任务

工作单 1-1（课中下发，课后交给教师）

组员姓名：　　　　学号：　　　　日期：　　月　　日　　天气：

观看视频，了解世界上高铁发展，掌握相关知识。
1. 世界高速铁路发展的历程是什么？

国家高铁宣传片

2. 日本高速铁路发展的历程是什么？

3. 德国高速铁路发展的历程是什么？

工作计划

工作单 1-2

1. 如何进行日本轨道精调？

2. 德国高速铁路控制网组成有哪些？

决　策

工作单 1-3

观看视频，了解德国和日本高铁测量发展，掌握相关知识。
1. 师生讨论日本高速铁路三角规测量。

我国高速铁路发展

2. 师生讨论德国高速铁路控制网。

3. 小组讨论日本高速铁路三角规测量的优缺点。

4. 小组讨论德国高速铁路控制网的优缺点。

5. 小组讨论建设高速铁路的优缺点，对我国有什么启示？

工作实施

工作单 1-4

1. 三角规精调流程有哪些？

2. 德国高速铁路控制网系统的组成有哪些？

评价反馈

个人自评表、小组内互评表、小组之间互评表、教师评价表。

相关配套知识

轨道的高平顺性是无砟轨道最突出的特点，同时也是高速铁路建设成败的关键之一。为了保证轨道的高平顺性，高铁线路必须具备非常准确的几何参数，测量误差必须保持在毫米级范围内，这对测量精度提出了很高的要求。国外对无砟轨道控制测量非常重视，要求进行高精度的控制测量。控制测量的主要工作是建立工程测量控制网，目的是将设计的无砟轨道位置、形状及高程，在地面准确地标定出来，确保无砟轨道线路的平顺性。

工程测量控制网包括平面控制和高程控制两部分。一般采用逐级控制的方式形成完善的工程测量控制网，分级控制的级数根据国家控制点的精度和密度来确定。对于大型桥梁和长大隧道等构筑物工程还应给予特殊考虑，建立局部专门工程控制网来保证精度。

1. 日本高速铁路测量

日本是世界上第一个建成实用高速铁路的国家。1964年10月1日，东海道新干线正式开通营业，高速列车运行速度达到210 km/h，从东京出发到大阪，中间经过名古屋、京都等地区，从东京至大阪间旅行时间由原来6小时30分缩短到3小时。从1959年开始修建高铁时，日本无砟轨道铁路普遍采用基准器和三角规进行轨道板的精调工作。三角规如图1.1所示。

三角规主要应用于板式无砟轨道铺板过程中调整轨道板的高度、纵坡和超

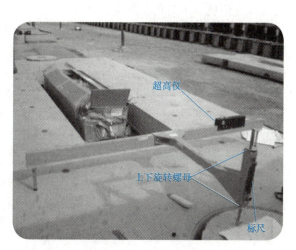

图1.1 日本三角规设备

高检测。

(1) 三角规规格。

1) 基准点与板式无砟轨道板顶面高差的调整范围：-40～40 mm；

2) 设计凸形挡台顶面混凝土与板式无砟轨道板顶面：10 mm；

3) 可调纵坡范围：0～±35/1 000；

4) 可调超高范围：-20～+230 mm；

5) 组装后尺寸：约 1 570 mm（长）×625 mm（宽）×370 mm（高）；

6) 质量：约 5.3 kg。

(2) 三角规组装。

1) 按照三角规上面标示的编号将两个三角规配成一对使用。

2) 将组装完成后的两个三角规放置在轨道板的前后，通常情况下，前后两个三角规不能随意调换，一般将三角规超高仪一端放置在外侧超高的内侧，超高相反时调换前后三角规进行使用，如图 1.2 所示。

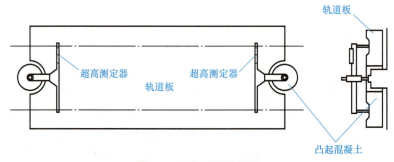

图 1.2　三角规摆放示意

(3) 三角规的使用步骤及注意事项。

1) 坡度调整。根据设计坡度将坡度线对准标尺右侧的坡度刻度：顺着线路前进方向为上坡时，坡度线应与坡度刻度 0 上方的刻度对齐；顺着线路前进方向为下坡时，坡度线应与坡度刻度 0 下方的刻度对齐。

2) 高差调整。计算基准点处线路横断面上轨道板的顶面标高，然后减去基准点的实测标高，得出的差值为负值时，旋转设定高差用的上下旋转螺母将游标旋至高差刻度 0 刻线的上方；当差值为正值时，旋转至高差刻度 0 刻线的下方。

3) 超高设定。根据设计超高量旋转超高仪旋钮，每旋转一圈，超高增加或减少 10 mm。

将三角规的纵坡、高差、超高调整至设计要求后，调整轨道板，直至三角规的所有水准气泡居中，即轨道板在高程上调整完毕。

(4) 三角规的缺点。采用基准器和三角规进行轨道板的精调工作，调板精度无法量化，没有最终的测量结果数据，无法进行数据追溯，不能落实质量责任到具体人员和工序；调板的精度较低，直接影响钢轨铺设的精度及调板后期的工作量。

2. 德国高速铁路测量

继日本之后，20 世纪 90 年代初德国开始修建高速铁路，其发展非常迅速，德国创建了控制网系统，研制了旭普林和博格等轨道结构。

（1）大地测量基准。德国铁路针对所有铁路线路技术而采用的大地测量基准数据是以德国土地测量管理部门的 ETRF89 为基础的 DB_REF，采用七参数转换，可以实现由 ETRF89 转换到局部参考椭圆体，使用 3°带高斯-克吕格投影将球面坐标投影到平面上。

局部永久标志的控制基准点用大地测量方法来测定，并作为固定标志导入德国铁路的信息系统，由于它们具有较高的测量精度、可靠性和稳定性，因此这些控制基准点构成了德国铁路的基准控制网。

（2）德国控制网体系。德国高铁控制网分为四级，高程控制网与平面控制网分开设置。控制基准点的质量、控制点的距离、控制点的精度见表 1.1～表 1.3。

表 1.1 控制基准点的质量

控制点状态	标志	含义
PS0	参考点	坐标框架的形成，GPS 及大地测量方法的初始点
PS1	加密点	大地测量方法（全站仪、水准测量）的初始点
PS2	平面控制基准点	大地测量方法（全站仪）的初始点
PS3	高程控制基准点	大地测量方法（水准测量）的初始点
PS4	其他控制基准点	如其他测量网的控制点、线路标志测设控制点

表 1.2 控制点的距离

控制点状态	距离	设立的规定
PS0	约 4 km	在线路交会范围内，一个点必须覆盖多条线路
PS1	800～1 000 m	—
PS2	约 150 m	可作为永久的控制基准点设立
PS3	700～1 000 m	只设立在适宜的大楼和建筑物处
PS4	—	根据要求设立

表 1.3 控制点的精度

控制点状态	绝对精度	相对精度	备注
PS0	10 mm	5 mm	三维
PS1	15 mm	10 mm	三维
PS2	15 mm	10 mm	平面位置精度
PS3	5 mm	$D_{\Delta H} \leq 5\sqrt{R}$ mm	相邻点间高差（ΔH）的最大允许误差
PS4	—	—	根据对其他控制基准点的要求

注：R 的单位为 km。

（3）德国控制网的特点。德国高速铁路工程测量体系和标准有一个发展和完善的过程，根据测量误差和工程测量建网理论，平面控制网的高程数据，主要是为了投影面的计算，若要同时满足平面和高程的高精度要求，在实践中是很难选择合适的控制点，在实用中也没有必要；单点的平面和高程精度，DS833 的比 RIL883 的高，说明德国对高速铁路工程测量非常重视，在实践经验不足和认知不充分时，制定的标准略高，避免在工程施工中因发现测量精度不够而必须采取补救措施，给工程建设造成更大的损失；无砟轨道的形式、施工工法和测量方法不同，测量精度指标也会有差异，因此，新规范要求 PS4 根据需要确定必要精度。他们在实践中还发现，仅有 PS1 不足以达到线路控制的目的，因此，在新规范中增加了框架控制点 PS0。

任务 1.2　我国高速铁路测量认知

任务引入

我国高速铁路工程测量控制网系统从引进国外先进技术，到消化吸收，再到自主创新建立符合我国国情的控制网系统，请查阅文献完成我国高速铁路控制网知识。

任务分组

班级		组号		组长	
组员	姓名	学号	姓名	学号

熟悉任务

工作单 1-5（课中下发，课后交给教师）

组员姓名：　　　　学号：　　　　日期：　　月　　日　　　天气：

观看视频和网上查阅资料，了解我国高速铁路发展，掌握相关知识。

1. 我国古代四大发明是什么？

新四大发明

2. 我国新四大发明是什么？

3. 我国《国家综合立体交通网规划纲要》有关高速铁路发展有哪些内容？

4. 我国第一条高速铁路是哪条？

5. 列举我国已建成和正建的高速铁路线路。
（1）已建成：

（2）正建：

工作计划

工作单 1-6

如何进行平面控制网和高程控制网布设？

决　策

工作单 1-7

1. 师生讨论我国高速铁路工程测量控制网组成。

2. 师生讨论德国与我国高速铁路工程测量控制网对比。

3. 小组讨论"三网"特点。

4. 师生讨论我国高速铁路工程测量控制网的优缺点。

工作实施

工作单 1-8

1. 我国高速铁路工程测量控制网系统由哪些内容组成？

2. 我国客运专线无砟轨道测量控制网的主要技术指标有哪些？

3. 我国高速铁路工程测量发展趋势是什么？

评价反馈

个人自评表、小组内互评表、小组之间互评表、教师评价表。

相关配套知识

2003年，秦沈客运专线通车，设计速度为250 km/h，这是我国第一条高速铁路，拉开了我国高速铁路建设的大幕（图1.3）。截至2023年，我国高速铁路运营里程达4.2万千米，稳居世界第一，建成四通八达的高铁网，实现了交通强国梦想。虽然我国高速铁路建设起步晚，但是建设规模和速度堪称奇迹，被国外

图1.3 秦沈客运专线

称为"新四大发明之一",中国高铁从刚开始的技术引进到现在的自主创新,到完全实现了国产化,建立了我国独有的高速铁路测量系统,开创了人类建设高速铁路的新纪元。

1. **我国高速铁路控制测量布网**

我国高速铁路精密工程测量的控制网分为四级:第一级框架平面控制网(CP0)、第二级基础平面控制网(CPⅠ)、第三级线路平面控制网(CPⅡ)是在勘测设计阶段布设的,第四级轨道控制网(CPⅢ)是在施工阶段布设的。

一级控制点(CPⅠ)具有(X, Y, Z)三维坐标,间距小于4 km。二级控制点(CPⅡ)是在一级控制点(CPⅠ)的基础上进行,测设二级控制点(CPⅡ)时,利用GNSS(Global Navigation Satellite System,全球卫星导航系统)测量和网内平差得到二级控制点的(X, Y)坐标,二级控制点的高程利用数字水准仪在大地水准点或一级控制点(CPⅠ)基础上测设,二级控制点间距控制在1 km左右,设置在线路附近。三级控制点(CPⅢ)构成了线上工程的精度控制网,如果采用导线测设三级控制点,将测量仪器直接设置在部分三级控制点上(测量仪器间距控制为120~140 m),将会产生2 mm的测站对中误差,虽然布网花费时间短,但点位误差较大,控制网稳定性不够,不利于精调施工与轨道检测。因此,必须利用自由设站法测设三级控制点,在每个设站点进行多目标测回测量,以减小观测误差,设站点间距不大于140 m,最后利用最小二乘原理进行整网的约束平差。这种方法的优点是可控制网网形规则,观测精度均匀统一,点位误差小,无较弱点存在,控制网稳定性较高等。依据误差理论分析和仿真试验结果,参考德国铁路标准(简称德铁标准),并考虑到我国现有技术能力,我国客运专线无砟轨道测量控制网的主要技术指标见表1.4。

表1.4 我国客运专线无砟轨道测量控制网的主要技术指标

控制网级别	附合长度/km	边长/m	方向中误差/″
CPⅠ	—	1 000~4 000	1.3
CPⅡ	≤4	800~1 000	1.7
水准基点	—	≤2 000	
CPⅢ	≤1	150~200	2.8

2. **我国高速铁路测量系统与德国测量系统对比**

(1)德铁标准与我国客运专线无砟轨道测量控制网等级的对应关系。

1)CPⅠ相当于PS0;

2)CPⅡ相当于PS1;

3)水准基点相当于PS3;

4)CPⅢ在线下工程土建施工时相当于PS2;

5)无砟轨道施工时,重建(或恢复)CPⅢ控制点(150~200 m)和加密控制基桩(间隔50~60 m),相当于PS4。

(2)精度比较。根据收集到的德铁标准,尺度误差的限制值为10 mm/km。《客运专线无砟轨道铁路工程测量暂行规定》中的模型误差,采用不大于 10 mm/km,有条件推行小于 1 mm/km。

从相邻点误差来说,我国客运专线无砟轨道的 CPⅠ 精度高于德铁标准的 PS1;水准基点的精度高于德铁标准的 PS3;CPⅢ 控制点的高程精度低于德铁标准的 PS3;平面精度高于德铁标准的 PS4。

3. 三网合一

(1)三网合一的概念。客运专线无砟轨道铁路工程测量的平面、高程控制网,按施测阶段、施测目的及功能的不同可分为勘测控制网、施工控制网、运营维护控制网。这就是客运专线无砟轨道铁路工程测量的三个控制网,简称"三网"。

与有砟轨道相比,无砟轨道的最大特点是工程施工工艺和精度要求高,运营维护技术特殊,周期长(按 60 年设计标准)。为保证控制网的测量成果质量满足勘测、施工、运营维护三个阶段测量的要求,适应客运专线无砟轨道铁路工程建设和运营管理的需要,三阶段的平面、高程控制测量必须采用统一的基准,即勘测控制网、施工控制网、运营维护控制网均采用 CPⅠ 为基础平面控制网,二等水准基点网为基础高程控制网,简称为"三网合一"。

(2)"三网合一"的内容。

1)勘测控制网、施工控制网、运营维护控制网坐标高程系统的统一。在客运专线无砟轨道的勘测设计、线下施工、轨道施工及运营维护的各阶段均采用坐标测量定位,因此,必须保证三网的坐标和高程系统的统一,以使无砟轨道的勘测设计、线下施工、轨道施工及运营维护工作顺利进行。

2)勘测控制网、施工控制网、运营维护控制网起算基准的统一。客运专线勘测控制网、施工控制网、运营维护控制网平面测量应以基础平面控制网 CPⅠ 为平面控制基准,高程测量应以二等水准基点为高程控制测量基准。

3)线下工程施工控制网与轨道施工控制网、运营维护控制网的坐标高程系统和起算基准的统一。

4)勘测控制网、施工控制网、运营维护控制网测量精度的协调统一。

4. 我国高速铁路工程测量技术的发展趋势

目前,随着制造业、计算机、互联网等技术的发展,工程测量技术正快速向高精度、三维测量、大数据和多技术融合的方向发展。结合高速铁路技术的发展,我国高速铁路精密工程测量技术取得了很大的进步。目前,我国高速铁路精密工程测量技术的主要发展趋势如下:

(1)测量机器人的普及与应用。在传统测量工作中,人为因素(主要指整平和观测)是测量误差的一个重要误差源,一些困难地理环境下甚至无法完成人工测量工作。随着高智能化、自动化测量机器人的出现和广泛应用,测量机器人正逐步取代人工测量,在高速铁路工程测量(包括 CPⅢ、洞内 CPⅡ 导线等)中得到了日趋广泛的应用。测量机器人不仅能降低测量外业工作强度,还能提高测量效率和观测数据质量。目前,利用测量机器人进行自由测站边角交会测量已成为高速铁路CPⅢ平面网的主要测量手段。大量实践结果表明，利用测量机器人进行自由测站测量具有效率高、精度高的优势，测量机器人将得到越来越广泛的应用。

（2）三维测量技术的发展应用。随着三维测量扫描仪、卫星导航定位系统（包括GPS、GLONASS、GALILEO、北斗等）及全站仪等技术装备的发展，以及三维测量数据处理技术的进步，传统的平面测量结果已逐渐无法满足要求，三维测量技术以理论更加严密、结果更加精确可靠的优势正逐步得到发展和应用。值得特别注意的是，激光测量技术能够进行动态实时跟踪测量和三维立体测量，通过高速激光扫描可得到大面积、高精度、高分辨率的表面三维坐标数据，具有快速高效、数字化、高自动化的特点，将在铁路工程测量中得到更广泛的应用。目前，传统的铁路测量技术已逐渐无法满足高速铁路线型测量、限界测量的要求，三维测量技术以其高精度、海量数据、可视化等优势，正逐步得到应用。

（3）传感器的发展和混合应用。信息技术的发展衍生出多种多样的传感器，这是测量技术的重要补充，促进了测量技术的自动化发展。传感器与全站仪、GNSS接收机等测量设备的混合应用能够消除各种测量设备的局限性和不足，充分发挥各自优势并提高精度和可靠性，极大地拓宽了传统工程测量的应用范围。传统铁路测量技术在高速铁路隧道、桥梁等的变形监测中具有局限性，采用多种传感器的混合监测方案得到了广泛认可。

（4）自动化变形监测。高速铁路桥梁、隧道工程建成投入运营后经常需要进行变形监测，传统的人工测量已逐渐无法满足高频率、高精度的监测任务需要。采用多测量技术融合的自动化变形监测系统进行自动观测和数据处理已迫在眉睫，自动化变形监测将成为高速铁路精密工程测量技术的又一个重要发展方向。

（5）移动测量技术。目前，移动测量技术已成为测绘行业的前沿科技之一，已在很多工程中得到了应用，尤其是在数字城市建设中的应用已取得可喜成果。移动测量技术以其高效率、大数据的优势而成为测绘科学的一个重要研究方向。随着高速铁路对工程测量效率要求的不断提升，移动测量技术必将在高速铁路工程测量中得到更加广泛的应用。

（6）精密工程测量的理论与方法。随着大型、特大型精密工程对工程测量技术要求的不断提高，高精度施工控制网的优化设计、作业方法、数据处理与分析方法正日趋严密。随着测量平差理论方法的发展，工程测量数据处理已由简易平差阶段发展到严密平差阶段，测量数据处理正借鉴信号处理方法、工业测量数据处理方法、机器学习方法和云计算方法不断发展。目前，一些特高精度的工程测量提出了毫米级甚至亚毫米级的精度要求，为得到如此高精度的测量结果，一些更加先进、更加精细的数据处理方法必将在工程测量中得到应用和发展。

总体上，我国高速铁路精密工程测量技术正快速发展，控制网的高精度、内外业测量的自动化和一体化、三维测量技术与方法、多源定位技术融合、全站仪自由测站方法的应用与拓展、自动化变形监测、移动测量技术将成为我国高速铁路精密工程测量的发展方向。

模块 2

高速铁路工程变形监测

📖 模块描述

　　高速铁路无砟轨道对路基、桥涵、隧道等结构物的工后沉降要求严格、标准高，施工期间对结构物的水平位移和垂直位移观测方法、埋设的元器件，以及观测的频次都做了严格要求。通过对沉降观测数据系统综合分析评估，验证或调整设计措施，使结构物达到规定的变形控制要求；分析、推算出最终沉降量和工后沉降，合理确定无砟轨道开始铺设时间，确保客运专线无砟轨道结构铺设质量。

　　通过本模块的学习，学生应重点掌握路基、桥涵、隧道的变形点布设方法，会使用电子水准仪进行二等水准测量，为今后学生从事沉降变形工作奠定扎实基础。

模块 ② ▶▶▶ 高速铁路工程变形监测

📧 学习目标

1. 知识目标

(1) 掌握路基沉降变形点的布设和观测;
(2) 掌握桥涵沉降变形点的布设和观测;
(3) 掌握隧道沉降变形点的布设和观测;
(4) 掌握过渡段沉降变形点的布设和观测。

2. 技能目标

(1) 会对沉降变形观测点进行编号;
(2) 能根据设计图纸和布置原则找到变形观测点;
(3) 能使用仪器对变形观测点进行观测。

3. 素养目标

(1) 理解变与不变的道理;
(2) 培养按标准要不断完善自己的意识;
(3) 培养追求卓越、精益求精的工匠意识;
(4) 培养具体问题具体分析的意识。

📧 重点和难点分析

1. 重点

重点：变形观测点布设。

重点分析：在高速铁路建设中，桥涵、隧道和路基的变形观测点设置的位置不同，按照要求设置，设置位置的准确性关乎变形监测数据的有效性和准确性。

2. 难点

难点：二等水准测量。

难点分析：路基、桥涵和隧道沉降都需要使用电子水准仪，按照二等水准测量等级进行实测。二等水准测量等级高，对设备和测量人员要求严格，操作和数据处理复杂。

任务 2.1　高速铁路工程变形监测网布设

任务引入

高速铁路路桥隧道施工时，为了监测其变形情况，需要建立变形监测网，请查阅文献完成高速铁路工程变形监测网布设和编号。

任务分组

班级		组号		组长	
组员	姓名	学号	姓名	学号

熟悉任务

工作单 2-1（课中下发，课后交给教师）

组员姓名：　　　　学号：　　　　日期：　　月　　日　　天气：

观看视频，了解变形观测视频，掌握相关知识。
1.高速铁路工程变形观测作用有哪些？

路基沉降

2. 变形观测对象有哪些？

3. 水平位移监测网与垂直位移监测网的区别有哪些？

4. 水准测量等级有哪些？

5. 0500315D2 含义是什么？

工作计划

工作单 2-2

1. 如何进行水平位移监测网布设？

2. 如何进行垂直位移监测网布设？

决　策

工作单 2-3

1. 师生讨论水平位移观测仪器选择。

2. 师生讨论垂直位移观测仪器选择。

3. 小组讨论变形测量等级和精度要求。

4. 小组讨论变形观测点的编号。

5. 小组讨论变形测量主要技术要求。

工作实施

工作单 2-4

1. 识别现场变形观测点的编号含义。

序号	变形观测点的编号	测点类型	测点位置及其对应的测点位置编号
1			
2			
3			
4			
5			

2. 水平位移和垂直位移变形观测点布设原则有哪些？

评价反馈

个人自评表、小组内互评表、小组之间互评表、教师评价表。

相关配套知识

为满足对客运专线无砟轨道铁路线下构筑物变形评估的需要，并确定无砟轨道的铺设时机，以及为运营养护、维修提供依据，应建立线下构筑物变形监测网，对线下构筑物进行变形观测。

变形观测的主要内容是建立变形监测网、设置变形观测点及进行变形观测。变形监测网包括水平位移监测网、垂直位移监测网。变形测量等级和精度要求见表 2.1。

表 2.1　变形测量等级和精度要求

变形测量等级	垂直位移测量 / mm		水平位移测量
	变形观测点高程中误差	相邻变形观测点高差中误差	
一等	±0.3	±0.1	±1.5
二等	±0.5	±0.3	±3.0
三等	±1.0	±0.5	±6.0
四等	±2.0	±1.0	±12.0

水平位移监测网可采用独立坐标系统按三等平面监测网建立，并一次布网完成，不能利用CPⅠ和CPⅡ控制点的监测网，至少应与两个CPⅠ或CPⅡ控制点联测，以便引入客运专线无砟轨道铁路工程测量平面坐标系统，实现水平位移监测网坐标与施工平面控制网坐标的相互转换。

垂直位移监测网可根据需要独立建网，按二等水准测量精度施测，高程应采用施工高程控制网系统，不能利用水准基点的监测网，在施工阶段至少应与各施工高程控制点联测，使垂直位移监测网与施工高程控制网高程基准一致；全线二等水准贯通后，应将垂直位移监测网与二等水准基点联测，将垂直位移监测网高程基准归化到二等水准基点上。

1. 变形测量点设置

按照等级，变形测量点可分为基准点、工作基点和变形观测点。

（1）基准点：要求建立在沉降变形区以外的稳定地区，同大地测量点的比较，要求具有更高的稳定性，其平面控制点一般应设有强制归心装置。基准点使用全线二等精密高程控制测量布设的基岩点、深埋水准点，基准点的间距不大于1 km。

（2）工作基点：工作点除使用普通水准点外，按照国家二等水准测量的技术要求进一步加密水准基点或设置工作基点至满足工点垂直位移监测需要。加密后的水准基点（含工作基点）间距为200 m左右时，可基本保证线下工程垂直位移监测需要。

（3）变形观测点：直接埋设在要测定的沉降变形体上。点位应设立在能反映沉降变形体沉降变形的特征部位，不但要求设置牢固，便于观测，还要求形式美观，结构合理，且不破坏沉降变形体的外观和使用。沉降变形点按路基、桥涵等各专业布点要求进行。

2. 变形监测网的布设（图2.1）

（1）水平位移监测网布设。水平位移监测就是测定构筑物上点的平面位置随时间变化的工作。水平位移监测网可以采用三角网、导线网、GNSS网等形式。控制点应采用强制归心装置的观测墩，照准标志应采用有强制归心装置的觇牌或红外测距反射片。水平位移监测网可采用独立坐标系统进行布设，根据变形测量等级及精度

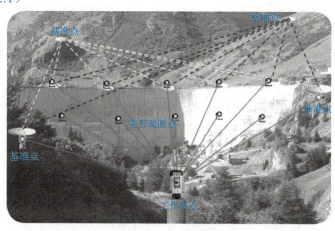

图2.1 变形监测网

要求进行施测，引入施工测量坐标系统，实现水平位移监测网坐标与施工平面控制网坐标的相互转换。

（2）垂直位移监测网布设。垂直位移监测即沉降观测，主要是测定构筑物或其基础的高程随时间变化的工作。垂直位移监测网应布设成闭合环状、结点或附合水准路线等形式。水准基点应埋设在变形区以外的基岩或原状土层上，或是利用稳固的建（构）筑物

设立墙上水准点。

3. 变形观测点的编号

观测点的编号是观测点的标识，简洁明了地反映该观测点所在里程、观测点的类型、观测点的位置。为保证每个观测点的编号均为全线唯一的，同时便于在电子水准仪中输入，测点编号一般采用以下格式：

| 里程 | 测点类型编码 | 测点位置编号 |

里程采用7位阿拉伯数字，前4位为千米标，后3位为百米标（取整）；测点类型编码采用1位英文字母；测点位置编号采用1位阿拉伯数字；测点编号共计9位。各种测点的测点类型编码及测点位置编号见表2.2。

表2.2 各种测点的测点类型编码及测点位置编号

测点类型	测点类型编码	测点位置及其对应的测点位置编号
沉降板	L	基底（1）、路基面（2）
观测桩	G	左（1）、右（2）、中（3）
分层沉降配测点	F	中（1）
位移边桩	W	左（1）、右（2）
剖面管	P	基底（1）、基床底层顶面（2）
承台或测标	C	观测标1（1）、观测标2（2）
墩身观测标	D	左（1）、右（2）
桥台观测标	T	观测标1（1）、观测标2（2）、观测标3（3）、观测标4（4）
梁体徐变观测标	X	左1（1）、右2（2）、左3（3）、右4（4）、左5（5）、右（6）
涵洞观测标	H	左1（1）、右2（2）、左3（3）、右4（4）、左5（5）、右（6）
隧道观测标	S	左（1）、右（2）

例如：DK104+100.25断面的路基面左侧观测桩的测点编号为0104100G1；DK500+315.23的桥墩右侧观测标的测点编号为0500315D2。

4. 变形监测网技术要求

（1）垂直和水平位移监测基准网建立、复测应符合《高速铁路工程测量规范》（TB 10601—2009）、《铁路工程测量规范》（TB 10101—2018）的要求。

（2）沉降变形观测应按三等垂直位移监测网的要求观测。新建时速200 km有砟轨道铁路路基可按四等垂直位移监测网的要求进行沉降变形观测。冻胀变形观测应按三等垂直位移监测网的要求观测。

（3）沉降变形观测点应设置在能反映构筑物变形特征的位置，并与构筑物稳固连接，易于观测，且不易受施工等影响。

（4）沉降变形和冻胀变形观测可采用水准测量、光电测距三角高程测量方法，技术要求和精度指标应符合《高速铁路工程测量规范》（TB 10601—2009）、《铁路工程测量规范》

（TB 10101—2018）的规定。采用其他测量方法，精度不应低于相应等级的水准测量指标。

（5）首期沉降观测应连续进行两次独立观测，取平均值作为初始值；从第二期开始，可采用单程附合路线进行观测。

（6）每周期沉降变形观测宜符合下列规定：

1）采用相同的网形或观测路线和观测方法；

2）使用同一套仪器和设备；

3）固定观测人员；

4）固定基准点和工作基点。

（7）在设计水平位移监测网时，应进行精度预估，进而选用最优方案。水平位移监测网的主要技术要求应符合表 2.3 的规定。

表 2.3 水平位移监测网的主要技术要求

等级	相邻基准点的点位中误差 / mm	平均边长 / m	测角中误差 / "	测边中误差 / mm	水平角观测测回数		
					0.5" 级仪器	1" 级仪器	2" 级仪器
一等	1.5	≤300	0.7	1.0	9	12	—
		≤200	1.0	1.0	6	9	—
二等	3.0	≤400	1.0	2.0	6	9	—
		≤200	1.8	2.0	4	6	9
三等	6.0	≤450	1.8	4.0	4	6	9
		≤350	2.5	4.0	3	4	6
四等	12.0	≤600	2.5	7.0	3	4	6

（8）垂直位移监测网应布设成闭合环状、结点或附合水准路线等形式。水准基点应埋设在变形区以外的基岩或原状土层上，也可利用稳固的建（构）筑物设立墙上水准点。垂直位移监测网的主要技术要求应符合表 2.4 的规定。

表 2.4 垂直位移监测网的主要技术要求

等级	相邻基准点高差中误差 / mm	每站高差中误差 / mm	往返较差、附合或环线闭合差 / mm	检测已测高差较差 / mm	使用仪器、观测方法及要求
一等	0.3	0.07	$0.15\sqrt{n}$	$0.2\sqrt{n}$	DS05 型仪器，视线长度＜15 m，前后视距差≤0.3 m，视距累计差≤1.5 m，宜按国家一等水准测量技术要求施测
二等	0.5	0.15	$0.3\sqrt{n}$	$0.4\sqrt{n}$	DS05 型仪器，宜按国家一等水准测量技术要求施测
三等	1.0	0.30	$0.6\sqrt{n}$	$0.8\sqrt{n}$	DS05 或 DS1 型仪器，宜按国家二等水准测量技术要求施测

续表

等级	相邻基准点高差中误差 / mm	每站高差中误差 / mm	往返较差、附合或环线闭合差 / mm	检测已测高差较差 / mm	使用仪器、观测方法及要求
四等	2.0	0.70	$1.4\sqrt{n}$	$2.0\sqrt{n}$	DS1 或 DS3 型仪器，宜按国家三等水准测量技术要求施测

注：n 为测站数

（9）自动监测仪器安装前应检验传感器标定结果，安装后应检验传感器的工作状态。

（10）埋设时，回填土性状应与周围土体保持一致，分层夯实，传感器接触面应与路基土体接触紧密。

（11）自动化测量装置采集数据时，应在读数稳定的情况下取不少于 10 次连续测量的平均值作为有效观测值。

5. 变形监测频率

变形监测频率能系统地反映变形过程，又能降低监测人员的工作量，主要根据监测目的、变形量的大小和变形速率等因素进行设计。

6. 仪器设备的选择

水平位移测量采用标称精度测角不低于 ±2″、测距不低于（±2+2×$10^{-6}D$）mm 的全站仪；垂直位移测量采用精度不低于 1 mm 的水准仪，推荐使用南方测绘 NST-352R 全站仪及苏州一光 DSZ1 水准仪（图 2.2）。

图 2.2　全站仪（左）和水准仪（右）

7. 内业数据处理

所有观测数据通过外业精度指标检验合格后，应采用专业的变形监测数据处理软件进行平差计算、分析成果、提交变形测量技术报告等资料。

8. 变形观测资料整理及提交

变形观测资料是分析、判断建筑物变形的依据，对于确定变形阶段、决定后续工程是否开始意义十分重大。

（1）一般要求。

1）沉降变形观测资料应包含仪器检验与校正资料，电子版观测记录（手簿），电子版平差计算、观测质量评定资料，沉降变形观测成果表，沉降变形观测工作报告。

2）沉降变形平行观测资料应包含仪器检验与校正资料，电子版观测记录（手簿），电子版平差计算、观测质量评定资料，沉降变形平行观测成果表，沉降变形平行观测工作报告。

3）冻胀变形资料应包括冻胀变形观测资料和冻胀变形分析报告，冻胀变形观测资料应包含仪器检验与校正资料，电子版观测记录（手簿）、电子版平差计算、成果质量评定资料，冻胀变形观测成果表，冻胀变形观测工作报告。

4）观测资料应齐全、详细、规范、符合设计及细则要求；人工测试数据必须在观测当天及时输入计算机，核对无误后在计算机内备份；自动采集测试数据应及时在计算机内备份。

5）沉降观测资料及时输入沉降观测管理信息系统，以保证各相关单位在观测过程中实时监控。观测中有沉降异常情况，应及时通知有关各方及时处理；按照提交资料要求及时整理、汇总、分析，按有关规定整编成册。

（2）沉降观测资料的分类整理。

1）工点沉降观测断面、点布置表；

2）沉降观测资料汇总表；

3）路基面沉降观测资料汇总表；

4）单点沉降计测试资料汇总表；

5）剖面沉降管测试资料汇总表；

6）绘制路堤施工过程和完成后填土高–时间–沉降曲线；

7）绘制路基面沉降时间–沉降曲线；

8）桥梁墩台沉降观测资料汇总表；

9）隧道沉降观测资料汇总表；

10）预应力混凝土梁徐变上拱资料汇总表；

11）涵洞沉降观测资料汇总表。

（3）其他资料部分。观测点的平面、纵断面和横断面布置图及控制点（水准基点、基准点、工作基点）与观测点布置图；标石、标志规格及埋设图；仪器检测及校正资料；观测记录本；平差计算、测量成果质量评定资料。

（4）资料的提交。变形观测资料除及时整理、分析和归档外，还应按照时效性原则和有关规定，及时向监理单位、设计单位等报送，以便及时、准确分析和评估，对后续工程进行决策。

任务2.2　路基变形监测

任务引入

在轨道铺设前，高速铁路构筑物必须满足变形评估方可铺轨，请查阅文献完成路基变形监测布设和观测知识点，组员协作完成路基观测桩的观测和内业计算。

📍 任务分组

班级		组号		组长	
组员	姓名	学号	姓名	学号

📖 熟悉任务

工作单 2-5（课中下发，课后交给教师）

组员姓名：　　　　学号：　　　　日期：　　月　　日　　　天气：

观看视频，了解路基变形观测视频，掌握相关知识。

1. 如何进行水准仪分类？

路基沉降变形观测

2. 附合水准路线是什么？

3. 如何进行路基分类？

4. 国家二等水准测量技术要求有哪些？

5. 附合水准路线闭合差如何计算？

工作计划

工作单 2-6

1. 如何设置路基变形观测桩？

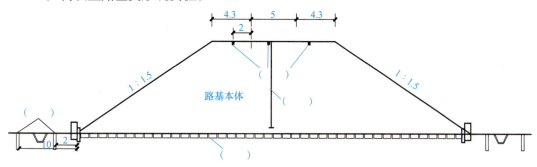

2. 如何制订路基变形沉降观测方案？

决　策

工作单 2-7

1. 师生讨论观测方案。

2. 小组讨论路基变形观测点布置。

3. 小组讨论二等水准测量精度控制。

4. 小组讨论闭合差分配。

工作实施

工作单 2-8

1. 填写电子水准测量记录手簿。

测站	视准点	视距读数		标尺读数		读数差 /mm	测站高差 /m	累积高差 /m	备注
	后视	后距 1	后距 2	后尺读数 1	后尺读数 2				
	前视	前距 1	前距 2	前尺读数 1	前尺读数 2				
		视距差 /m	累积差 /m	高差 1 /m	高差 2/m				
1									
2									
3									
测段计算	测段起点								
	测段终点			累计视距差		m			
	累计前距		km	测段高差		m			
	累计后距		km	测段距离		km			

2. 填写高程误差配赋表。

点名	测段编号	距离 /m	观测高差 /m	改正数 /mm	改正后高差 /m	高程 /m
Σ						

$f_h=$ mm $f_{h允}=\pm$ mm

注:距离取位到 0.001 m,高差取位到 0.000 1 m,改正数和改正后高差取位到 0.000 01 m,高程取位到 0.000 1 m,闭合差和允许闭合差取位到 0.000 1 mm。

评价反馈

个人自评表、小组内互评表、小组之间互评表、教师评价表。

相关配套知识

无砟轨道路基、设计时速 250 km 及以上有砟轨道路基、设计时速 200 km 有砟轨道软土、松软土等特殊路基应进行沉降观测与评估。

路基变形监测主要包括路基面沉降观测、路基基底沉降观测、路基坡脚位移观测与过渡段沉降观测。路基工程沉降变形观测以路基面沉降观测与地基沉降观测为主，应根据工程结构、地形地质条件、地基处理方法、路堤高度、堆载预压等具体情况来设置沉降变形观测断面，同时，应根据施工过程中掌握的地形、地质变化情况调整或增设观测断面。

1. 观测断面及点的设置原则

（1）测点的设置位置应满足设计要求，同时，还应针对施工掌握的地质、地形等情况调整或增设。

（2）观测点应设置在同一横断面上。

（3）路基面观测断面沿线路方向的间距一般不大于 50 m；地势平坦、地基条件均匀良好的路堑和高度小于 5 m 的路堤可放宽到 100 m；地形、地质条件变化比较大的地段应适当加密观测断面。

（4）新建时速 250 km 及以上有砟轨道铁路观测断面的间距不应大于 100 m，软弱土等特殊路基段观测断面应适当加密，地基条件良好的石质路堑可不设置观测断面。

（5）一般路基填筑至路基基床表层顶面，加载预压的路堤填筑至基床底层表面后，在路基面设置观测桩，进行路基面沉降观测，时间不少于 6 个月。

（6）测点及观测元器件的埋设位置应符合设计要求，且标设准确、埋设稳定。

2. 观测断面及点的设置、元器件布设

（1）为了有利于测点看护，集中观测，统一观测频率，各观测项目数据综合剖析，各部位观测点必须设置在同一横断面上。

（2）一般路堤地段观测断面包括沉降观测桩与沉降板，沉降观测桩每断面设置 3 个，布置于路基中心及左右线中心两侧各 2 m 处。每 5 个观测断面应设置 1 个沉降板或单点沉降计，布置于路基中心。

（3）软土、松软土路堤地段观测断面一般包括剖面沉降管、沉降观测桩、沉降板与位移观测桩。沉降观测桩每断面设置 3 个，布置于路基中心及两侧各 2 m 处，沉降板位于路基中心，位移观测边桩分别位于两侧坡脚外 2 m、10 m 处，并与沉降观测桩及沉降板位于同一断面上，剖面沉降管位于基底，如图 2.3 所示。

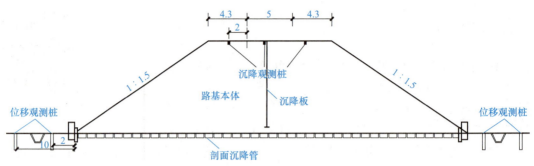

图 2.3　路基沉降观测点布置（单位：m）

3. 观测元器件的埋设

观测元器件除沉降观测桩外，均应在地基加固完成后、路堤填筑施工前埋设。

（1）沉降观测桩。一般路基填筑至基床表层顶面，加载预压路堤填筑到基床底层顶面后，埋设沉降观测桩（点）。埋设规格按规定要求，观测点钢筋头为半球形，高出埋设表面 5 mm，表面做好防锈处理，如图 2.4 所示。

图 2.4　路基面沉降观测桩

（2）沉降板。沉降板埋设位置采用全站仪定位，根据观测内容不同，沉降板埋设于路基基底或路堤基床底层表面，对于桩网复合地基应埋设于垫层上顶面，采用中粗砂回填密实，再套上保护套管，保护套管略低于沉降板测杆，上口加盖封住管口，避免填料落入管内而影响测杆下沉自由度。埋设就位后测量测杆顶面高程作为初始读数。

沉降板由钢底板、金属测杆及保护套筒组成。钢底板尺寸为 50 cm×50 cm，厚度为 1 cm；具体按设计图样焊接组装，如图 2.5 所示。随着路基填筑施工逐渐接高沉降板测杆和保护套筒，每次接长高度以 1 m 为宜，接长前后测量杆顶标高变化量确定接高量。金属测杆用内接头连接，保护套筒用 PVC 管外接头连接。

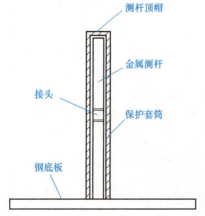

图 2.5　沉降板结构示意

（3）单点沉降计。单点沉降计是一种埋入式电感调频类智能型位移传感器，由电测位移传感器、测杆、锚头、锚板及金属软管和塑料波纹管等组成，如图 2.6 所示。采用钻孔引孔埋设，钻孔孔径为 108 mm 或 127 mm，钻孔垂直，孔深达到硬质稳定层（最好为基岩），孔口应平整密实。观测路堑换填基底沉降埋设在换填底面，表面应平整密实；观测路基本体变形按设计断面图埋设。

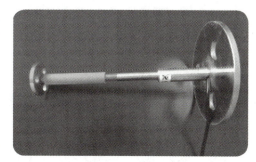

图 2.6 单点沉降计

（4）剖面沉降管。剖面沉降管有液压和重力倾角两种类型。目前，国内多使用重力倾角原理的剖面沉降管。通过测量带导槽的剖面管各位置处的倾角，并通过几何关系计算得出剖面沉降管的形状，测量出管口的高程，即可计算出管内各测点的高程。

剖面沉降管测量时将剖面沉降管探头预埋在剖面沉降管槽内，按一定间距一次读数，起始端管口标高采用水平仪按国家一等精密水准测量方法进行测量，再经过数据处理计算出不同位置处地基的沉降量。

1）剖面沉降管的结构形式。剖面沉降管一般由探测器（沉降仪探头）、手提式数字指示器、连接电缆、塑料硬管、观测桩和保护地等部分组成，如图 2.7 所示。剖面沉降管采用专用的高强度 PVC 塑料硬管。其抗弯刚度能适应被测土体的竖向位移要求，柔韧性好，不易压碎。沉降管两头设置混凝土保护层，并于一侧管口处设置观测桩，并在观测桩顶预埋不锈钢观测标。

图 2.7 剖面沉降管

2）剖面沉降管埋设。剖面沉降管一般埋设于路基地基处理面以上，桩网复合地基应埋设于垫层上顶面。具体埋设方法如下：

①在地基加固或路基面施工填土至一定高度、碾压密实后开槽埋设，开槽宽度为 20～30 cm，开槽深度至地基加固表层顶面，槽底回填一定厚度的中粗砂，在槽内敷设沉降管（沉降管内穿入用于拉动测头的镀锌钢丝绳），其上夯填中粗砂至与碾压面平齐。

②沉降管埋设位置处于挡土墙或其他结构物处沿所设孔洞穿越。

③沉降管埋设完成后，两头设置观测坑，并于一侧管口处设置观测桩。

3）利用剖面沉降管进行变形测量的具体方法如下：

①采用剖面测试仪和水准仪进行横剖面沉降观测。

②每次观测时，首先用水准仪测量出横剖面管一侧的观测桩顶高程，再将剖面测试仪放置于观测桩顶测量初值，然后用剖面测试仪测量各测点。

③测点间距根据设计要求和工程地质特点确定。

④剖面沉降观测的精度应不低于 4 mm/30 m。

每个工点观测断面及观测点的数量，埋设观测元器件的种类、数量，根据设计要求和相关规范规定执行，原则上由设计、施工、监理方在现场核查确定，并填写工点沉降观测断面、点布置表。

（5）位移观测桩。在两侧路堤坡脚外 2 m 及 10 m 处各设置一个位移观测边桩，若在站内和站台侧，则设置在站台墙上。位移观测边桩采用 C15 钢筋混凝土预制，断面采用 15 cm× 15 cm 正方形，长度不小于 1.1 m，并在桩顶预埋 ϕ20 mm 钢筋，顶部磨圆并刻画十字线，如图 2.8 所示。

图 2.8　铁路位移观测桩

位移观测边桩埋置深度在地表以下不小于 1.0 m，桩顶露出地面不应高于 10 cm。埋置方法采用洛阳铲或开挖埋设，桩周以 C15 混凝土浇筑固定，确保位移观测边桩埋置稳定。埋设后采用全站仪测量位移观测边桩标高及距基桩的距离作为初始读数，采用水平位移观测方法，按测量精度要求和频次定期观测位移观测边桩水平位移。

4. 路基沉降监测观测方案

（1）观测按照国家二等水准施测，采用单路线往返观测。

（2）水准仪使用 DS05、DS1 型光学精密水准仪或 DNA03、DINI03 电子水准仪，仪器及配套水准尺均应在有效合格检定期内，如图 2.9 所示。

 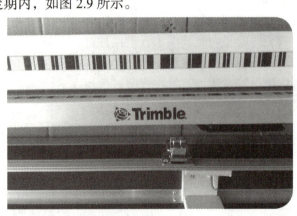

图 2.9　天宝 DINI03 电子水准仪配套条形码尺

水准仪与水准尺在使用前及使用过程中，经常规检校合格，水准仪视准轴与水准管轴的夹角均不超过 15″。仪器各种设置正确，其中有限差要求的项目按《高速铁路工程测量规范》（TB 10601—2009）要求在仪器中进行设置，并在数据采集时自动控制，不满足要求的在现场进行提示并进行重测。

（3）外业测量。一条路线的往返测使用同一类型的仪器和转点尺垫，沿同一路线进行。观测成果的重测和取舍按《国家一、二等水准测量规范》（GB/T 12897—2006）有关要求执行，见表 2.5。

表 2.5 水准测量作业技术要求（电子水准仪）

等级	视线长度		前后视距差 /m	视距累计差 /m	视线高 /m	两次读数差 /mm	两次高差之差 /mm	检测间歇点高差之差 /mm	水准路线测段往返测高差不符值 /mm
	仪器类型	视距 /m							
二	DS1、DS05	≤50	≤1.5	≤6.0	>0.5	≤0.4	≤0.6	≤1.0	≤±4

（4）观测时，一般按后—前—前—后的顺序进行，对于有变换奇偶站功能的电子水准仪，按以下顺序进行：

1）往测：奇数站为后—前—前—后，偶数站为前—后—后—前。

2）返测：奇数站为前—后—后—前，偶数站为后—前—前—后。

（5）观测路线。沉降变形观测为水准测量时，观测路线应布置成附合路线，附合长度不大于 1 km。水准路线经过的工作基点或基准点数量不得少于两个，每次观测均应构成检核条件，如图 2.10 所示。

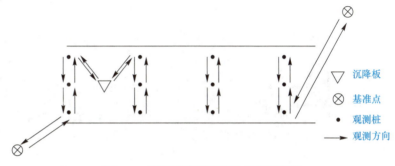

图 2.10 观测桩和沉降板水准观测路线

5. 路基变形观测的频次

路堤地段应从路基填土开始进行沉降观测；路堑地段应从开挖完成后开始观测。路基沉降观测的频次不低于表 2.6 的规定。当环境条件发生变化或数据异常时应即时观测。

表 2.6 路基沉降观测的频次

观测阶段	观测频次	
填筑或堆载	一般	1 次 / 天
	沉降量突变	2～3 次 / 天
	两次填筑间隔时间较长	1 次 /3 天
堆载预压或路基施工完毕	第 1～3 个月	1 次 / 周
	第 4～6 个月	1 次 /2 周
	6 个月以后	1 次 / 月
轨道铺设后	第 1 个月	1 次 /2 周
	第 2～3 个月	1 次 / 月
	3 个月以后	1 次 /3 月

（1）出现下列情况，应加密沉降观测频次，必要时，制订专项观测方案进行监测。

1）当两次连续观测沉降差值大于 4 mm 时应加密观测频次。

2）当出现沉降突变、地下水变化及降雨等外部环境变化时应增加观测频次。

3）路基施工各节点时间（包括路基堆载预压土前后、卸载预压土前后、运梁车架桥机通过前后、基床表层施工、轨道板底座施工、铺板、轨道板精调及铺轨时间）应具有沉降观测数据。

（2）出现下列情况，可降低沉降观测频次：

1）冬休期；

2）填筑或堆载暂停超过10天。

（3）观测过程中及时整理绘制"填土－时间－沉降"曲线图，如图2.11所示。观测应持续到工程验收，交由运营管理部门继续观测。

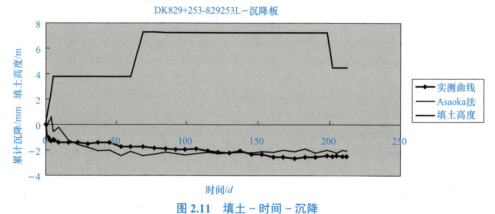

图2.11　填土－时间－沉降

（4）水平位移观测频次应符合下列规定：

1）填筑或堆载过程中，每天观测1次；

2）填筑或堆载暂停期间，每2天观测1次，稳定后停止观测；

3）填筑或堆载完成后，每2天观测1次，稳定后停止观测。

6. 沉降观测要求

（1）预压地段，按照相关要求在基床底层顶面设置临时沉降观测桩；非预压地段，此时基床表层的级配碎石也未填筑，在路基中心及两侧各2m范围内设置临时沉降观测桩。临时沉降观测桩的材质、埋置要求及观测标准与正式的沉降观测桩完全相同，待预压土卸载时，临时沉降观测桩随之拆除或废弃，沉降板测杆随之降低，待基床表层的级配碎石铺设完成后，按照相关要求埋设正式的沉降观测桩，开始观测路基沉降。

（2）沉降板随着预压土的填筑而接高，随预压土的卸载而降低，观测连续进行，剖面沉降管和位移观测桩不受预压土的影响。

（3）沉降设备的埋设是在施工过程中进行的，施工单位的填筑施工要与设备的埋设做好协调，做到互不干扰、影响。观测设施的埋设及沉降观测工作应按要求进行，不能影响路基填筑质量。

（4）观测过程中发现异常必须及时查明原因，尽快妥善处理。

（5）路基填筑过程中应及时整理路堤位移观测边桩位移及中心沉降观测点的沉降量，

当位移观测边桩水平位移大于 5 mm/ 天，垂直位移大于 10 mm/ 天，路堤中心地基处沉降观测点沉降量大于 10 mm/ 天时，应及时通知项目部，并要求停止填筑施工，待沉降稳定后再恢复填土，必要时采用卸载措施。

7. 过渡段沉降观测

（1）过渡段沉降观测要求。

1）路桥或路隧交界处的差异沉降不应大于 5 mm，沉降造成的路基与桥梁或隧道的折角不应大于 1/1 000。

2）桥涵两端的过渡段、路隧过渡段及堑堤过渡段均需进行沉降观测。

3）过渡段工后沉降的分析评估应沿线路方向考虑各观测断面和各种结构物之间的关系综合进行。

4）对线路不同下部基础结构物之间及不同地基条件或不同地基处理方法之间形成的各种过渡段，应重点分析评估其差异沉降。

（2）过渡段变形监测点布设。

1）路桥过渡段、路隧过渡段、路涵过渡段，于不同结构物起点 1～5 m、10～20 m、30～50 m 处各设一断面。路涵过渡段宜在涵洞顶斜向设横剖面管，并于涵洞两侧 2 m 设一观测断面，涵洞中心里程路基面应设置一断面。

2）过渡段观测点设置参照路堤，同时，在横向结构物顶面埋设一根剖面沉降管。

3）沉降观测装置的具体埋设位置应符合设计要求，且埋设稳定，观测期间应对观测桩采取有效的保护措施。

4）过渡段长度较短时，可根据实际情况调整观测断面。

（3）过渡段观测精度、频次及资料整理要求同路基。

任务 2.3　桥涵变形监测

任务引入

在轨道铺设前，高速铁路构筑物必须满足变形评估方可铺轨，请查阅文献完成桥涵变形监测网布设和观测知识点，组员协作完成路基观测桩的观测和内业计算。

任务分组

班级		组号		组长	
组员	姓名	学号	姓名	学号

熟悉任务

工作单 2-9（课中下发，课后交给教师）

组员姓名： 　　学号： 　　日期： 　月　 日　　　天气：

观看视频，了解桥涵施工视频，掌握相关知识。

桥涵沉降点布网

1. 填写各种桥梁名称。

（　　）

（　　）

（　　）

（　　）

2. 简支梁由什么组成？

3. 标出桥梁墩台基础构造名称。

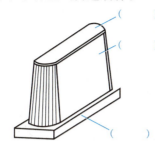 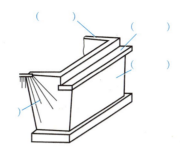

工作计划

工作单 2-10

1. 如何进行桥墩沉降点布设？

2. 如何进行简支梁变形点布设？

3. 如何进行涵洞变形点布设？

决 策

工作单 2-11

1. 师生讨论电子水准仪选择。

2. 根据墩高，小组讨论桥墩沉降观测点布置。

3. 小组讨论简支梁、连续梁和其他桥梁梁体变形点布设。

4. 小组讨论墩台沉降、梁体观测路线。

工作实施

工作单 2-12

1. 填写电子水准测量记录手簿。

测站	视准点	视距读数		标尺读数		读数差 /mm	测站高差 /m	累积高差 /m	备注
	后视	后距 1	后距 2	后尺读数 1	后尺读数 2				
	前视	前距 1	前距 2	前尺读数 1	前尺读数 2				
		视距差 /m	累积差 /m	高差 1/m	高差 2/m				
1									
2									
3									
测段计算	测段起点								
	测段终点			累计视距差		m			
	累计前距		km	测段高差		m			
	累计后距		km	测段距离		km			

2. 填写高程误差配赋表。

点名	测段编号	距离 /m	观测高差 /m	改正数 /mm	改正后高差 /m	高程 /m
Σ						

$f_h=$ mm $f_{h允}=\pm$ mm

注：距离取位到 0.001 m，高差取位到 0.000 1 m，改正数和改正后高差取位到 0.000 01 m，高程取位到 0.000 1 m，闭合差和允许闭合差取位到 0.000 1 mm

评价反馈

个人自评表、小组内互评表、小组之间互评表、教师评价表。

相关配套知识

桥梁变形观测是桥梁施工和运营期养护的重要内容，对桥梁的健康诊断和安全运营有着重要的意义，特别是对特大桥，如港珠澳大桥，变形监测更重要。无砟轨道桥涵、设计时速为 250 km 及以上有砟轨道桥涵应进行沉降，无砟轨道桥梁梁体应进行徐变变形观测与评估。

桥梁变形观测包括桥梁承台、墩身与梁体徐变变形观测；涵洞变形观测包括涵洞自身及涵顶填土沉降观测。

1. 一般规定

（1）基准点要建立在沉降变形区以外的稳定区域，每个独立的监测网不能少于 3 个，要充分利用基岩点、深埋水准点、CPⅠ、CPⅡ和水准基点。增设时按国家二等水准测量的相关要求施测。

（2）工作基点一定要埋设在稳定区域，保证在观测期间的稳定。工作基点除使用基准点外，按照国家二等水准测量的技术要求进一步加密，两点间距离控制在 200 m 左右。

（3）无砟轨道铺设前，应对桥涵沉降、变形做系统的评估，确认桥涵基础沉降、梁体变形等符合技术标准要求。

（4）通过各施工阶段对墩台沉降的观测，验证和校核设计理论、设计计算方法，并根据沉降资料的分析预测总沉降和工后沉降量，进而确定桥梁工后沉降是否满足铺设无砟轨道要求。

（5）根据沉降资料分析，对沉降量可能超标的墩台研究对策，提出改进措施，以保证桥梁工程的安全；同时积累实体桥梁工程的沉降观测资料，为完善桩基础沉降分析方法做技术储备。

（6）观测期内，基础沉降实测值超过设计值 20% 及以上时，应及时查明原因，必要时进行地质复查，并根据实测结果调整计算参数，对设计预测沉降进行修正或采取沉降控制措施。

2. 桥涵变形控制要求

（1）梁部。梁部变形以预应力混凝土梁的徐变变形为主，轨道铺设后，有砟桥面梁的徐变上拱值不宜大于 20 mm；无砟桥面梁的徐变上拱值不宜大于 10 mm。

（2）桥梁墩台。对于高速铁路桥梁基础的沉降控制，墩台基础的沉降量应按恒载计算，其工后沉降量不应超过下列允许值：

1）墩台均匀沉降量。对于有砟桥面桥梁≤ 30 mm；对于无砟桥面桥梁≤ 20 mm。

2）静定结构相邻墩台沉降量之差。对于有砟桥面桥梁≤ 15 mm；对于无砟桥面桥梁≤ 5 mm。

对于高速铁路，控制桥涵沉降，主要是控制工后沉降，计算工后沉降的值，由于受到各种因素的影响往往偏差很大，因此有必要进行实测验证，积累观测数据。

（3）框构、旅客地道及涵洞。框构、旅客地道及涵洞的地基为压缩性土地层时，应计算其沉降，铺设有砟轨道时其工后沉降量不应大于 50 mm，铺设无砟轨道时，工后沉降量不应大于相应地段路基的控制标准。

3. 桥涵沉降变形点布设

一般情况下，应对每个桥梁墩台、每个涵洞进行沉降观测，并对抽查预应力混凝土梁进行徐变变形观测。

（1）梁体徐变观测点布置。

1）对原材料变化不大、预制工艺稳定、批量生产的预应力混凝土预制梁，每个梁场前 3 片梁进行徐变观测，以后每 100 片梁选测一片。每片梁设置观测标 6 个，分别设置在支点、跨中，如图 2.12 所示。

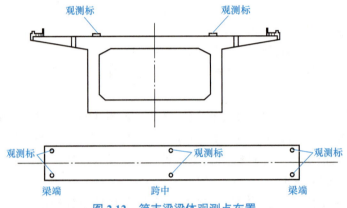

图 2.12　简支梁梁体观测点布置

2）连续梁上的观测标，根据不同跨度，三孔一联设置 18～28 个观测标，四孔一联设置 32 个观测标，分别在支点、跨中及 1/4 跨中附近设置。

3）特殊结构桥梁根据施工图纸规定设置观测标。梁体观测标的具体位置待桥面系布置形式明确后另行确定。

4）移动模架施工的简支梁，对前 6 孔梁进行重点观测，以验证支架预设拱度的精度，验证达到设计要求后，可每 10 孔梁选择 1 孔梁设置观测标。

（2）桥墩基础观测标的埋设。

1）观测点原则上应设在墩身，每墩不少于两处。

2）墩身观测标埋设，当墩全高＞14 m 时（指承台顶至墩台垫石顶），需要埋设两个墩身观测标；当墩全高≤14 m 时，埋设一个墩身观测标。墩身观测标一般设置在墩底部高出地面或常水位 0.5 m 左右位置；当墩身较矮，梁底距离地面净空较低不便于立尺观测时，墩身观测标可设置在对应墩身埋标位置顶帽上。特殊情况可按照确保观测精度、观测方便、利于测点保护的原则，确定相应位置。

承台观测标可分为观测标 -1、观测标 -2。观测标 -1 设置于底层承台左侧小里程角上；观测标 -2 设置于底层承台右侧大里程角上。京沪高铁桥墩基础观测标的具体设置位置如图 2.13 所示。

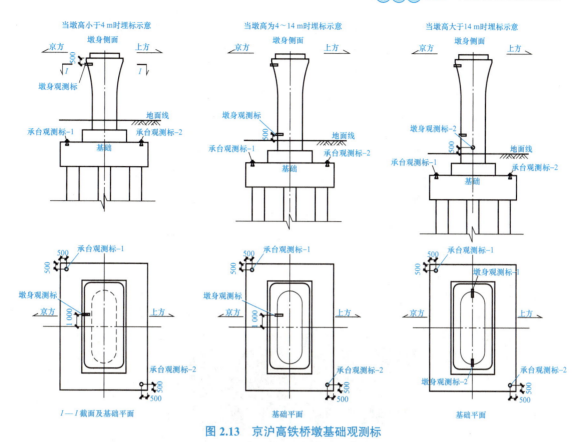

图 2.13 京沪高铁桥墩基础观测标

（京方指北京方向；上方指上海方向）

（3）桥台观测点原则上应设置在台顶（台帽及背墙顶），数量不少于4处，分别设置在台帽两侧及背墙两侧（横桥向）。

（4）每座涵洞均要进行沉降观测，每座涵洞测点数量不少于4个。对于分节涵洞，观测标应设置在轨下涵节两侧的边墙上；对于整体式涵洞，观测点可设置在出入口帽石上及涵洞中心，如图2.14所示。观测点的设置与路基的沉降观测点的设置方法一致。

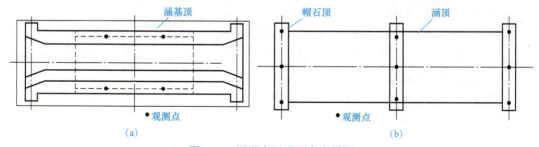

图 2.14 涵洞变形观测点布置图

（a）分节涵洞观测点布置；（b）整体式涵洞观测点布置

4. 观测标构造

（1）梁体沉降变形观测标。观测标采用 $\phi 14$ mm 的不锈钢钢筋，钢筋露出外面部分需要磨圆处理，如图2.15所示。

（2）承台、墩身沉降变形观测标。承台观测标外露部分要控制在 3 mm 以内，以免在墩柱施工过程中模板或钢筋等碰撞导致变形，观测标采用 φ20 mm 的不锈钢钢棒，钢棒露出外面部分需要磨圆处理，如图 2.16 所示。墩身观测点一般设置在墩身两侧，高出地面或水面 0.5 m 左右，采用 φ14 mm 不锈钢螺栓，如图 2.17 所示。

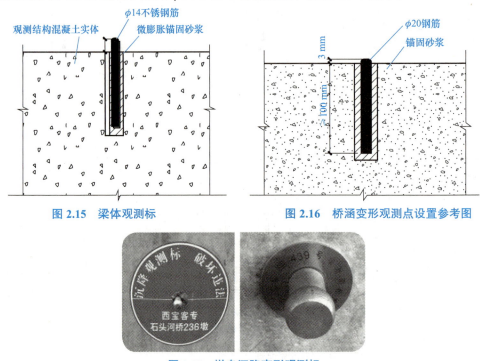

图 2.15　梁体观测标　　　　图 2.16　桥涵变形观测点设置参考图

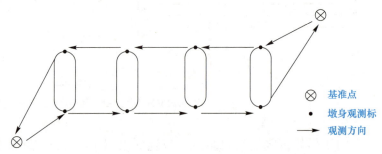

图 2.17　墩身沉降变形观测标

5. 桥梁变形监测观测方案

（1）墩台基础的沉降观测。

1）测量方法。在承台施工完成后，需及时地进行首次观测，以后逐次按频率周期进行观测。当墩身观测标可以正常使用后，同时观测承台和墩柱观测标进行转标，基坑回填后承台观测标将不再使用。

首次观测应进行两次往返观测，并取观测结果的中数，经严密平差处理后的高程值作为变形测量初始值；在首次观测结束后，根据荷载变化逐次按规定频率周期实施观测，要准确、有效地体现出墩台基础在周期内及荷载变化前后的沉降速率。每测段必须以偶数站结束，水准路线经过的工作基点不能少于两个，如图 2.18 所示。

2）精度要求。观测时要根据《国家一、二等

图 2.18　墩台沉降观测水准路线示意图

水准测量规范》（GB/T 12897—2006）施测，观测精度要满足沉降变形测量等级三等的要求。下部结构的沉降变形观测按照固定的观测路线和观测方法进行，观测路线必须形成附合路线或闭合路线，使用固定的工作基点对应沉降变形观测点进行观测。桥涵基础沉降和梁体徐变变形的观测精度为 ±1 mm，读数取位至 0.1 mm。

（2）梁体徐变观测。

1）梁体观测方法。梁体观测水准路线按二等水准测量精度要求形成闭合水准路线。水准路线观测示意如图 2.19 所示。对于每孔箱梁可以将梁部某一个观测点设置为基准点，然后假设该点的标高为 0.00 mm，以此

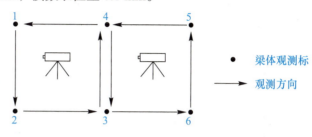

图 2.19　梁体观测路线

计算其他五个点的相对标高并计算箱梁的徐变上拱变形量，其中测点 1、2、3、4 构成第一个闭合环，测点 3、4、5、6 构成第二个闭合环。所有观测线路在形成闭合环以前必须置镜两次以上，以保证不会形成相关闭合环。

2）梁体徐变计算。对于梁体的变形观测，每孔梁支点之间的梁体变形应以两支点的连线为基准线进行观测计算，由于下部结构沉降变形的影响，该基准线的位置会发生变化，梁体观测点至该基准线的垂直距离利用几何方法计算取得，垂直距离差值就是梁体变形量，设 3 号点高程为零，依次测量出各点的相对高程。

①连续梁中跨和简支梁：

$$A=[(H_3-H_1)+(H_3-H_5)]/2 \quad (2.1)$$

$$B=[(H_4-H_2)+(H_4-H_6)]/2 \quad (2.2)$$

②连续梁边跨：

$$A=2H_3-(3H_1+H_5)/2 \quad (2.3)$$

$$B=2H_4-(3H_2+H_6)/2 \quad (2.4)$$

③本期沉降量：$\quad \Delta=[(A-A')+(B-B')]/2 \quad (2.5)$

式中　A'、B' ——上期观测值。

（3）注意事项。

1）根据工程的设计要求及现场的环境条件制订沉降施测方案；要严格按水准测量规范的要求和相关规定施测；做好基准点、工作基点和观测点保护措施，定期对监测网进行复测，保证数据的真实性、准确性。

2）建筑物的沉降观测对时间有严格的限制条件，要严格按照规定的观测周期进行实时观测，以准确、有效地体现出墩台基础或梁体在周期内及荷载变化前后的沉降变形情况，特别是要加强零周期即初始值的观测，否则观测得不到原始数据，从而使整个观测得不到完整的观测结果。

3）为有效提高测量精度，减小系统误差，要按照固定的水准路线和测量方法进行，必须形成闭合或环形观测路线，使用固定的观测基点对应观测点进行观测。

4）在观测过程中，操作人员要相互配合，工作协调一致，认真仔细，做到步步有校

核。同时做好一些重点信息的记录,如对架梁、运梁车通过、天气情况、地下水影响情况等的记录,有利于对结构变形特性的分析和异常数据的分析。

6. 观测频次

(1)梁体徐变变形观测频次。自梁体预应力张拉开始至无砟轨道铺设前,应系统地观测梁体的竖向变形。预应力张拉前为变形起始点。梁体徐变变形观测的阶段及频次要满足表2.7的要求。

表2.7 梁体徐变变形观测的阶段及频次

梁体测量间隔表	
观测阶段	观测周期
预应力张拉期间	张拉前、后各1次
桥梁附属设施安装	安装前、后各1次
预应力张拉完成~无砟轨道铺设前	张拉完成后第1天
	张拉完成后第3天
	张拉完成后第5天
	张拉完成后1~3月,每7天为一测量周期
无砟轨道铺设期间	每天1次
无砟轨道铺设完成后	第0~3个月,每1个月为一测量周期
	第4~24个月,每3个月为一测量周期

(2)墩台沉降观测频次。每个墩台从承台施工后,就要开始进行沉降首次观测,以后根据表2.8中要求的时间间隔进行观测。

表2.8 墩台沉降观测的阶段及频次

观测阶段		观测频次		备注
		观测期限	观测周期	
墩台基础施工完成		—	—	设置观测点
墩台混凝土施工		全程	荷载变化前后各1次或1次/周	承台回填时,临时观测点取消
预制梁桥	架梁前	全程	1次/周	
	预制梁架设	全程	前后各1次	
	附属设施施工	全程	荷载变化前后各1次或1次/周	
桥位施工桥梁	制梁前	全程	1次/周	
	上部结构施工中	全程	荷载变化前后各1次或1次/周	
	附属设施施工	全程	荷载变化前后各1次或1次/周	

续表

观测阶段	观测频次		备注
	观测期限	观测周期	
架桥机（运梁车）通过	全程	前后各1次	至少进行2次通过前后的观测
桥梁主体工程完工～无砟轨道铺设前	≥6个月	1次/周	岩石地基的桥梁，一般不宜少于2个月
无砟轨道铺设期间	全程	1次/天	
无砟轨道铺设完成后	24个月	0～3个月 1次/月	工后沉降长期观测
		4～12个月 1次/3个月	
		13～24个月 1次/6个月	

注：观测墩台沉降时，应同时记录结构荷载状态、环境温度及天气日照情况

（3）涵洞沉降观测频次。涵洞施工完成后，应系统地观测涵洞的沉降。各阶段观测频次要满足表2.9的要求。

表2.9 涵洞沉降观测阶段及频次

观测阶段	观测频次		备注
	观测期限	观测周期	
涵洞基础施工完成	—	—	设置观测点
涵洞主体施工完成	全程	荷载变化前后各1次或1次/周	测试点移至边墙两侧
洞顶填土施工	全程	荷载变化前后各1次或1次/周	
架桥机（运梁车）通过	全程	前后	至少进行2次通过前后的观测
涵洞完工～无砟轨道铺设前	≥6个月	1次/周	岩石地基的桥梁，一般不宜少于2个月
无砟轨道铺设期间	全程	1次/天	
无砟轨道铺设完成后	24个月	0～3个月 1次/月	工后沉降长期观测
		4～12个月 1次/3个月	
		13～24个月 1次/6个月	

注：1. 观测承台沉降时，应同时记录结构荷载状态、环境温度及天气日照情况。
2. 涵洞顶填土沉降的观测应与路基沉降观测同步进行

任务 2.4　隧道变形监测

任务引入

在轨道铺设前,高速铁路构筑物必须满足变形评估方可铺轨,请查阅文献完成隧道变形监测网布设和观测知识点,组员协作完成路基观测桩的观测和内业计算。

任务分组

班级		组号		组长	
组员	姓名	学号	姓名	学号

 熟悉任务

工作单 2-13（课中下发,课后交给教师）

组员姓名:　　　　学号:　　　　日期:　　月　　日　　天气:

观看视频,了解隧道施工视频,掌握相关知识。

1. 填写隧道结构各名称。

隧道沉降点布网

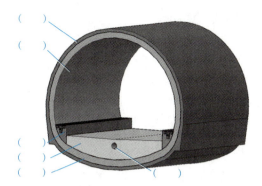

2. 隧道变形观测的主要内容是什么?

 工作计划

工作单 2-14

1. 如何进行隧道变形点布设?

2. 如何布设隧道未贯通水准观测路线?

3. 如何布设隧道贯通水准观测路线?

 决 策

工作单 2-15

1. 小组讨论隧道变形观测点布置。

2. 小组讨论隧道未贯通水准观测路线。

3. 小组讨论隧道贯通水准观测路线。

4. 小组讨论隧道变形观测注意事项。

工作实施

工作单 2-16

1. 填写电子水准测量记录手簿。

测站	视准点	视距读数		标尺读数		读数差 /mm	测站高差 /m	累积高差 /m	备注
	后视	后距1	后距2	后尺读数1	后尺读数2				
	前视	前距1	前距2	前尺读数1	前尺读数2				
		视距差 /m	累积差 /m	高差 1/m	高差 2/m				
1									
2									
3									
测段计算	测段起点								
	测段终点			累计视距差		m			
	累计前距		km	测段高差		m			
	累计后距		km	测段距离		km			

2. 填写高程误差配赋表。

点名	测段编号	距离 /m	观测高差 /m	改正数 /mm	改正后高差 /m	高程 /m
∑						

$f_h=$ mm $f_{h允}=\pm$ mm

注:距离取位到 0.001 m,高差取位到 0.000 1 m,改正数和改正后高差取位到 0.000 01 m,高程取位到 0.000 1 m,闭合差和允许闭合差取位到 0.000 1 mm。

评价反馈

个人自评表、小组内互评表、小组之间互评表、教师评价表。

相关配套知识

高速铁路隧道施工应及时进行变形监测，设计单位应进行变形监测设计，施工单位应编制变形监测实施细则。《高速铁路工程测量规范》（TB 10601—2009）规定Ⅱ、Ⅲ、Ⅳ、Ⅴ级围岩无砟轨道隧道，Ⅵ级围岩隧道应进行沉降变形观测与评估，其他特殊条件有砟轨道隧道根据设计需要进行沉降变形观测与评估，Ⅵ级围岩沉降变形观测应根据设计方案进行观测。

隧道变形监测的项目应根据地质条件、周边环境、隧道埋深、断面尺寸、开挖方法和设计要求综合选定，分为必测项目和选测项目。必测项目有洞内、外观察；拱顶下沉、拱脚下沉；净空变化；地表沉降（隧道浅埋段）。测量方法、仪器和精度见表 2.10。选测项目有围岩压力、钢架内力、喷混凝土内力、二次衬砌内力、初期支护与二次衬砌间接触压力、锚杆轴力、隧底隆起、围岩内部位移；爆破振动、孔隙水压力、渗漏水量。

表 2.10 必测项目

序号	项目	测试方法和仪表	测试精度	备注
1	洞内、外观察	现场观察、地质罗盘		
2	二次衬砌前净空变化	收敛仪、全站仪、激光断面仪	0.1 mm	一般进行水平收敛测量
3	二次衬砌后净空变化	同上	0.01 mm	
4	拱顶下沉	水准测量、水准仪	1 mm	
5	地表沉降	同上	1 mm	浅埋隧道必测
6	沉降缝两侧底板不均匀沉降	三等水准测量	1 mm	
7	洞口段与路基过渡段不均匀沉降观测	同上	1 mm	

1. 一般要求

（1）隧道主体工程完工后，变形观测期间一般不应少于 3 个月。观测数据不足或工后沉降评估不能满足设计要求时，应适当延长观测期。

（2）隧道内一般地段沉降观测断面的布设根据地质围岩级别确定，不良、复杂地质区段适当加密布设。

（3）当地质条件较好、沉降趋于稳定且设计及实测沉降总量不大于 5 mm 时，可判定沉降满足无砟轨道铺设条件。

（4）预测的隧道基础工后沉降值不应大于 15 mm。

（5）隧道下穿公路、重要建（构）筑物时，应建立远程自动化监控测量系统，自动采集监测信息，实现实时监测、自动报警。

2. 观测点的布设

（1）一般情况下，Ⅱ级围岩每 600 m、Ⅲ级围岩每 400 m、Ⅳ级围岩每 300 m、Ⅴ级围岩每 200 m 布设一个观测断面。地应力较大、断层破碎带、膨胀土等不良和复杂地质区段适当加密布设。

（2）隧道口至分界里程范围内应至少布设一个观测断面。

（3）隧道的进出口进行地基处理的地段，从洞口起每 25 m 布设一个断面。

（4）地应力较大、断层破碎带、膨胀土等不良和复杂地质区段，特殊基础类型的隧道段落、隧底由于承载力不足进行换填、注浆或其他措施处理的复合地基段落适当加密布设。

（5）隧道洞口、明暗分界处、衬砌类型变化段和变形缝处均应进行沉降观测。

（6）路隧分界点处，路隧两侧分别设置至少一个观测断面。

（7）施工降水范围应至少布设一个观测断面。

（8）单座隧道沉降变形观测断面总数不应少于 3 个。

（9）Ⅱ、Ⅲ、Ⅳ、Ⅴ、Ⅵ级围岩隧道仰拱（底板）施作完成后，每个观测断面宜在仰拱（底板）两侧及中间附近布设沉降观测点，如图 2.20 所示。

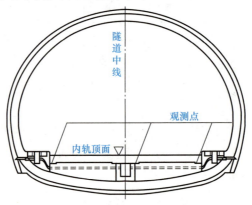

图 2.20　隧道观测点布置图

（10）地表沉降点横向间距为 2～5 m。在隧道中线附近测点应适当加密，隧道中线两侧测量范围应不小于 H_0+B（H_0 为隧道埋深，B 为隧道最大开挖宽度），地表有控制性建（构）筑物时，量测范围应适当加宽。测点布置如图 2.21 所示。

（11）净空断面测量中，全断面法开挖应布设一条水平测线、两条斜测线；台阶法、中隔壁法、双侧壁导坑等分部开挖法应在每个分部布设一条水平测线、两条斜测线，必要时增加水平测线和斜测线数，如图 2.22 所示。

（12）拱顶下沉一般布置在拱跨中处和两侧拱腰，每断面 3 个测点，采用倒尺法进行观测。当遇通风管或者其他障碍时，可适当移动位置，如图 2.23 所示。

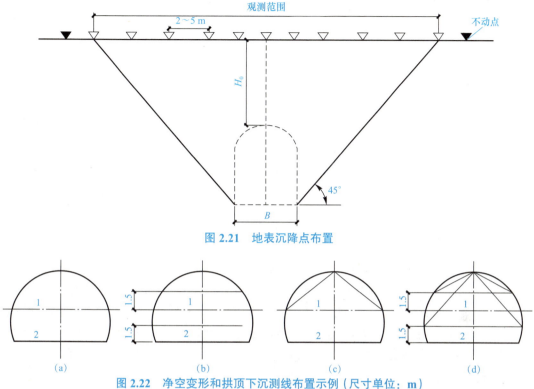

图 2.21　地表沉降点布置

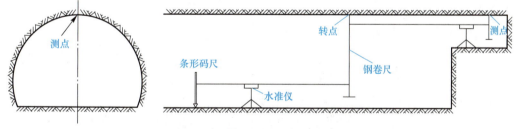

图 2.22　净空变形和拱顶下沉测线布置示例（尺寸单位：m）

(a) 1 条水平测线；(b) 2 条水平测线；(c) 3 条水平测线；(d) 4 条水平测线

1—直供线；2—施工基面

图 2.23　拱顶下沉测试方法示意

3. 隧道基础沉降观测频次

隧道基础沉降观测应从仰拱（底板）施工完成后开始，观测数据不足或工后沉降评估不能满足设计要求时，应延长观测期。沉降稳定后不再进行观测，隧道基础沉降观测的频次不低于表 2.11 的规定，沉降稳定后可不再进行观测。

4. 隧道变形观测注意事项

（1）一般来说，隧道基础的沉降较小。无砟轨道对沉降要求严格，Ⅱ、Ⅲ、Ⅳ、Ⅴ级围岩无砟轨道隧道要进行观测和评估。有砟轨道隧道根据国内外的建设经验，除特殊工点外，一般能满足轨道铺设要求，可不进行观测。

表 2.11　隧道基础沉降观测的阶段及频次

观测阶段	观测频次	
	观测期限	观测周期
仰拱（底板）施工完成后	第 1 个月	1 次 / 周
	第 2～3 个月	1 次 /2 周
	3 个月以后	1 次 / 月
无砟轨道铺设后	第 1～3 个月	1 次 / 月
	第 4～12 个月	1 次 /3 月
	12 个月以后	1 次 /6 月

（2）Ⅵ级围岩隧道沉降变形观测不按《高速铁路工程测量规范》（TB 10601—2009）中的规定进行观测，需要根据设计方案进行观测。其他特殊条件有砟轨道隧道，如通过采空区的隧道、通过黄土地区的隧道，经常出现沉降或上拱现象，根据设计需要进行评估。

（3）对于不良地质、有特殊要求的地段，要加密观测断面，如围岩级别变化频繁、地应力较大、断层破碎带、膨胀土、湿陷性黄土等不良和复杂地质区段，岩溶发育区、煤矿采空区，隧道上跨既有铁路隧道、公路隧道、引水隧洞等或与其他既有构筑物有交叉等特殊段落，采取换填、注浆、复合地基、梁跨结构等进行基础处理的段落。

5. 隧道变形观测方案

隧道变形观测沉降水准测量的测量精度为 ±1 mm，高程取位至 0.1 mm，采用国家二等水准测量的技术要求进行测量。隧道沉降观测分为未贯通测量和贯通测量，如图 2.24 和图 2.25 所示。

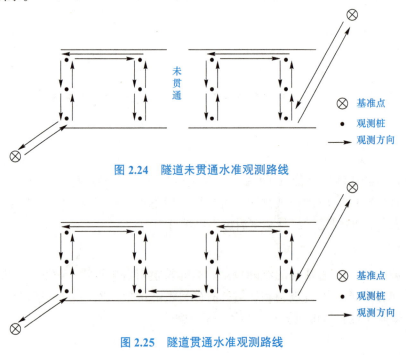

图 2.24　隧道未贯通水准观测路线

图 2.25　隧道贯通水准观测路线

隧底工程结束前埋设好观测点，隧底工程结束后立即观测初始值，短隧道隧底工程结束时隧道已经贯通，沉降观测时可通过隧道进出口两端的二等水准点形成附合水准路线进行观测；长大隧道洞内的水准路线长，且在隧道贯通前不能构成附合水准路线，隧底工程分区段完成，因此长大隧道沉降观测也应分区段进行观测，随开挖面的不断掘进，沉降观测工作也随之跟进。鉴于长大隧道沉降观测的特殊性，洞口建立沉降观测网后，洞口先行结束隧底工程的段落以洞口沉降观测网为基准采用闭合水准路线进行观测，当观测3个月后，对观测数据进行分析，如果该区段隧道沉降已经收敛稳定，则后续区段以稳定区段的水准点做基准点进行观测，随掘进和二衬的逐渐推进，以此类推。

模块 3

CPⅠ和 CPⅡ控制网测量

📖 模块描述

  在无砟轨道勘测设计阶段，应建立 CPⅠ和 CPⅡ控制网。其中，CPⅠ控制网主要为勘测、施工、运营维护提供坐标基准，CPⅡ控制网主要为勘测和施工提供控制基准。CPⅠ中的 GNSS 测量应首先在 WGS-84 坐标系统中进行三维无约束平差，然后将 WGS-84 的坐标转换为工程独立平面坐标。为减小尺度误差，工程独立平面坐标系统以沿线路敷设的控制基桩对应的轨道设计高程为投影面；同时，为了便于各单位测量成果的相互联系与利用，满足城市规划的要求，在工程独立平面坐标系统中还需引入 1954 北京坐标系/1980 西安坐标系或城市地方坐标系。CPⅡ控制网应附合到 CPⅠ控制网，并采用固定数据平差。

  通过本模块的学习，学生应重点掌握 CPⅠ、CPⅡ控制网布设和观测、数据处理，为今后控制点加密工作打下基础。

模块 3　CPⅠ和CPⅡ控制网测量

📩 学习目标

1. 知识目标

（1）掌握CPⅠ、CPⅡ控制网布设；

（2）掌握CPⅠ、CPⅡ控制网观测；

（3）掌握CPⅠ、CPⅡ控制网采集数据处理。

2. 技能目标

（1）能对CPⅠ、CPⅡ控制点进行编号；

（2）能使用仪器对CPⅠ、CPⅡ控制网进行观测；

（3）能使用软件对CPⅠ、CPⅡ控制网采集的数据进行处理。

3. 素养目标

（1）培养正确的人生观和价值观；

（2）培养循序渐进、持之以恒的顽强精神；

（3）培养追求卓越、精益求精的工匠意识；

（4）通过点之记，培养因果关系意识。

📩 重点和难点分析

1. 重点

重点：CPⅠ、CPⅡ控制网观测。

重点分析：在高速铁路控制网测量中，由于CPⅠ、CPⅡ控制点比较远，超过了全站仪测量的最大视线，因此施工单位经常对CPⅠ、CPⅡ控制网进行加密。

2. 难点

难点：CPⅠ、CPⅡ控制网GNSS数据处理。

难点分析：CPⅠ、CPⅡ控制网测量使用精度高的接收机进行数据采集，采集后的数据的工作量很大，数据处理考虑的因素很多，难度也很大。

任务 3.1　CPⅠ和 CPⅡ控制网测量

任务引入

高速列车能以 350 km/h 的速度行驶,测量控制网系统发挥着至关重要的作用,CPⅠ和 CPⅡ控制网作为控制网系统的组成部分,对施工和运营提供测量基准,请查阅文献完成 CPⅡ控制网观测。

任务分组

班级		组号		组长	
组员	姓名	学号	姓名	学号

熟悉任务

工作单 3-1（课中下发，课后交给教师）

组员姓名：　　　　学号：　　　　日期：　　月　　日　　天气：

1. 标出高速铁路控制网各等级名称。

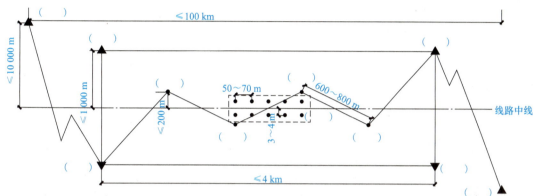

2. 如何进行 CPⅠ 平面控制网布设？

3. 如何进行 CPⅡ 平面控制网布设？

4. GNSS 与 GPS 的区别是什么？

工作计划

工作单 3-2

1. 根据 CPⅡ 测量精度要求，选择合适的仪器。

2. 如何进行 CPⅡ 控制点位置选择？

3. CPⅡ 控制点观测流程是什么？

决 策

工作单 3-3

1. 师生讨论 CPⅡ 观测仪器选择。

2. 小组讨论 CPⅡ 控制点位置。

3. 小组讨论 CPⅡ 控制点观测流程。

4. 小组讨论 CPⅡ 控制点观测注意事项。

5. 小组讨论 CPⅡ 控制点观测精度要求。

工作实施

工作单 3-4

填写 GNSS 测量手簿记录。

点号		点名			图幅编号	
观测记录员		观测日期			时段号	
接收机型号及编号		天线类型及编号			存储介质类型及编号	
原始观测数据文件名		Rinex 格式数据文件名			备份存储介质类型及编号	
近似纬度	° ′ N	近似经度	°	′ N	近似高程	m
采样间隔		开始记录时间	h	min	结束记录时间	h min
天线高测定		天线高测定方法及略图			点位略图	
测前	测后					
测定值: m	m					
修正值: m	m					
天线高: m	m					
平均值: m	m					

续表

时间（UTC）	跟踪卫星数	PDOP
记事		

说明：1. 图幅编号填写点位所在的 1∶50 000 地形图编号；
2. 时段号按调度指令安排的编号填写；
3. 接收机型号及编号、天线类型及编号均填写全名；
4. 近似纬度填至 1′，近似高程填至 100 m；
5. 采样间隔填写接收机实际设置的数据采样率。

评价反馈

个人自评表、小组内互评表、小组之间互评表、教师评价表。

相关配套知识

高速铁路的精密工程测量分为平面控制网和高程控制网。CP0 称为首级平面控制网，两点相距 50～100 km，距离线路中心约 10 km，CP0 点间距离误差依据铁路速度目标不同按 GPS A/B 两种平面测量精度设计，点位一般同时引入二等高程。早期京沪高铁按 100 km 布设，武广没有布设，石武客专按上述标准布设。CP0 一般选埋在稳定的地区，在软基地区采用深埋钢管桩，埋深为 10～30 m。

为保证勘测、施工、运营维护各阶段平面测量成果的一致性，CPⅠ、CPⅡ 平面控制网测量应使用同一个 GNSS 平面位置基准，该位置基准由 CP0 确定。CPⅠ 控制网应附合到 CP0 上，采用固定数据平差。CPⅠ 中的 GNSS 观测应在 WGS-84 坐标系中进行三维无约束平差，然后将 WGS-84 的坐标转换为工程独立平面坐标。转换模型的投影长度变形值不应大于 10 mm/km。为减小尺度误差，工程独立平面坐标系统以沿线路敷设的控制基桩对应的轨道设计高程为投影面；同时，为了便于各单位测量成果的相互联系与利用，满足城市规划的要求，在工程独立平面坐标系统中还需引入 1954 北京坐标系/1980 西安坐标系或城市地方坐标系。CPⅡ 控制网附合到 CPⅠ 上，采用固定数据平差。

CP0、CPⅠ、CPⅡ平面控制网测量采用 GNSS 观测，GNSS 是能在地球表面或近地空间的任何地点为用户提供全天候的三维坐标和速度及时间信息的空基无线电导航定位系统。全球卫星导航系统国际委员会公布的全球 4 大卫星导航系统供应商，包括中国的北斗卫星导航系统（BDS）、美国的全球定位系统（GPS）、俄罗斯的格洛纳斯卫星导航系统（GLONASS）和欧盟的伽利略卫星导航系统（GALILEO）。其中，GPS 是世界上第一个建立并用于导航定位的全球系统，GLONASS 经历快速复苏后已成为全球第二大卫星导航系统；BDS 是中国自主建设运行的全球卫星导航系统，历经 20 年研发工作，完成全球组网工作，截至 2023 年已成功发射 56 颗卫星，一举打破美国在卫星导航系统方面的垄断霸权，成功使中国制造走向国际。

1. CPⅠ和 CPⅡ控制网概述

CPⅠ、CPⅡ控制网在测量工作展开前，应根据测区地形、地貌及线路工程的情况进行设计，并以多余观测分量平均设计准则和经济性原则进行优化设计。CPⅠ、CPⅡ控制网在设计前，应收集线路设计的有关资料和沿线的国家大地点资料，在充分研究线路平、纵断面图的基础上进行控制网设计。收集的资料应包括线路平、纵断面图及测区 1∶10 000 和 1∶50 000 地形图；线路沿线的国家或地方控制点资料，包括平面控制网、水准路线图、点之记、成果表、技术总结等相关资料。

控制网设计包括控制网基准、网形和精度设计。需要增补控制点时，应进行控制网改造设计。控制网设计需要采用计算机辅助设计。

（1）CPⅠ起算基准。CPⅠ控制网为基础平面控制网，主要为勘测、施工、运营维护提供坐标基准。CPⅠ以 CP0 为基准进行约束平差，应在三维空间直角坐标系下进行，并应附合到 CP0 上，采用固定数据平差。一般每 50 km 宜联测一个平面控制点 CP0，全线（段）联测平面控制点的总数不宜少于 3 个，特殊情况下不得少于 2 个。当联测点数为 2 个时，应尽量分布在网的两端；当联测点数为 3 个及以上时，宜在网中均匀分布。

（2）CPⅡ起算基准。CPⅡ控制网为线路平面控制网，主要为勘测和施工提供控制基准；CPⅡ平差应以 CPⅠ为基准做整网约束平差处理，应附合到 CPⅠ上，并采用固定数据平差。

（3）控制网基准设计。控制网的尺度是工程测量中最关键的问题，也是最现实的问题。任何一项工程，测量计算的投影面均以施工精度要求最高的设计尺寸所在的高程面为准。对于客运专线无砟轨道铁路工程而言，则应该以线路轨顶标高作为平面独立坐标系（施工平面控制网）的投影高程面。

2. 控制网网形的设计

CPⅠ应沿线路走向布设，每 4 km 布设一对 GNSS 点，距离线路中心 50～1 000 m，宜在初测阶段建立，困难时应在定测阶段完成；应采用边连接方式构网，要求 4 台以上 GNSS 同步观测的基线组成三角形或大地四边形连成的带状网。CPⅡ平面控制网为 CPⅠ平面网的加密网，CPⅡ平面网点间距控制为 600～800 m，距离线路中心 50～200 m，CPⅡ坐标系统应附合到 CPⅠ平面网上。高速铁路工程测量四级平面控制网布设如图 3.1 所示。

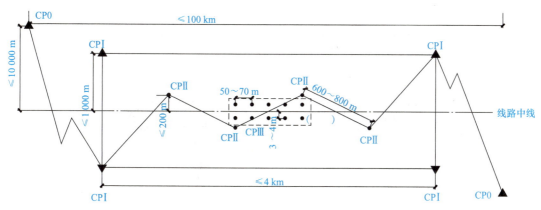

图 3.1 高速铁路工程测量四级平面控制网布设

CPⅡ控制网可采用 GNSS 或导线测量方法施测。采用导线测量时，CPⅡ控制网采用附合导线网形式，导线起闭于 CPⅠ控制点。

3. 控制网精度的设计

控制网精度设计应包括控制点的可重复性测量精度、相对点位精度及其平均可靠率等几方面。特别需要强调的是，精度计算应考虑原始数据误差的影响。

通过理论分析和大量的仿真计算，并参照德铁 RIL883 标准，CPⅠ基础平面控制网 GNSS 测量精度定为二等；与德铁标准相比，CPⅠ控制网相对点位精度短边高于德铁 RIL883 标准，长边低于 RIL883 标准，但仍然高于测量所要求的精度。具体参照表 3.1。

表 3.1 控制点的定位精度

控制点	可重复性测量精度 /mm	相对点位精度 /mm
CPⅠ	10	$8+D\times 10^{-6}$
CPⅡ	15	10

各级控制网的多余观测分量平均值 $\bar{r}$ 宜满足下式要求：

$$\bar{r}=\frac{r}{n}>0.25 \qquad (3.1)$$

式中　r——控制网的多余观测数；

　　　n——控制网的总观测数；

　　　$\bar{r}$——平均可靠率。

注：（1）可重复性测量精度：控制点两次定位坐标差的中误差或补设、增设控制点时，由现有已知控制点发展的新控制点相对于已知点的坐标中误差。

（2）相对点位精度：通过测量可导出的相邻控制点之间的精度。

（3）表中数据为 X、Y 坐标方向的中误差。

（4）D 为基线边长，单位为 mm。

4. 仪器设备的选择

（1）CPⅠ测量仪器设备。CPⅠ采用标称精度不低于（$5+1\times10^{-6}D$）mm 的双频 GNSS

接收机,如天宝 R2、R8 等,如图 3.2 所示。同步观测的 GNSS 接收机不少于 4 台,且观测量为载波相位。安置天线采用三脚架和对中精度小于 1 mm 的光学对中器。接收机在使用前必须出具仪器鉴定部门提供的鉴定证书,在使用过程中对接收机应定期检验。

图 3.2　天宝 R2、R8 系列接收机

（2）CPⅡ测量仪器设备。CPⅡ控制网宜在定测阶段完成,采用 GNSS 测量或导线测量方法施测。CPⅡ采用标称精度不低于 $(5+1\times10^{-6}D)$ mm 的双频 GNSS 接收机,同步观测的 GNSS 接收机不少于 3 台,如天宝 R8、徕卡等,如图 3.3 所示,且观测量为载波相位。接收机在使用前必须出具仪器鉴定部门提供的鉴定证书,在使用过程中对接收机应定期检验。

图 3.3　徕卡双频接收机

5. 控制点要求

（1）控制点编号。CPⅠ、CPⅡ控制点标石上应注记控制点编号,编号由七位字符组成：CPⅠ××××、CPⅡ××××,如 CPⅡ3010,其中"CPⅡ"代表 CPⅡ级控制点,"3"代表埋标的段落序号,"010"代表 CPⅡ级控制点的顺序号。CPⅠ、CPⅡ控制点均遵循由小里程向大里程顺序编号的原则。

（2）CPⅠ选点与埋石。CPⅠ控制点宜设在不易被施工破坏、稳定可靠、便于测量的地方,并附合于 CP0 控制网上,在沿线大型桥梁、隧道处考虑加布点。为兼顾 GNSS 网形,在实地条件允许时,CPⅠ可在铁路中心线两侧错开布点。为保证通视,CPⅠ在距离线路中心线 50 ～ 1 000 m 范围内沿线路一侧布设,CPⅠ如要跨线路布设,则必须考虑路基对通视的影响。在线路勘测设计的起点、终点或与其他铁路控制网衔接地段必须有 2 个及以上的 CPⅠ控制点相重合。

当 CPⅠ控制点选择好后,应进行点位埋设,当 CPⅠ控制点在建筑物顶上时,标石应与建筑物顶面牢固连接,埋设要求如图 3.4 所示。标石埋设完成后,应现场绘制点之记。

考虑 CPⅠ与二等水准点共用的情况,所以 CPⅠ、二等水准点中心标志均按一个规格制作,采用不锈钢质中心标志,在标志的正中位置刻制长 10 mm,深、粗均小于 0.5 mm 的十字丝作为 GNSS 观测的对中点。

（3）CPⅡ选点与埋石。CPⅡ控制点沿线路,点间距按 600 ～ 800 m 布设,并附合到 CPⅠ基础平面控制网上,CPⅡ控制点宜选择在距线路中线 50 ～ 200 m 范围内、稳定可靠、便于测量的地方。在线路起点、终点及不同测量单位衔接地段,应联测两个及以上 CPⅡ控制点作为共享点。

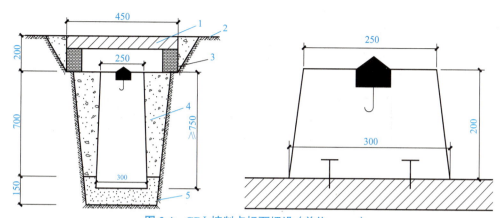

图 3.4　CPⅠ控制点标石埋设（单位：mm）
1—盖板；2—地面；3—保护井；4—素土；5—混凝土

当 CPⅡ控制点选择好后，应进行点位埋设，埋设要求如图 3.5 所示，标石埋设完成后，应现场绘制点之记。当 CPⅡ控制点在建筑物顶上时，标石应与建筑物顶面牢固连接。

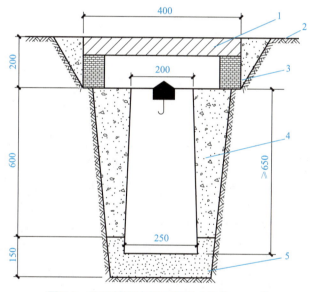

图 3.5　CPⅡ控制点标石埋设（单位：mm）
1—盖板；2—地面；3—保护井；4—素土；5—混凝土

（4）点之记绘制要求。

1）点之记要在埋标时现场绘制草图，绘制时要符合要求，要素齐全，标志点位的距离用皮尺现场实测，交通路线图指向要齐全、清楚。

2）埋标时，先用手持 GNSS 在测区测量已知点，将参数调整在测量误差 10 m 以内，然后进行选点，选点完成后采集概略坐标，绘制点之记时进行标注。

3）选点埋标人员在点之记绘制记录上签名。

4）每个点用数码相机拍摄辅助点之记（JPG 文件格式）两张：一张标石顶面；另一张为一人站在点位上，拍摄点位附近明显参照物。

5）根据点之记草图，及时绘制成 CAD 形式的电子图。

6）点之记样例如图 3.6 所示。

三角点控制点之记

点名	佘山	等级	四等	标志类型	水泥现浇瓷质标志
点号		4		觇标类型	钢质寻常标
所在地	东乡县东坊镇南面幸福村			交通路线	由本县开往铜县长途汽车路径幸福村
与本点有关的方向和距离				点 位 略 图	
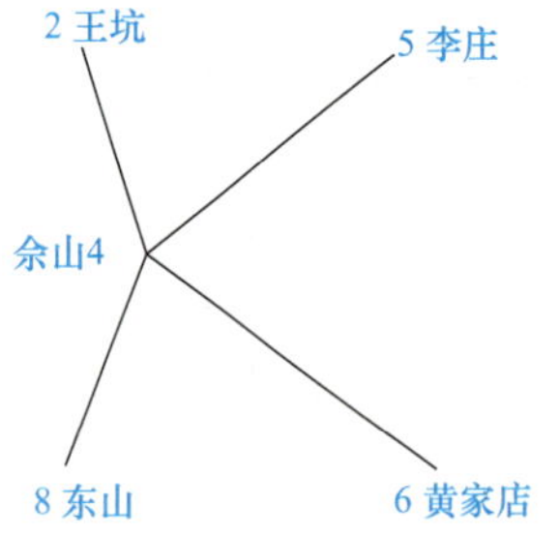 2 王坑　　5 李庄 佘山4 8 东山　　6 黄家店				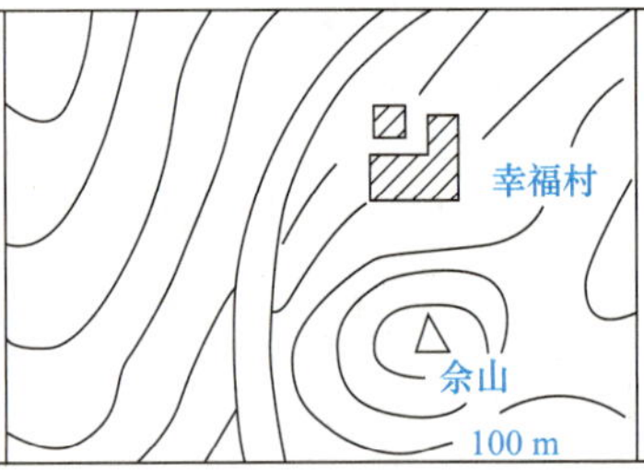 幸福村 佘山 100 m 1∶25 000	
有关问题说明	本点在旧有点位上重选，重埋				

图 3.6　点之记样例

6. 控制网测量技术要求

（1）CPⅠ、CPⅡ控制网外业观测要求。观测前，对参与观测的 GNSS 接收机配置参数，所有接收机配置的参数要相同。作业时天线严格整平对中，对中误差小于 1 mm；每个时段测前、测中、测后各量取天线高一次，较差值小于 2 mm，取均值作为最后成果。接收机开始记录数据后，要及时将测站名、测站号、时段号、天线高等信息输入接收设备。在测量过程中，作业员要使用专用功能键和选择菜单查看测站信息、接收卫星数、卫星号、各通道信噪比、实时定位结果、存储器和电池余量等，并做必要记录。同时要注意仪器的警告信息，及时处理各种特殊情况。双时段观测时，时段间 GNSS 接收机应重新整平对中。

（2）CPⅠ、CPⅡ控制网测量技术要求。CPⅠ控制网测量采用二等静态 GNSS 测量，CPⅠ控制点应选在离线路中线 50～1 000 m 的不易被破坏的范围内；整个控制网沿线路走向布设，采用边连接方式，形成三角形或大地四边形组成的带状网；在线路勘察设计起点、终点或与其他铁路平面控制网衔接地段，应有 2 个以上的 CPⅠ控制点相重合，并在测量成果中反映出相互关系。

为了将无砟轨道铁路工程独立坐标系统引入国家坐标系统，或满足对路外提供 CPⅠ控制点的国家坐标系统坐标的需要，CPⅠ 应与沿线不低于国家二等三角点或 GNSS 点联测，宜每 50 km 联测一个国家三角点。全线（段）联测国家三角点的总数不得少于 3 个，特殊情况下不得少于 2 个。当联测点数为 2 个时，应尽量分布在网的两端，当联测点数为3个及其以上时，宜在网中均匀分布。

CPⅡ控制网测量应在CPⅠ控制网的基础上进行，既可采用GNSS测量，也可采用导线测量。无论采用哪种测量方法，CPⅡ控制点均应选择在距离线路中线50～200 m的不易被破坏的范围内。在线路勘察设计起点、终点及不同单位测量衔接地段，应联测2个以上CPⅡ控制点作为共用点，并在测量成果中反映出相互关系。

如果具有良好的对空通视条件，可采用三等GNSS测量。GNSS控制测量外业观测和基线解算应执行全球定位系统测量规程等相关规定，GNSS网宜采用一个已知点和一个已知方向的方法进行坐标转换，并引入1954年北京坐标系统或1980西安坐标系统。

CPⅠ控制网和CPⅡ控制网在测量过程中应该遵循的具体技术指标见表3.2～表3.4。

表3.2　CPⅠ、CPⅡ基础平面控制网布网要求

控制网级别	测量方法	测量等级	点间距	备注
CPⅠ	GNSS	二等	≥1 000 m	≤4 km/一对点
CPⅡ	GNSS	三等	600～800 m	
	导线	三等		

表3.3　CPⅠ、CPⅡ基础平面控制网GNSS测量精度要求

等级	固定误差 a/mm	比例误差系数 b/（mm·km^{-1}）	基线方位角中误差/″	最弱边边长相对中误差	相邻点的相对中误差/mm
二等	≤5	≤1	1.3	1/180 000	10
三等	≤5	≤1	1.7	1/100 000	10

表3.4　CPⅠ、CPⅡ基础平面控制网GNSS观测技术要求

等级	卫星截止高度角/°	数据采样间隔/s	卫星数	有效卫星数的最短连续观测时间/min	观测时段数	有效时段长度/min	PDOP或GDOP
二等	≥15	10～60	≥4	≥15	≥2	≥90	≤6
三等	≥15	10～60	≥4	≥15	1～2	≥60	≤8

7. CPⅠ、CPⅡ控制网GNSS数据处理

在布设GNSS网时，数据处理工作一般是随外业工作的展开分阶段进行的。GNSS测量数据处理的对象是GNSS接收机在野外所采集的观测数据。数据处理工作从算法角度出发可分为数据传输与格式转换（可选）、基线解算预处理、基线向量解算和GNSS三维网无约束平差四个阶段。

（1）数据传输与格式转换。GNSS外业采集的数据一般是记录在接收机的内存模块上，因此，完成观测后，如果要对数据进行分析，需先将数据下载到计算机上。数据传输的同时进行数据分流，生成4个数据文件：载波相位和伪距观测值文件、星历参数文件、电

离层参数和 UTC 参数文件、测站信息文件。

除测站信息文件外，下载到计算机中的数据均按 GNSS 接收机的专有格式存储，一般为二进制文件。通常情况下，只有 GNSS 接收机厂商所提供的数据处理软件能够直接读取这种数据并进行处理，若数据处理软件不支持该型号仪器的原始数据，则需要采用其他软件进行解码，得到 Rinex 格式观测数据。

除此之外，还需对测站信息文件数据进行检查整理，包括确认测站名、点号、点名是否正确；检查天线高与外业手簿一致；检查观测数据的采样间隔与高度截止角；确认所采用天线的各类几何参数、物理参数准确；检查外业气象数据是否换成适用于处理软件所需要的单位。在确保外业数据检查合格后，方可启动数据处理软件进行解算。

（2）基线解算预处理。基线解算前，需对其进行预处理。GNSS 测量数据的预处理目的在于：对数据进行平滑滤波检验，剔除观测值中的粗差，删除无效无用数据，统一数据文件格式，将各类接收机的数据文件加工成彼此兼容的标准化文件。目前，GNSS 测量数据的预处理主要如下：

1）GNSS 卫星轨道方程的标准化。GNSS 数据处理中，根据数据的采样间隔，要多次用到卫星坐标，然而 GNSS 广播星历每小时发布一组独立的星历，精密星历则每 15 分钟发布一组独立的星历。这就要将卫星轨道方程标准化，其目的是以统一的格式提供观测时段内被测卫星的轨道位置，从而使卫星轨道计算简便，并且其观测轨道是连续轨道。GNSS 卫星轨道方程的标准化通常采用以时间为变量的多项式进行拟合处理。

2）卫星时钟多项式的拟合和标准化。卫星时钟改正数来自每小时更新一次的广播星历，类似轨道方程标准化的问题，要求提供整个观测时段内被测卫星连续、唯一且充分平滑的时钟改正多项式。对卫星时钟进行改正的目的：一是确定真正的信号发射时间以便计算该时刻的卫星轨道位置；二是将各测站对各卫星的时间基准统一起来以估算它们之间的相对钟差。前一目的因卫星运动速度不足 4 km/s，当时间改正达 0.25 μs 时，位置改正不足 1 mm，因而十分容易满足；后一目的则要求时间多项式拟合的数学精度优于 0.2 ns，以便精确探测整周跳变，估计整周模糊度。

3）观测值文件的标准化。各种接收机提供的 GNSS 数据的记录格式不尽相同，同一接收机也可能互相有一些出入。为了保证后续工作的顺利进行，必须对观测文件进行标准化。观测值文件标准化的内容主要包括记录格式标准化、记录类型标准化、记录项目标准化、采样密度标准化及数据单位标准化等。

4）对观测值进行各种模型改正。GNSS 观测值要受到多种误差的影响，对于这些误差常常需要加一些模型改正，以提高测量精度，如相对论改正和大气折射模型改正。

5）形成差分数据。将同步环中每两台接收机同步测量的单频或合成单频载波相位形成单差、双差和三差观测值。

6）数据的检查、修复。诊断、确定、修复各种差分载波相位整周跳变。

7）伪距定位坐标计算。平均计算每个观测点的伪距定位坐标。利用载波相位差分技术进行基线解算时,需要有每个点位的概略坐标。概略坐标可由伪距单点定位进行解算。

(3)基线向量解算。在对基线向量进行预处理后,将进行基线解算。基线向量的解算实质是一个平差过程。平差所采用的观测值主要是双差观测值。首先由三差载波相位方程计算基线矢量,然后由双差载波相位观测方程进行基线向量解算;最后确定固定解。

1)三差载波相位方程计算基线矢量。以同步环中每两台 GNSS 接收机所在点的坐标差分量作为未知参数,选用同步环中每两台接收机同步观测量所形成的三差载波相位观测值作为观测量,并认为是正态分布的随机观测量。按照最小二乘平差方法,将观测方程以观测点伪距定位坐标作为近似坐标,按泰勒级数展开,建立线性化观测方程:

$$V = BX + L \tag{3.2}$$

按照最小二乘原理 $V^{\mathrm{T}}PV=\min$ 列出法方程,并求解得

$$X = (A^{\mathrm{T}}PA)^{-1}A^{\mathrm{T}}PL \tag{3.3}$$

式中,$X=(\mathrm{d}X,\mathrm{d}Y,\mathrm{d}Z)$ 为未知点近似坐标的改正数,由式(3.3)可以解出待定点坐标的初始解,按三差所求解的精度仅在米级的水平。

2)双差载波相位观测方程进行基线向量解算。以同步环中每两台 GNSS 接收机所在未知点近似坐标的改正数 $(\mathrm{d}X,\mathrm{d}Y,\mathrm{d}Z)$ 和相应的双差整周模糊度 $(\nabla\Delta N_i^j)$ 为未知参数,并以同步环中每台接收机同步观测量所形成的双差载波相位观测值为观测量。按照最小二乘平差方法,将双差观测方程以观测点三差定位坐标作为近似坐标,按泰勒级数展开:$X_1=(\mathrm{d}X,\mathrm{d}Y,\mathrm{d}Z)$ 为基线矢量,$X_2=(\nabla\Delta N_i^jL)$ 为双差模糊度。误差方程为

$$V = B_1X_1 + B_2X_2 - L \tag{3.4}$$

按最小二乘原理 $V^{\mathrm{T}}PV=\min$ 用消元法先消去 X_1,求出模糊度 X_2。如果此时不将模糊度整数化,代入法方程求出 X_1,则由此解得的 $X_1=(\mathrm{d}X,\mathrm{d}Y,\mathrm{d}Z)$ 称为浮动解,只有厘米级的精度。

3)确定固定解。将模糊度整数化,整数化方法有四舍五入法或择优法。择优法:在求出的实数模糊度 $\pm 3\sigma$(三倍的标准差)之内所有可能的整周未知数分别参与平差,产生最小标准差的那组整周未知数为最优选择。将整周未知数 $X_2=$ 代入法方程求出 X_1,则由此解得的 $X_1=(\mathrm{d}X,\mathrm{d}Y,\mathrm{d}Z)$ 称为固定解。

(4)GNSS 三维网无约束平差。GNSS 三维网无约束平差是指不引入会造成 GNSS 网产生由非观测量引起的变形的外部起算数据,一般是没有起算数据的平差方法,其平差时一般没有起算数据或者只有必要起算数据。GNSS 误差方程的建立所采用的观测值均为基线向量,即 GNSS 的基线的起点到终点的坐标差。因此,其每条基线向量可以列出如下误差方程式:

$$\begin{pmatrix} v_{\Delta X} \\ v_{\Delta Y} \\ v_{\Delta Z} \end{pmatrix} = \begin{pmatrix} -1 & 0 & 0 \\ 0 & -1 & 0 \\ 0 & 0 & -1 \end{pmatrix} \begin{pmatrix} \mathrm{d}X_i \\ \mathrm{d}Y_i \\ \mathrm{d}Z_i \end{pmatrix} + \begin{pmatrix} 1 & 0 & 0 \\ 0 & 1 & 0 \\ 0 & 0 & 1 \end{pmatrix} \begin{pmatrix} \mathrm{d}X_j \\ \mathrm{d}Y_j \\ \mathrm{d}Z_j \end{pmatrix} - \begin{pmatrix} \Delta X_{ij} - X_i + X_j \\ \Delta Y_{ij} - Y_i + Y_j \\ \Delta Z_{ij} - Z_i + Z_j \end{pmatrix} \tag{3.5}$$

若 GNSS 网中有 n 个点，通过观测共得到 m 条独立的基线向量（可假定 m_1 条基线的起点和终点分别为 n_1 和 n_2 点），总的误差方程写成如下形式：

$$V = B\hat{X} - L \tag{3.6}$$

式中 $L = (l_1 \ l_2 \ \cdots \ l_{ml} \ \cdots \ l_m)^\mathrm{T}$
$l_{ml} = (\Delta X_{ml} \Delta Y_{ml} \Delta Z_{ml}) - (\Delta X_{ml}^0 \Delta Y_{ml}^0 \Delta Z_{ml}^0)$
$V = (v_1 \ v_2 \ \cdots \ v_{ml} \ \cdots \ v_m)^\mathrm{T}$
$v_{ml} = (v_{\Delta Xml} \ v_{\Delta Yml} \ v_{\Delta Zml})^\mathrm{T}$
$\hat{X} = (\hat{x}_1 \ \hat{x}_2 \cdots \hat{x}_{ml} \cdots \hat{x}_m)^\mathrm{T}$
$\hat{x}_{ml} = (\hat{x}_{ml} \ \hat{y}_{ml} \ \hat{z}_{ml})^\mathrm{T}$

$$B = \begin{pmatrix} \cdot & \cdot & \cdots & \cdot & \cdots & \cdot & \cdot \\ \cdot & \cdot & \cdots & \cdot & \cdots & \cdot & \cdot \\ \vdots & \vdots & & \vdots & & \vdots & \vdots \\ 0 & 0 & \cdots & -I & \cdots & I & \cdots & 0 \\ \vdots & \vdots & & \vdots & & \vdots & \vdots \\ \cdot & \cdot & \cdots & \cdot & \cdots & \cdot & \cdot \end{pmatrix}$$

B 矩阵由 $m \times n$ 个和 3×3 个子块构成。I 为单位矩阵。

GNSS 网平差时，只需要一个位置基准可以采用秩亏自由网基准，但一般用应用地心坐标作为起算位置基准，其可有一个基准方：

$\hat{X}_1 = 0$，$\hat{X}_k = (\hat{x}_k \ \hat{y}_k \ \hat{z}_k)^\mathrm{T}$，$\hat{x}_k$，$\hat{y}_k$，$\hat{z}_k$ 为该基准点坐标改正数，也可写成

$$GX = 0 \tag{3.7}$$

其中：$G = (0 \ \cdots \ I \ \cdots \ 0)$

一条单基线解可提供如下信息：

$$b_i = (\Delta X_i \ \Delta Y_i \ \Delta Z_i)^\mathrm{T} \tag{3.8}$$

$$Q_{bi} = \begin{pmatrix} \sigma_{\Delta X_i}^2 & \sigma_{\Delta X_i \Delta Y_i} & \sigma_{\Delta X_i \Delta Z_i} \\ \sigma_{\Delta X_i \Delta Y_i} & \sigma_{\Delta Y_i}^2 & \sigma_{\Delta Y_i \Delta Z_i} \\ \sigma_{\Delta X_i \Delta Z_i} & \sigma_{\Delta Z_i \Delta Y_i} & \sigma_{\Delta X_i}^2 \end{pmatrix} \tag{3.9}$$

式中，Q_{bi} 为该条基线向量的协方差阵。因此可以为其定权为 $P = Q_{bi}^{-1}$。

对于 n 条基线可以提供以下信息：

$$B = [b_1 \ b_2 \ \cdots \ b_n]^\mathrm{T} \tag{3.10}$$

$$P_B = \begin{bmatrix} Q_{b1}^{-1} & 0 & \cdots & 0 \\ 0 & Q_{b2}^{-1} & \cdots & 0 \\ \vdots & \vdots & & \vdots \\ 0 & 0 & \cdots & Q_{bn}^{-1} \end{bmatrix} \tag{3.11}$$

B 为参与构网的基线向量组，P_B 为相应的权阵。

综上所述，可按照最小二乘法进行平差计算，得到平差结果：

$$\hat{X} = N_{bb}^{-1} G^\mathrm{T} N_{gg}^{-1} G N_{bb}^{-1} W \tag{3.12}$$

式中，
$$N_{bb} = B^{T}PB$$
$$N_{gg} = GN_{bb}^{-1}G^{T}$$
$$W = B^{T}PL$$

待定点坐标参数：
$$\hat{X} = X^{0} + x \quad (3.13)$$

单位权中误差：
$$\sigma_{0} = \sqrt{\frac{V^{T}PV}{3m - 3n + 3}} \quad (3.14)$$

式中　m——组成 GNSS 网的基线数；
　　　n——点数。

任务 3.2　CPⅡ 导线测量

任务引入

隧道内导线测量，由于 GNSS 信号被遮挡，洞内必须采用导线测量的方法实施，请查阅文献完成隧道内 CPⅡ 导线测量。

任务分组

班级		组号		组长	
组员	姓名	学号	姓名	学号

熟悉任务

工作单 3-5（课中下发，课后交给教师）

组员姓名： 　　学号： 　　日期： 　月　日　　天气：

1. 如何对导线分类？

2. 导线测量内容是什么？

工作计划

工作单 3-6

1. 根据隧道导线测量精度要求，选择合适的仪器。

2. 隧道导线布设方案有哪些？

3. 全站仪测量前准备工作有哪些？

决 策

工作单 3-7

1. 师生讨论全站仪选择。

2. 小组讨论导线布设位置。

3. 小组讨论导线观测步骤。

4. 小组讨论导线测量主要技术要求。

工作实施

工作单 3-8

1. 填写水平角观测表。

测回	目标	盘左	盘右	2C″	方向平均值	一个测回值	各测回平均值

2.填写水平距离观测表。

目标	测回	盘位	水平距离观测值/m	半测回水平距离平均值/m	一测回水平距离平均值/m	各测回水平距离平均值/m
		盘左				
		盘右				
		盘左				
		盘右				

3.填写导线测量内业表。

点号	观测角 /° ′ ″	改正后角值 /° ′ ″	坐标方位角 /° ′ ″	边长 /m	坐标增量计算值		改正后坐标增量值		坐标值	
					ΔX	ΔY	ΔX	ΔY	X	Y
辅助计算										

评价反馈

个人自评表、小组内互评表、小组之间互评表、教师评价表。

相关配套知识

CPⅡ控制网导线测量选用标称精度不低于 $(1+2\times10^{-6}D)$ mm 的全站仪，如徕卡 TS15、天宝 S8 等，如图 3.7 所示。CPⅡ控制网按三等导线精度施测，导线点间距也为 300～600 m，全站仪作业应满足《高速铁路工程测量规范》（TB 10601—2018）的相关要求。CPⅡ导线应在方位角闭合差及导线全长相对闭合差满足要求后，进行严密平差。

图 3.7　CPⅡ控制网导线测量

1. 水平角观测

（1）作业要求。

1）水平角观测方向数不多于 3 个时可不归零，各测回应均匀地分配在度盘和测微器的不同位置上。

2）水平角方向观测应在通视良好、成像清晰稳定时进行，全部测回宜在一个时间段内完成。

3）在观测过程中，气泡中心位置偏离不得超过 1 格；气泡偏离接近 1 格时，应在测回间重新整平仪器。

4）当方向总数不超过 6 个时，可分两组观测，每组方向数应大致相等，包括两个共同方向（其中一个为共同零方向）；其共同方向之间的角度误差应不超过本等级测角中误差的两倍。

5）当观测方向超过 3 个时，在观测过程中某些方向的目标不清晰，可以先放弃，待清晰时补测；在测回中放弃的方向数不得超过应观测方向数的 1/3，放弃方向补测时，应在原基本测回完成后进行，可只联测零方向。

（2）水平角观测。水平角观测，应在总测回以奇数测回和偶数测回分别观测导线前进方向的左角与右角。左角平均值与右角平均值之和应等于 360°，其误差值不应大于测角中误差的两倍。

（3）归心元素的测定。当联测高标架或不稳固的控制点时，应测定归心元素。测定时，投影三角形的最长边，对于标石，仪器中心的投影不应大于 5 mm；对于照准圆筒，其中心的投影不应大于 10 mm。投影完毕后，除标石中心外，其他各投影中心均应描绘两个测回方向。角度元素应量至 15′，长度元素应量至 1 mm。

（4）水平角观测各项限差规定。水平角方向观测法的技术要求应符合表 3.5 的规定。

表 3.5　水平角方向观测法的技术要求

等级	仪器精度等级	光学测微器两次重合读数之差 /″	半测回归零差 /″	一个测回中两倍照准差（2C″）较差 /″	同一方向各测回间较差 /″
四等级以上	1″仪器	1	6	9	6
	2″仪器	3	8	13	9

注：当观测方向的垂直角超过 ±3° 时，该方向的 2C″ 较差可按同一时间段内相邻测回进行比较。

当水平角的观测不符合表 3.5 的要求时，应进行重测，并应遵守下列规定：

1）一测回内 2C″ 互差或同一方向值各测回较差超限时，应重测超限方向，并联测零方向。

2）下半测回归零差或零方向的 2C″ 互差超限时，应重测该测回。

3）若一测回中重测方向数超过总方向数的 1/3，应重测该测回。当重测的测回数超过总测回数的 1/3 时，应重测该站。

4）因三角形的闭合差、极条件、基线条件、方位角条件自由项等超限而重测时，应进行认真分析，择取测站整站重测。

（5）水平角观测误差计算。

1）三角网测角中误差。

$$m_\beta = \sqrt{\frac{[WW]}{3n}} \qquad (3.15)$$

式中　m_β——测角中误差（″）；

　　　W——三角形闭合差（″）；

　　　n——三角形的个数。

2）导线测角中误差。按方位角闭合差计算测角中误差：

$$m_\beta = \sqrt{\frac{1}{N}\left[\frac{f_\beta f_\beta}{n}\right]} \qquad (3.16)$$

式中　f_β——附合导线或闭合导线环的方位角闭合差（″）；

　　　n——计算时所取的测站数；

　　　N——附合导线或闭合导线环的个数。

3）按左、右角观测的导线测角中误差：

$$m_\beta = \pm\sqrt{\frac{\Delta\Delta}{2n}} \tag{3.17}$$

式中 Δ——测站圆周角闭合差（″）；

n——三角形的个数。

2. 距离测量

（1）距离量测精度。

光电测距仪按精度分级见表 3.6。仪器的标称精度 m_D 表达式为

$$m_D = \pm(A + B \times D) \tag{3.18}$$

式中 m_D——测距中误差（mm）；

A——标称精度中的固定误差（mm）；

B——标称精度中的比例误差系数（mm/km）；

D——测距长度（km）。

表 3.6 光电测距精度规定

测距仪精度等级	每千米测距中误差 m_D / mm
Ⅰ级	$m_D \leqslant 5$
Ⅱ级	$5 < m_D \leqslant 10$
Ⅲ级	$10 < m_D \leqslant 20$

（2）测距仪的校验。光电测距仪及辅助工具的检校，应符合下列规定：

1）新购置的仪器或仪器大修后，应进行全面检校。

2）测距仪使用的气象仪表，应送气象部门检测，当在高海拔地区使用空盒气压计时，宜送当地气象台（站）校准。

3）已经用于生产的测距仪，其周期误差的检验及加常数、乘常数的检验至少每年应进行一次。

（3）测距边的选择。

1）测距边应选择在覆盖物相同的地段，不宜选择在烟囱、散热塔、散热池等发热体的上空。

2）测线上不应有树枝电线等障碍物，测线应离开地面或障碍物 1.3 m 以上。

3）测线应避开高压电线等强电磁场的干扰，并宜避开视线后方的反射体。

4）测距边的测线倾角不宜太大。当采用水准测量测定高差时，高差的大小可不受限制。若采用对向三角高程测定高差，则高差的限值按式（3.19）计算：

$$h \leqslant \frac{8D}{T} \times 10^3 \tag{3.19}$$

式中 h——测距边两端点的高差（m）；

D——测距边边长（m）；

T——测距边要求的相对误差分母。

（4）测距的作业要求。

1）测边时应在成像清晰、气象条件稳定时进行，雨、雪和大风天气不宜作业，不宜顺光或逆光且与太阳呈小角度观测，严禁将仪器照准头对准太阳。

2）当反光镜背景有反射物时，应在反光镜后遮上黑布。

3）在测距过程中，当视线被遮挡出现粗差时，应重新启动测量。

4）当观测数据超限时，应重测整个测回；当观测数据出现分群时，应分析原因，采取相应措施重新观测。

5）温度计应采用通风干湿温度计，气压表宜采用高原型空盒气压表。

6）当测四级及其以上的边时，应量取两端的测边始末的气象数据，计算时应取平均值：测量温度时应量取空气温度，读数前应将温度计悬挂在离开地面和人体1.5 m以外阳光不能直射的地方，且读数精确至0.2 ℃；气压表应置平，指针不应滞阻，且读数精确至50 Pa。

7）当测距边用三角高程测定的高差进行倾斜修正时，垂直角的观测和对向观测较差要求，可按工程测量规范中五等三角高程测量的有关规定放宽1倍执行。

8）每日观测结束，应对外业记录进行检查。当使用电子记录时，应保存原始观测数据，打印输出相关数据和预先设置的各项限差。

（5）测距精度要求。测距精度要求应符合表3.7的规定。

表3.7 测距精度要求

等级	测距仪精度等级	观测次数		总测回数	一个测回读数较差 /mm	单程各测回较差 /mm	往返较差
		往测	返测				
三等	Ⅰ级	1	1	6	≤5	≤7	$\pm\sqrt{2}(a+bD)$
	Ⅱ级			8	≤10	≤15	

3. 隧道洞内CPⅡ控制测量的方法

（1）技术要求。洞内CPⅡ导线测量的主要技术要求应符合表3.8的规定。

表3.8 隧道洞内导线测量主要技术要求

导线等级	附合长度 L/km	边长/m	测距中误差/mm	测角中误差/″	相邻点位坐标中误差/mm	导线全长相对闭合差限差	方位角闭合差限差/″
三等	L≤2	300～600	3	1.8	7.5	1/55 000	$\pm 3.6\sqrt{n}$
二等	2<L≤7						
隧道二等	L>7			1.3	5	1/100 000	$\pm 2.6\sqrt{n}$

（2）选点。导线点宜充分利用洞内施工平面控制桩，单独布点时应布设在施工干扰小、安全稳固、方便设站、便于保存的地方，点间视线应距离洞内设施0.2 m以上。

（3）布网。CPⅡ控制网的网形可分为单导线、导线环、导线网等形式；另在隧道的洞内施工导线中，导线的形式还有交叉双导线，这种形式只有一条边与上一个导线环联系。

为了保证特长隧道内CPⅡ控制网的精度，导线网形式建议布设成以下两种，导线边长均为 500 m 左右。一种为闭合导线，如图 3.8 所示，闭合环的边数一般 6 条左右，不超过 8 条，主要是为了防止闭合差不合格时增加重测的工作量，这种导线测量方式在为控制隧道贯通而进行的施工导线中也经常运用，只是其边长不能达到现在这么长，这种形式的特点是观测工作量相对要少些，可以采用手动记录的全站仪来完成。另一种为交叉导线，如图 3.9 所示，这种形式的实质是将控制点全部分为交叉的两个四边形来闭合，即比交叉双导线还多一条边进行闭合，因此其观测工作量成倍增加，这种形式常用性能较先进的全站仪来观测。

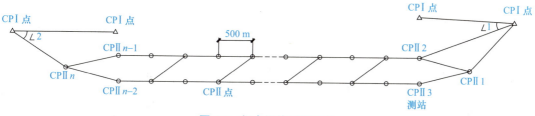

图 3.8　闭合导线测量示意

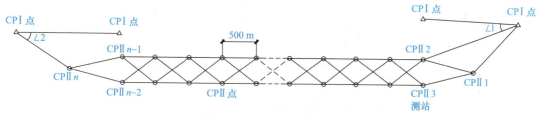

图 3.9　交叉导线测量示意

（4）外业观测。观测前应将仪器开箱放置 20 min 左右，使仪器与洞内温度一致，洞口测站观测宜在夜晚或阴天进行，洞内观测应充分通风，无施工干扰，避免尘雾。目标棱镜人工观测应有足够的照明度，目标清晰，采用自动观测尽量减少光源干扰。

4. 导线测量数据处理

当观测数据中含有偏心测量成果时，应首先进行归心改正计算。

（1）水平距离计算应符合下列规定：

1）测量的斜距，须经气象改正和仪器的加常数、乘常数改正后才能进行水平距离计算。

2）两点间的高差测量，宜采用水准测量。当采用电磁波测距三角高程测量时，其高差应进行大气折光改正和地球曲率改正。

3）水平距离可按下式计算：

$$D_p = \sqrt{s^2 - h^2} \qquad (3.20)$$

式中　D_p——测线的水平距离（m）；

　　　s——经气象及加常数、乘常数等改正后的斜距（m）；

　　　h——仪器的发射中心与反光镜的反射中心之间的高差（m）。

（2）测距精度评定。

1）往返测距单位权中误差。

$$\mu = \sqrt{\frac{[Pdd]}{2n}} \quad (3.21)$$

式中 d——各边往、返测的距离较差（mm）；

n——测距边数；

P——各边距离的先验权，其值为 $\frac{1}{\sigma_D^2}$，σ_D 为测距的先验中误差，可按测距仪器的标称精度计算。

2）任一边的实际测距中误差。

$$m_{D_i} = \mu \sqrt{\frac{1}{P_i}} \quad (3.22)$$

式中 m_D——第 i 边的实际测距中误差（mm）；

P_i——第 i 边距离测量的先验权。

3）网的平均测距中误差。

$$m_{D_i} = \sqrt{\frac{[dd]}{2n}} \quad (3.23)$$

（3）一级及以上等级的导线网计算，应采用严密平差法；二、三级导线网可根据需要采用严密或简化方法平差。当采用简化方法平差时，成果表中的方位角和边长应采用坐标反算值。

（4）导线网平差时，角度和距离的先验中误差，可分别按式（3.15）和式（3.20）中的方法计算，也可用数理统计等方法求得的经验公式估算先验中误差的值，并用以计算角度及边长的权。

（5）平差计算时，对计算略图和计算机输入数据应进行仔细校对，对计算结果应进行检查。打印输出的平差成果，应包含起算数据、观测数据及必要的中间数据。

（6）平差后的精度评定，应包含单位权中误差、点位误差椭圆参数或相对点位误差椭圆参数、边长相对中误差或点位中误差等。当采用简化平差时，平差后的精度评定，可做相应简化。

5. 成果的记录、整理和计算

（1）观测工作结束后，应及时整理和检查外业观测手簿确认观测成果全部符合规定后，方可进行计算。

（2）一级以上的平面控制网的计算应采用严密平差法；二级以下的平面控制网的计算可采用近似平差法。

（3）内业计算中数字取值精度应符合表 3.9 的规定。

表 3.9 内业计算中数字取值精度要求

等级	观测方向值及各项修正数 /″	边长观测值及各项修正数 /m	边长与坐标 /m	方位角 /″
三等	0.1	0.001	0.001	0.1

6. 洞内 CPⅡ 技术保障措施

为保证洞内 CPⅡ 控制网测量满足精度要求，确保后续无砟轨道施工顺利进行，采取如下技术措施：

（1）洞内 CPⅡ 布设为交叉导线网，每个控制点观测 4 个方向，以提高控制网图形强度；

（2）短边控制点埋设为强制观测标，减小仪器对中误差；

（3）测量期间加大隧道通风，禁止大型施工机械干扰，确保良好的观测条件；

（4）进洞在阴天或夜晚进行观测；

（5）为了便于控制网搭接，在洞内 CPⅡ 测量数据使用时，舍去导线交界处 1～3 对 CPⅡ 导线点成果数据；

（6）洞内控制网测量结束后应及时对隧道净空进行检测，必要时与设计单位协调，采用线位拟合方法调整线路中线，以满足线路平顺性及隧道建筑限界要求。

模块 4

轨道控制网 CPⅢ 测量

📖 模块描述

CPⅢ控制网又称基桩控制网，是高速铁路轨道测量最基本的控制网。在高速铁路的修建过程中，从线路的中线放样、底座混凝土钢模放样、轨道板调整到钢轨精调系统都会用到 CPⅢ 控制网，在后期线路维护时也需要用到 CPⅢ，所以，CPⅢ 控制网在施工中显得极为重要。

通过本模块的学习，学生应重点掌握 CPⅢ 平面数据采集 120 m、60 m 设站，CPⅢ 控制点编号规则和要求，CPⅢ 平面数据采集及处理，CPⅢ 高程测量等，为今后从事高铁施工与维护打下基础。

模块 4　轨道控制网 CPⅢ 测量

学习目标

1. 知识目标

（1）掌握 CPⅢ 平面数据采集 120 m 设站；
（2）掌握 CPⅢ 平面数据采集 60 m 设站；
（3）掌握 CPⅡ 加密点的平面控制测量；
（4）掌握 CPⅡ 加密点的高程控制测量；
（5）掌握 CPⅢ 控制点编号规则和要求；
（6）掌握 CPⅢ 平面数据采集进行处理；
（7）掌握二等水准点加密；
（8）掌握 CPⅢ 高程测量方法单程闭合环测量；
（9）掌握 CPⅢ 高程测量方法三角高程测量。

2. 技能目标

（1）会对 Leica1201+ 全站仪对中整平；
（2）能使用 Leica1201+ 全站仪对 CPⅢ 平面进行数据采集；
（3）能对 Leica1201+ 全站仪进行检验；
（4）会使用 GNSS 对 CPⅡ 加密点进行平面控制测量；
（5）会使用电子水准仪对 CPⅡ 加密点进行高程控制测量；
（6）能区分 CPⅢ 控制点、CPⅡ 加密点、自由测站、轨枕、加密线路水准基点编号；
（7）会使用铁路总公司鉴定软件对 CPⅢ 平面采集数据进行处理；
（8）会使用电子水准仪对二等水准点进行加密；
（9）会使用电子水准仪对 CPⅢ 控制点进行单程闭合环测量和数据处理；
（10）会使用 Leica1201+ 全站仪对 CPⅢ 控制点进行三角高程测量和数据处理。

3. 素养目标

（1）通过观看"7·23"甬温线特别重大铁路交通事故视频，培养安全责任意识；
（2）培养遵章守纪的法律意识；
（3）培养追求卓越、精益求精的工匠意识；
（4）培养具体问题具体分析的意识；
（5）培养联系是普遍的哲学思维；
（6）培养高一步立身、退一步处世的处世哲学；
（7）培养实践是检验真理的唯一方法的探究精神；
（8）培养未雨绸缪的因果观点；
（9）树立正确的人生观。

重点和难点分析

1. 重点

重点：CPⅢ 平面数据采集、闭合环测量。

重点分析：CPⅢ 三维坐标是轨道板精调、长轨精调和铁路局运营维护的核心数据，CPⅢ 平面数据采集、闭合环测量是计算三维坐标的方法，也是高铁 CPⅢ 控制点坐标测量的常用方法。

2. 难点

难点：CPⅢ 平差数据处理。

难点分析：CPⅢ 数据处理使用设计院开发的软件，软件操作程序较多，数据处理量比较大，要求精度高，考虑问题比较多，是高铁测量中的一个难点。

任务 4.1　CPⅢ平面数据采集及加密测量

任务引入

高速铁路在施工和维护中，CPⅢ控制点坐标是否合格直接关乎铺轨质量，请查询文献完成CPⅢ平面数据采集。

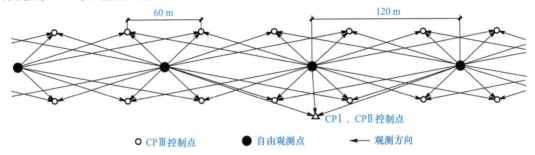

任务分组

班级		组号		组长	
组员	姓名	学号		姓名	学号

熟悉任务

工作单 4-1（课中下发，课后交给教师）

组员姓名：　　　学号：　　　日期：　　月　　日　　天气：

观看视频，掌握相关知识。

1. 如何确定CPⅢ控制点在线路布设位置？

CPⅢ 120 m 设站打包　　　CPⅢ 60 m 设站打包

2. 120 m 设站观测多少个 CPⅢ 控制点？

3. 60 m 设站观测多少个 CPⅢ 控制点？

4. 网分段与测段衔接重复观测不少于多少对 CPⅢ 控制点？

5. 046P01 含义是什么？

6. 全圆观测法是什么？

工作计划

工作单 4-2

观看视频，掌握相关知识。
1. 120 m 设站流程是什么？

CPⅢ 60 m 设站
外业测量实训

CPⅢ 120 m 设站
外业测量实训

2. 60 m 设站流程是什么？

3. 120 m 和 60 m 混合式设站流程是什么？

4. 如何进行 CPⅢ 与加密点联测？

决 策

工作单 4-3

1. 师生讨论 CPⅢ 平面网数据采集仪器选择。

2.师生讨论全站仪检验。

3.师生讨论CPⅡ加密点的平面控制测量仪器。

4.师生讨论CPⅡ加密点的高程控制测量仪器。

5.师生讨论导线加密CPⅡ控制网仪器。

工作实施

工作单 4-4

绘制 120 m 设站 CPⅢ平面数据采集图。

评价反馈

个人自评表、小组内互评表、小组之间互评表、教师评价表。

相关配套知识

高速铁路无砟轨道施工和维护阶段需要布设高精度的 CPⅢ 轨道控制网,布设 CPⅢ 控制网的目的是准确地测设铺轨控制基桩,确保无砟轨道平顺性要求。对 CPⅢ 控制网,不仅要采用高精度的测量仪器,还要有合理的测量方案及正确可靠的数据处理和质量控制方法。CPⅢ平面网测量应在线下工程竣工并通过沉降变形评估后施测,CPⅢ 测量前应对全线的 CPⅠ、CPⅡ 控制网进行复测,并采用复测后合格的 CPⅠ、CPⅡ 成果进行 CPⅢ 控制网测设。

CPⅢ控制点宜成对设于线路外侧,与线路中线的距离应为 3～4 m,控制点的间距宜为 50～70 m,如图 4.1 所示。

图 4.1 CPⅢ轨道控制网

1. CPⅢ平面数据采集

CPⅢ控制点是预先埋设，再使用全站仪和水准仪进行平面、高程测量的，平面测量通常采用120 m设站，困难条件下采用60 m设站或120 m和60 m混合设站。

（1）120 m设站。一般情况下，我国高速铁路CPⅢ平面数据采集采用全站仪120 m设站，如图4.2所示。沿线路方向两侧，每隔约60 m设置轨道控制点，每对轨道控制点的间距约为15 m，沿线路方向每隔200 m左右在线路中间采用自由设站法观测设站点前后各3对轨道控制点，每个自由测站观测12个CPⅢ控制点。自由测站间距一般约为120 m，观测CPⅢ控制点的最远距离不大于180 m。每个CPⅢ控制点至少应保证有3个自由测站上的方向和距离观测量。

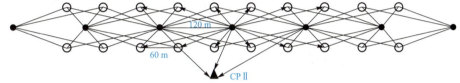

图4.2　120 m设站的CPⅢ控制网网形与联测方法

沿线路方向每隔600 m左右（400～800 m），在线路旁边的转点上采用自由设站法，将距离设站点最近的2～3个控制点与上一级精密控制点进行联测。注意：在测量过程中，尽可能地在精密控制点上安置全站仪观测其他的精密控制点，以便得到方位约束条件。自由站点不需要设置标志，只需要整平全站仪进行观测，轨道控制点安置棱镜。

（2）60 m设站。受施工影响通视条件困难时，CPⅢ平面控制网的外业观测可采用60 m设站，如图4.3所示。此时观测距离控制在90 m左右，自由测站间距约为60 m，每个测站应该观测8个CPⅢ控制点，每个CPⅢ控制点至少应保证有4个方向和4个距离的交会。

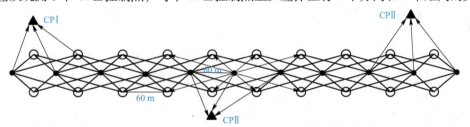

图4.3　60 m设站的CPⅢ控制网网形与联测方法

（3）120 m和60 m混合式设站。采用测站间距120 m的标准网形，测量过程中如某CPⅢ控制点由于障碍物被挡，可以考虑采用由测站间距120 m转测站间距60 m的测量网形，如图4.4所示。

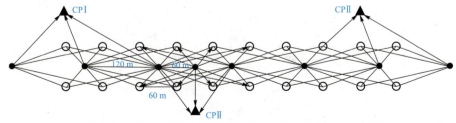

图4.4　120 m与60 m设站的CPⅢ控制网网形与联测方法

（4）CPⅢ平面控制测量外业观测手簿。测量开始后，填写CPⅢ平面网自由测站的外业测量记录，内容包括天气状况、温度、湿度、气压、CPⅢ点号与观测顺序、示意图上的CPⅢ控制点的相互关系及点号输入错误问题与其他异常情况，记录表样式见表4.1。

表4.1 CPⅢ平面控制测量外业观测手簿

测量单位：		天气：		测量日期：	年 月 日	
自由测站编号			温度		气压	
CPⅢ控制点编号	备注		CPⅢ控制点编号			备注
自由测站、CPⅢ控制点编号示意图						
说明：将自由测站点和CPⅢ控制点的编号标记于上述示意图中。每一测站均应填写一张表格						

观测： 记录： 测量时间： 时 分

2. CPⅢ与加密点联测

CPⅢ平面网附合于CPⅠ、CPⅡ控制点上，每600 m左右联测一个CPⅠ或CPⅡ控制点，当CPⅡ控制点位密度和位置不满足CPⅢ联测要求时，按同精度扩展方式加密CPⅡ控制点。

在实际测量过程中，如果CPⅠ或CPⅡ控制点距离线路较远，可以在线路外合适位置设置辅助点，观测邻近的CPⅢ控制点和CPⅠ或者CPⅡ控制点。CPⅢ平面网应附合于加密CPⅡ控制点上，每600 m左右应联测一个加密CPⅡ控制点，与加密CPⅡ控制点联测时，统一采用自由测站法。在加密CPⅡ控制点上架设棱镜时，必须检查光学对中器精度，并采用精密支架，应在3个或以上自由测站上观测加密CPⅡ控制点，此时其测量网形示意图如图4.5所示。

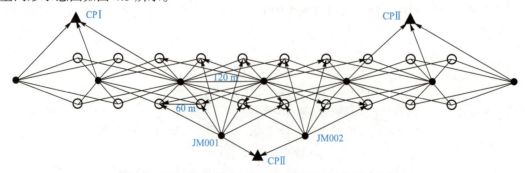

图4.5 120m设站的CPⅢ控制网网形与加密点联测方法

3. 网分段与测段衔接

CPⅢ平面网可根据施工需要分段测量，分段测量的区段长度不宜小于4 km，区段间重复观测不应少于6对CPⅢ控制点，每一独立测段首尾必须封闭。区段接头不应位于车站范围内。CPⅢ平面网测段及测段衔接网形如图4.6所示。

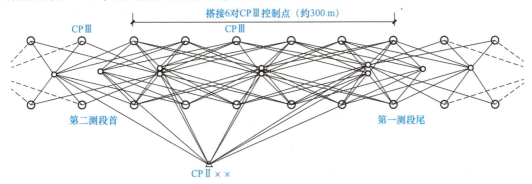

图4.6　CPⅢ平面网重叠测段衔接网形示意

测段之间衔接时，前后测段独立平差重叠点坐标差值≤±3 mm。满足该条件后，后一测段CPⅢ网平差，采用本测段联测的CPⅠ、CPⅡ控制点及重叠段前测段CPⅢ控制点坐标进行约束平差。再次平差后，其他未约束的公共点在两个区段分别平差后的坐标差值不大于1 mm。完成全部平差后，公共点的坐标采用前一区段CPⅢ控制网的平差结果。

坐标换带处CPⅢ平面网计算时，分别采用相邻两个投影带的CPⅠ、CPⅡ坐标进行约束平差，并分别提交相邻投影带两套CPⅢ平面网的坐标成果。在满足精度的同时，两套坐标的CPⅢ测段长度不应小于800 m。

4. CPⅢ轨道平面控制网测量技术要求

CPⅢ轨道平面控制网测量采用自由测站边角交会法施测，满足的技术要求见表4.2～表4.7。

距离观测应与水平角观测同步进行，并由全站仪自动进行，距离测量一测回是全站仪盘左、盘右各测量一次。当CPⅢ平面网外业观测的水平方向、距离的观测误差不满足以上技术要求时，相应测站外业观测值应全部重测。

表4.2　CPⅢ平面网方向测量法水平角测量精度要求

控制网名称	仪器等级/″	测回数	半测回归零差/″	2C″误差/″	不同测回同一方向2C″互差/″	同一方向归零后方向值较差/″	竖盘指标差互差/″	测回间竖直角较差/″
CPⅢ平面网	0.5	2	6	≤±20	9	6	12	6
	1	3	6	≤±20	9	6	12	6

注：当观测方向的垂直角超过±3°的范围时，该方向2C″互差按相邻测回同方向进行比较，其值应满足表中一测回内2C″互差的限值。

表 4.3 CPⅢ平面网距离观测技术要求

控制网名称	测回数	半测回距离较差 /mm	测回间距离较差 /mm
CPⅢ平面网	≥2	±1	±1

表 4.4 CPⅢ平面网主要技术指标

控制网名	测量方法	方向观测中误差 /″	距离观测中误差 /mm	相邻点相对点位中误差 /mm	同精度重测坐标较差 /mm
CPⅢ平面网	自由测站边角交会	±1.8	±1.0	±1	±3

表 4.5 CPⅢ平面网自由网平差后的主要技术指标

控制网名	方向改正数 /″	距离改正数 /mm
CPⅢ平面网	3	2

表 4.6 CPⅢ平面网自由网约束平差后的主要技术指标

控制网名	与CPⅠ、CPⅡ联测		与CPⅢ联测		点位中误差 /mm
	方向改正数 /″	距离改正数 /mm	方向改正数 /″	距离改正数 /mm	
CPⅢ平面网	4	4	3	2	2

表 4.7 CPⅢ平面网数据取位要求

控制网名	水平方向观测值 /″	水平距离观测值 /″	方向改正数 /″	距离改正数 /mm	点位中误差 /mm	点位坐标 /mm
CPⅢ平面网	0.1	0.1	0.01	0.01	0.01	0.1

CPⅢ平面控制网水平方向采用多测回全圆方向观测法进行观测。当观测方向较多时,可以采用分组全圆方向观测法。

5. 仪器设备

(1)全站仪标称精度必须满足如下要求:

测角精度:≤1″。

测距精度:≤1 mm+2×10^{-6}D(D 为千米数)。

(2)全站仪应带目标自动搜索、自动观测、自动记录及自动照准(ATR)功能,如 Leica(徕卡)TS16、TS60 及 Trimble(天宝)S6 和 S9 等,每台仪器应配 12~13 个棱镜,如图 4.7 所示。

Leica TS60

Trimble S9及手簿

图 4.7 CPⅢ平面数据采集全站仪

（3）平面数据采集仪器清单。CPⅢ测量平面测量仪器清单见表4.8。

表 4.8　CPⅢ测量平面测量仪器清单

设备名称	精度指标		推荐型号
全站仪（带马达，自动照准）	测角精度	≤ 0.1″	天宝 S8；Leica TS30、TS50、TS60
	测距精度	≤ 1 mm+2 ppm	
测量目标组件	X、Y、Z 三个方向的重复性与互换性分别为 0.4 mm、0.4 mm、0.2 mm		数控加工，厂家统一即可
温度计	读取精度	≤ 0.5 ℃	DYM3
气压计	读取精度	≤ 0.5 hPa	DYM3
测量棱镜	高精度、原装精密棱镜		Leica GPR121、singning
木脚架	与全站仪相配的，要求稳定性好		进口木质全站仪脚架
外挂电源	与全站仪相配的		1 个
精密基座	与棱镜相配的精密基座		徕卡、天宝
人员	测量人员必须熟练掌握测量流程及要点并经过培训有 CPⅠ 和 CPⅡ 测量经验		10 人

（4）CPⅢ平面控制网的外业观测，应该采用智能型全站仪在自动观测软件的控制下进行自动观测。线路中CPⅢ平面控制网的观测软件应该全线统一，并且自动观测软件应该通过铁路总公司有关部门的评审并在有效期内。

（5）仪器检验与校正。对CPⅢ控制点测量前，要求对伺服全站仪进行全面的检验和校正，检校内容如下：

1）照准部能否旋转正确的检验。不同方向上的气泡读数较差不超过 1 格。

2）全站仪垂直微动螺旋使用检验。全站仪垂直微动螺旋在使用时，视准轴不发生水平方向偏移。

3）全站仪水平轴不与垂直轴正交所产生的误差检验。0.5″和1″级仪器水平轴不与垂直轴正交所产生的误差不应超过 10″。

4）全站仪视准轴不与水平轴正交所产生的误差检验。0.5″和1″级仪器视准轴不与水平轴正交所产生的误差不超 20″。

5）全站仪光学（或激光）对中器的检验。全站仪对中误差应小于 1 mm。

6）电子检校。对全站仪进行电子检校，在菜单中选择工具→检查及校准，如图 4.8 所示，电子检校包含组合校准（l、t、f、c、ATR）；水平轴倾斜误差（a）；补偿器校准（l、t）。

图 4.8　全站仪检查及校准

6. CPⅡ平面控制网测量加密

（1）CPⅡ加密点的布设要求：

1）根据既有 CPⅡ平面控制网的现状，一般按照线路两侧 200 m 范围内 CPⅡ控制点具有 600～800 m 的点间距要求进行 CPⅡ控制点的加密。

2）加密的 CPⅡ控制点应至少有一个方向与相邻的 CPⅡ或 CPⅠ控制点通视。

3）CPⅡ加密点点位的选取应便于与 CPⅢ控制网的联测。

4）加密测量前应检查联测标石的完好性，对丢失和破损较为严重的标石应按原测标准用同精度扩展方法恢复或增补，CPⅡ加密测量时观测 2 个时段，每个时段不少于 2 个 CPⅡ控制点，且加密点位于联测 CPⅠ/CPⅡ控制点构成的网形中部。

5）CPⅡ加密点位宜选择在铁路用地界内、不易被破坏的范围内；点位应便于安置 GNSS 接收机和全站仪，周围视野开阔，便于 GNSS 卫星信号的接收。

6）CPⅡ加密点离大功率无线电发射源（电视台、微波站）的距离大于 200 m，与高压输电线距离大于 50 m，附近不应有强烈干扰卫星信号接收的物体，尽量避开大面积水域。

（2）CPⅡ加密点的埋设。

1）CPⅡ加密点采用强制对中标志，在桥梁部分加密 CPⅡ控制点需上桥，不与 CPⅢ控制点共用，并且沿线路前进方向左右交替埋设于桥梁的固定端；路基段在路肩处埋设加密桩，加密桩高出轨面 50 cm（保证 GNSS 观测条件），埋深比邻近剖面管深 50 cm，横截面要求 30 cm×30 cm，埋设在两个接触网杆之间，沿线路前进方向左右交替埋设，如图 4.9 所示。

图 4.9　桥梁上的 CPⅡ加密点

2）加密 CPⅡ控制点建议采用强制对中标志，强制对中标志由预埋件和基座连接盘两部分组成。

3）基座连接盘中心的底端螺钉可以直接安装到预埋件上，顶端螺钉用于连接测量仪器基座，连接盘边缘的 3 个螺钉用于调节伸缩长度，确保仪器连接稳固。通过仪器连接盘，必须采用连接基座安装测量仪器、GNSS 天线或棱镜，对中精度优于 0.1 mm。

（3）CPⅡ加密点的编号。

1）CPⅡ平面加密点的编号。加密 CPⅡ控制点编号按照千米数递增进行，基本编号统一为 6 位数，具体规则为：×××（里程整千米数）+P（表示加密 CPⅡ控制点）+××（该里程段流水号，从小里程向大里程方向顺次编号）。如 046P01，其中"046"代表里程整千米数，"P"代表加密 CPⅡ控制点，"01"代表 1 号点。

2）加密线路水准基点编号。加密线路水准基点编号建议采用 7 位编号形式（××××H2×），其中，前 4 位为连续里程的千米数，第 5、6 位为"H2"，代表加密 CPⅡ控制点，第 7 位为流水号，由小里程向大里程方向顺次编号。

加密 CPⅡ 控制点编号在桥梁地段统一喷绘于防护墙内侧标志正下方 0.02 m。点号标志采用白色油漆抹底，红色油漆喷写点号。

（4）CPⅡ 加密点的平面控制测量。CPⅡ 加密测量要求同精测网原网要求，观测、数据处理均与原测 CPⅡ 相同，具体参考 CPⅡ 观测。

（5）CPⅡ 加密点的高程控制测量。加密点按照国家二等水准测量标准施测，加密点起闭于前后相邻稳定水准点。

（6）GNSS 加密点的数据处理。GNSS 观测数据分别采用各自接收机自带的数据转换软件，将原始观测数据统一转换为标准的 Rinex 格式，数据处理前对测量数据进行可靠性检验，外业数据全部检验合格。采用 Leica 公司的软件 LGO 7.01 进行基线解算，基线解算时按照相应的要求检查基线质量，基线解算完成后从 LGO 中输出基线并导入 CosaGPS 软件进行后处理，进行各项检查和平差处理，最后计算出 CPⅡ 加密点结果。数据处理中基线解算的重复基线、闭合环检查都符合规范要求。

在对加密 CPⅡ 控制点进行整体平差前先对网中的原 CPⅠ 和 CPⅡ 控制点的稳定性进行分析。对不满足精度要求的原 CPⅠ 和 CPⅡ 控制点进行剔除，满足要求的控制点全部作为起算点。

1）GNSS 基线解算。GNSS 基线采用静态相对定位模式进行解算，采用精密星历或广播星历为起算数据。用于解算基线的起算点在 WGS-84 坐标系中的绝对坐标精度不低于 10 m。采用 GNSS 的随机软件进行解算，计算同一时段观测值的剔除率应小于 10%。解算后按表 4.9 的要求进行基线质量检核和分析。

表 4.9 基线质量检验限差表

检验项目	限差要求			
	X 坐标分量闭合差	Y 坐标分量闭合差	Z 坐标分量闭合差	环线全长闭合差
同步环	$w_x \leq \dfrac{\sqrt{n}}{5}\sigma$	$w_y \leq \dfrac{\sqrt{n}}{5}\sigma$	$w_z \leq \dfrac{\sqrt{n}}{5}\sigma$	$w \leq \dfrac{\sqrt{3n}}{5}\sigma$
独立环（附合路线）	$W_x \leq 3\sqrt{n}\,\sigma$	$W_y \leq 3\sqrt{n}\,\sigma$	$W_z \leq 3\sqrt{n}\,\sigma$	$W \leq 2\sqrt{3n}\,\sigma$
重复观测基线较差	$d_s \leq 2\sqrt{2}\,\sigma$			

注：$\sigma = \sqrt{a^2 + (bd)^2}$，本项目 $a=5$ mm，$b=1$ ppm。

2）GNSS 网平差及坐标转换。

①采用 GNSS 基线的双差固定解进行 GNSS 基线网平差，按规范和相关技术要求检核 GNSS 网的精度。

②在 WGS-84 坐标系中进行三维无约束平差，计算出各控制点在 WGS-84 坐标系下的地心坐标和大地坐标、各基线的改正数及其精度信息。

③CPⅡ 加密点网平差可分区段进行，采用一个区段内所有联测的原精测网 CPⅠ、

CPⅡ控制点作为已知点进行二维约束平差,以保证CPⅡ加密点与既有精测网点的相对精度。平差前需要检核已知点间的兼容性,对兼容性不好的已知点进一步分析原因,必要时进行重新测量。

3)二维约束平差后,各项精度指标应满足表4.10的规定。

表4.10 加密CPⅡ控制网GNSS测量的精度指标

等级	固定误差 a/mm	比例误差系数 b /(mm·km^{-1})	基线边方位角中误差/″	约束点间的边长相对中误差	约束平差后最弱边边长相对中误差
三等	≤5	≤1	≤1.7	1/180 000	1/100 000

注:当基线长度短于500 m时,三等边长中误差应小于5 mm。

4)加密点成果。通过以上步骤,经平差计算得到的加密测量成果(表4.11)。

表4.11 某项目CPⅡ加密点成果表

2000国家大地坐标系基本椭球参数			
中央子午线 90° 00′ 抵偿面正常高 470 m,大地高 410 m,高程异常 −60 m			
序号	点号	坐标值/m	
		北坐标 X	东坐标 Y
1	1606P21	4 760 025.101 3	494 971.246 0
2	1606P22	4 760 173.995 7	494 426.274 9
3	1607P21	4 760 319.102 3	493 937.203 5
4	1607P22	4 760 466.443 5	493 355.515 4
5	1608P21	4 760 653.635 9	492 712.114 6
6	1608P22	4 760 787.930 2	492 178.634 3
7	1609P21	4 760 955.616 7	491 606.636 9
8	1610P21	4 761 104.113 8	491 020.975 2
9	1610P22	4 761 278.139 7	490 425.922 8
10	1611P21	4 761 421.553 4	489 858.573 6
11	1612P21	4 761 607.531 6	489 220.079 6
12	1612P22	4 761 728.570 1	488 734.819 5
13	1613P21	4 761 916.787 6	488 088.490 4
14	1613P22	4 762 063.694 3	487 507.158 7
15	1614P21	4 762 261.724 0	486 825.252 0

CPⅡ加密点搭接分析见表4.12。

表 4.12　某项目 CP Ⅱ 加密点搭接分析

DK1606+043.00 ～ D1K1614+307.00CPⅡ			DK1613+807.00 ～ DK1624+522.00 CPⅡ			搭接较差	
点号	坐标值 /m		点号	坐标值 /m		北坐标 X	东坐标 Y
	北坐标 X	东坐标 Y		北坐标 X	东坐标 Y		
1613P22	4 762 063.695 0	487 507.157 7	1613P22	4 762 063.694 3	487 507.158 7	0.7	−1.0
1614P21	4 762 261.725 7	486 825.249 8	1614P21	4 762 261.724 0	486 825.252 0	1.7	−2.2

（7）导线加密 CPⅡ 网。CPⅡ 加密点测量按三等导线进行，附合于 CPⅠ、CPⅡ 控制点上，使用 1″ 或 0.5″ 全站仪进行观测，仪器精度不低于 2 mm+2 ppm。

1）点间距宜不大于 500 m。

2）导线测量水平角观测技术要求。导线边长测量，读数至 0.1 mm。距离和竖直角往返各观测 3 或 4 测回，竖角指标差≤15″，外业采用竖直角计算平距。水平方向观测法的技术要求应满足表 4.13 的规定。

表 4.13　水平方向观测法的技术要求

等级	仪器精度 /″	半测回归零差 /″	一测回内 2C″ 互差 /″	同一方向值各测回互差 /″	测回数
三等	0.5″	4	8	4	4
	1″	6	9	6	6

3）导线测量数据使用电子手簿记录，导线边应离开障碍物 1 m 以上，数据微机传输整理。

4）距离经高程和高斯投影改化后进行平差计算。起算数据为 CPⅠ 或 CPⅡ 控制点，平差采用通过铁路总公司鉴定的专业平差软件或商业软件。计算测角中误差≤±1.8″，导线全长相对闭合差≤1/50 000，方位角闭合差≤±4 mm。CPⅡ 控制点的绝对精度应满足点位误差 m_x、m_y≤±10 mm，相对点位精度≤±10 mm。

7. 大跨度连续梁段 CPⅢ 控制网测量特殊说明

在大跨度连续梁段，由于不能保证每个 CPⅢ 控制点均布置在桥梁固定支座端，梁体变形客观存在，使 CPⅢ 控制点在不同时间、环境及荷载的情况下测量时坐标会存在一定的差异，因此，造成 CPⅢ 成果使用和重测不便，故在测量中要注意采取一定的措施。

（1）布点。结合梁跨结构形式、跨度、材料的不同，按 CPⅢ 点对布设要求和间距进行布点，可适当增大相邻点对间距，但最长不宜超过 80 m。

（2）测量。测量方法及计算与其他段落的要求一致，除严格执行 CPⅢ 有关测量要求外，还应特别注意按以下要求进行：

1）整个段落要在较短的同一段时间、同一温度、环境下进行测量。

2）测量 CPⅢ 的时间和施工使用的时间尽量相隔时间要短，且荷载没有大的变化。如果相隔时间较长或温度、环境、荷载有较大的变化，要进行重测后使用。

3）施工使用的时间段要和测量 CPⅢ 的时间、温度、环境尽量一致。

任务 4.2　CPⅢ 控制点埋设和编号

任务引入

全线 CPⅢ 控制点采用统一标志和编号，路基、桥梁、隧道车站位置的埋设各不相同，请查阅资料完成 CPⅢ 控制点埋设和编号。

任务分组

班级		组号		组长	
组员	姓名	学号	姓名	学号

熟悉任务

工作单 4-5（课中下发，课后交给教师）

组员姓名：　　　　学号：　　　　日期：　　月　　日　　天气：

浏览图片，了解 CPⅢ 点埋设和编号，掌握相关知识。

1. CPⅢ 控制网建网测量标志组成是什么？

CPⅢ 控制点埋设

2. CPⅢ控制点标志类型有哪些？

3. 每千米轨枕数量有多少？

4. 道岔的定义是什么？

 工作计划

工作单 4-6

1. 路基的CPⅢ控制点标志的埋设要求有哪些？

2. 桥梁的CPⅢ控制点标志的埋设要求有哪些？

3. 隧道的CPⅢ控制点标志的埋设要求有哪些？

4. 车站地段的CPⅢ控制点标志的埋设要求有哪些？

5. 自由测站编号规则是什么？

6. 轨枕编号规则是什么？

 决　策

工作单 4-7

1. 师生讨论我国里程编号规则。

2. 小组讨论预埋件作用。

3. 小组讨论CPⅢ元器件制作。

4. 小组讨论轨枕编号作用。

工作实施

工作单 4-8

浏览图片，了解CPⅢ点埋设和编号，掌握相关知识。
根据CPⅢ控制点编号规则，补全下面内容。

CPⅢ控制点编号

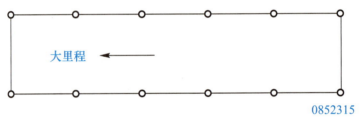

0852315

评价反馈

个人自评表、小组内互评表、小组之间互评表、教师评价表。

相关配套知识

CPⅢ控制点标志采用精加工元器件，用不易生锈及腐蚀的不锈钢材料制作，具有强制对中、能安装棱镜、可以将标志上的坐标准确地传递到棱镜中心，且能长期保存、不易变形、结构简单及便于安装的功能，主要由预埋件、连接杆和棱镜组成。对于同一段线路上的测量、轨道施工精调轨道线型竣工测量、轨道维护测量，全线应统一CPⅢ控制点标志。

1. CPⅢ控制点的标志

CPⅢ控制网建网测量标志主要由预埋件、棱镜杆、高程杆和棱镜组成。CPⅢ控制点标志连接件的加工误差不应大于0.05 mm，CPⅢ棱镜组件的安装精度应满足表4.14的要求。

表4.14 CPⅢ棱镜组件安装精度要求

CPⅢ标志	重复性安装误差/mm	互换性安装误差/mm
X	0.4	0.4

续表

CPⅢ标志	重复性安装误差/mm	互换性安装误差/mm
Y	0.4	0.4
H	0.2	0.2

（1）预埋件。CPⅢ控制网在建网测量前，首先需要按照相关规范埋设预埋件，用于连接棱镜杆或高程杆，进行后续平面或高程测量工作，如图4.10所示。

图4.10　保护盖（左）与预埋件（右）

（2）棱镜杆。我国高速铁路建设初期，在CPⅢ平面控制网测量时，横向埋设时要使用与精密棱镜配套使用的棱镜杆，如图4.11所示。现在我国高速铁路测量时，已经不再选择棱镜杆。

图4.11　棱镜配套使用的棱镜杆

（3）高程杆。CPⅢ高程控制网测量时使用的高程杆，如图4.12所示。

图4.12　高程杆

（4）棱镜。由于CPⅢ控制网测量要求精度较高，全线尽量统一采用精密棱镜，如图4.13所示。

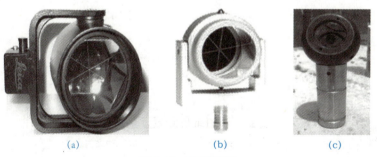

(a)　　　　　　　　(b)　　　　　　　　(c)

图4.13　CPⅢ棱镜

（a）Leica圆棱镜；（b）精密棱镜；（c）球形棱镜

2. CPⅢ控制点标志的埋设

CPⅢ控制点应设置在稳固、可靠、不易破坏和便于测量的地方，并应防冻、防沉降、防振动和抗移动。根据埋设方向不同，CPⅢ控制点标志分为横插式埋设和竖插式埋设两种，如图4.14所示。

图 4.14 竖插式埋设和横插式埋设

横插式埋设时,在选定点位处水平或略为上倾钻孔;竖插式埋设时,在选定点位处竖直钻孔。CPⅢ控制点的埋设采用预埋方式进行布设,当遇到后埋时,采用快干砂浆进行固定,确保 CPⅠ 标志预埋件的稳固。

（1）CPⅢ元器件制作要求:

1）CPⅢ控制点元器件应采用不易生锈和腐蚀的不锈钢材料精密制作,由预埋件分别与平面、高程连接件组成。元器件制作时各圆的同轴度为 $\phi 0.05$ mm。

2）预埋件与连接件间应采用 M15×1.5 螺纹连接,预埋件定位顶面至棱镜中心的长度应为 150 mm。

3）同一连接件在不同预埋件及不同连接件在同一预埋件重复连接后,棱镜中心的空间位置偏差不应超过 ±0.5 mm。

（2）路基的 CPⅢ 控制点标志的埋设。CPⅢ 基座设置于接触网杆扩大基础上,路基段 CPⅢ 控制点基础直径为 25 cm,使用钢筋混凝土成对浇筑,待基础稳定后,使用快干砂浆埋设 CPⅢ 标志预埋部分。CPⅢ 标志埋设于基座靠近线路一侧,距离设计轨道面上方 30 cm 处,预埋件中心线与水平方向偏上 5°,如图 4.15 所示。

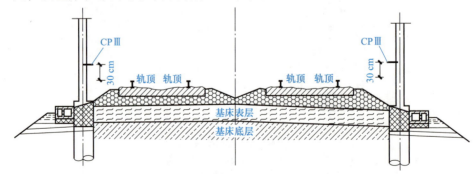

图 4.15 路基 CPⅢ 标志埋设

在做 CPⅢ 基座时要在基座相应位置预留直径为 5 cm、深为 10 cm 的孔,以便安装 CPⅢ 预埋件。CPⅢ 基础最下端用 20 cm×20 cm 的钢筋与接触网内部钢筋连接牢固（图 4.16）。

图 4.16　路基段 CPⅢ 控制点桩

1）路基段 CPⅢ 一般布设于接触网杆基础大里程端侧线路方向,控制点纵向间距 50～70 m 布设一对,其基础须与接触网杆基础形成整体;埋设应特别注意不能与接触网补偿下锚坠砣及电力开关操作箱冲突。当冲突时,其基础应设置在线路小里程端。

2）施工完成后 CPⅢ 下部基础应与接触网杆基础顶面等高。

3）施工中应采用钢模浇筑混凝土,以使 CPⅢ 下部基础及 CPⅢ 立柱尺寸标准、统一,外观光滑、美观。

4）若采用 PVC 管施工 CPⅢ 立柱,施工完成后应将 PVC 管拆除。

（3）桥梁的 CPⅢ 控制点标志的埋设。埋设 CPⅢ 控制点标志,施工单位应在相应的防撞墙顶部预留直径为 5 cm、深为 10 cm 的孔,以便安装 CPⅢ 预埋件或者在浇筑防撞墙时待混凝土未凝固之前直接安装预埋件。

1）简支梁。CPⅢ 点布设在简支梁固定端距离梁端 0.5 m 的位置。对于 24 m 或 32 m 长简支梁,每 2 孔布设一对 CPⅢ 点,相邻两对 CPⅢ 点相距可以设置为 48 m、56 m、64 m；对于连续 24 m 长简支梁,根据实际情况也可每 3 孔布设一对 CPⅢ 点。

CPⅢ 标志一般埋设于梁固定支座上方、防撞墙的顶部中间,线路方向与左右方向偏差均不大于 ±10 mm,预埋件的中心线与竖直方向的夹角不大于 5°,然后隔一孔梁埋设于相同的位置如图 4.17 所示。

图 4.17　桥梁 CPⅢ 标志埋设

2）连续梁。连续梁上的 CPⅢ 控制点优先布设于固定端上方,如图 4.18 所示。当跨度超过 80 m 时,应在跨中 50～80 m 间距尽量均匀布设一对或几对 CPⅢ 控制点,该对 CPⅢ 控制点尽可能在同等条件下使用,使用前应复核,如以下梁式：40 m+64 m+40 m,64 m+100 m+64 m，80.6 m+128 m+80.6 m。

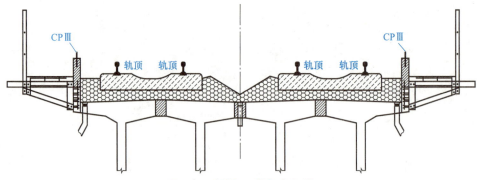

图 4.18 桥梁 CPⅢ 标志埋设

3）大跨连续梁和特殊结构。结合梁跨结构形式、跨度、材料的不同，按 CPⅢ 控制点对布设要求和间距进行布点，可适当增大相邻点对间距，但最长不超过 90 m。整个段落要在较短的时间、相同温度和环境下进行测量。测量 CPⅢ 的时间和铺板的时间间隔尽量缩短，且荷载没有大的变化。如果相隔时间较长或温度、环境、荷载有较大的变化，要进行重测后使用。铺板的时间段、温度、环境和测量 CPⅢ 的时间段、温度、环境要一致，如尽量在夜间或阴天温度变化较小的时间段内进行。

（4）隧道的 CPⅢ 控制点标志的埋设。隧道中的 CPⅢ 控制点，一般布设在水沟电缆槽以上 30～50 cm 的边墙内衬上，相邻 CPⅢ 控制点对相距 60 m 左右，布设形式如图 4.19 所示。

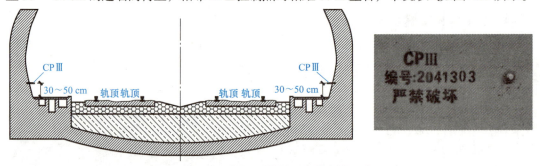

图 4.19 隧道段 CPⅢ 控制点的布置形式

（5）车站地段的 CPⅢ 控制点标志的埋设。CPⅢ 控制点的埋设位置应根据现场情况确定，一般选择在站台墙侧面、接触网支柱或雨篷柱旁（埋设方式参照路基地段），也可单独埋设在不影响行车安全及其他设施设备安装的位置，如图 4.20 所示。

图 4.20 车站地段 CPⅢ 控制点的布设

3. CPⅢ 导线点埋设要求

（1）观测标志制作要求如下：

1）CPⅢ 导线点观测标志应采用不易生锈及腐蚀的金属材料制作，标心刻"+"。

2）CPⅢ导线点观测标志制作尺寸应符合图4.21的规定。

（2）CPⅢ导线点埋设要求如下：

1）CPⅢ导线点距线路中线距离宜为2.5～4 m，间距宜为120～150 m，相邻点应相互通视，点位宜按左右侧交替埋设，也可在铁路同侧埋设。

2）CPⅢ导线点标志顶应露出标石顶面5～10 mm。

3）路基地段CPⅢ导线点宜埋设在接触网支柱拉线基础内侧方便架设全站仪的地方，也可在路肩处单独埋设，标石埋设规格应符合图4.22的规定。

4）桥梁地段CPⅢ控制点一般布设在固定支座端上方防护墙顶方便架设全站仪的地方。

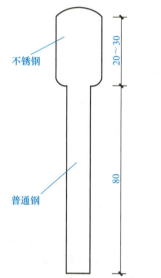

图4.21 CPⅢ导线点观测标志制作尺寸参考图（单位：mm）

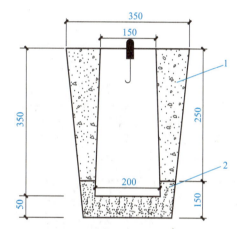

图4.22 CPⅢ导线控制点标石埋设图（单位：mm）

1—路基填料或混凝土；2—混凝土

5）隧道地段CPⅢ导线控制点一般布设在电缆槽顶方便架设全站仪的地方。

4. CPⅢ控制点标志铭牌

路基地段CPⅢ控制点编号标绘于CPⅢ标志柱内侧正下方，距离测量标志200 mm处；桥梁地段CPⅢ控制点编号标绘于挡砟墙内侧面或顶面，与防撞墙边缘平齐；隧道地段CPⅢ控制点编号标绘于测量标志正上方，距离测量标志200 mm处。根据《高速铁路工程测量规范》（TB 10601—2009）附录A.4.3规定如下：

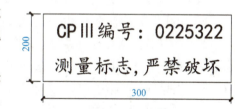

图4.23 CPⅢ控制网点号标识（单位：mm）

CPⅢ控制点点号应清晰、明显地设置在CPⅢ控制点测量标志旁边。CPⅢ控制点点号标识可采用统一规格字模，一般为字高60 mm的正楷字体刻绘的标志牌，也可采用白色油漆抹底，红色油漆喷写点号。点号标牌规格为300 mm×200 mm，应注明CPⅢ编号及"测量标志,严禁破坏"的字样,如图4.23所示。

5. CPⅢ控制点编号规则

CPⅢ编号统一为7位数,具体规则为××××(里程整千米数)+3(表示CPⅢ)+××(该千米段序号)。为避免长短链地段编号重复的问题,前4位采用连续里程(贯通里程)的千米数,第5位正线部分为"3",第6,7位为流水号,01~99号数循环。由小里程向大里程方向顺次编号,里程增大方向轨道左侧的标记点编号为奇数,里程增大方向轨道右侧的标记点编号为偶数。CPⅢ布点时要对点位进行详细描述,主要描述的内容包括位于线路里程(里程要准确,精确至米)、线路的左侧、右侧、外移距离、桩类型、具体设置位置和其他需要说明的情况等。点位描述附在成果表中。丢失或破坏后补埋点,新点号通过修改原点号中的第5位得到。具体编号说明见表4.15。

表4.15　CPⅢ编号示例说明表

点编号	含义	数字代码	在里程内点的位置
0256301	表示线路里程DK256范围内线路前进方向左侧的第1个CPⅢ点,点名为1号,"3"代表"CPⅢ"	0256301	(轨道左侧)奇数 1、3、5、7、9、11等
0256302	表示线路里程DK256范围内线路前进方向右侧的第1个CPⅢ点,点名为2号,"3"代表"CPⅢ"	0256302	(轨道右侧)偶数 2、4、6、8、10、12等

6. 自由测站编号

CPⅢ测量过程中的自由测站点编号根据连续里程(贯通里程)和测站号等相关信息来进行编制,如0613C01。前4位代表里程,第5位C代表初次建网测量,B代表补测,F代表复测,J代表竣工测量,第6位和第7位代表测站编号,01~99号数循环。标段连接处相邻标段应进行协调,保证CPⅢ测站编号不重复。

7. 轨枕编号

为了准确记录并保证测量结果与所测轨枕一一对应,从而系统管理轨道的几何数据,有必要科学地对全线轨枕创建统一的编号系统。

(1)轨枕编号方法。

1)全线采用贯通的连续里程,里程由4位数组成,表示千米数。

2)对CPⅢ控制点进行编号以划分区间,同一里程(以千米为单位)下相邻两个CPⅢ控制点之间为一个区间,区间号为两位数字;顺里程增加方向分左(右)线对每个区间起始处的CPⅢ控制点编号,编号为奇数表示左线,偶数表示右线,如K1534311,表示线路里程为K1534范围左线第11个区间。

3)每个区间第一个轨枕编号:相对CPⅢ控制点顺里程增加方向最近的轨枕作为该区间的第1个轨枕必须进行标记,轨枕编号为3位数,第一个轨枕编号为001,其余以此类推,直到下一个CPⅢ控制点为止,现场可间隔5根或10根轨枕(轨道板为承轨台)距离进行编号,如1534311003,表示左线里程为K1534,第11个区间的第3根轨枕(承轨台),见表4.16。

表 4.16　区间轨枕编号说明

编号	1534	3	11	003
说明	里程	CPⅢ	区间编号	轨枕编号

4）道岔区的岔枕编号：为了区别道岔区和区间地段，从轨枕编号上也能区别直（曲股）数据，另外引入一个数字以示区别，具体如下：直股：数字=2，曲股：数字=3。

这样，道岔区的轨枕编号就有 11 位数字，比区间的轨枕编号多了 1 位数字，该数字用于道岔区的第一根至最后一根轨枕，见表 4.17。

表 4.17　道岔轨枕编号说明

编号	1459	3	16	2	061
说明	里程	CPⅢ	区间编号	道岔区直股	岔枕编号

（2）具体要求。

1）为便于在轨检小车程序中输入轨枕编号和详细里程，须将区段的 CPⅢ 控制点位置里程和两 CPⅢ 控制点之间编号为 001 的第一根轨枕的详细里程（精确到 0.001 m）制成表格，如 1225303001 和 1225+005.10，为建立统一的精调复测结果数据库打下基础。

2）由于运营期间的维修工作需要上述编号系统，因此，每个区间的第一根轨枕都要求有清晰且永久的标记。刻上本区间内第一块轨枕的编号，如 1225303001，采用统一大小和字体。每隔 10 个轨枕在现场用白底红字油刷在线路左侧的轨枕进行编号，方便快速查找轨枕。

8. CPⅢ标志日常管理和检验

（1）搬运、运输过程中用纸包裹棱镜（水准）测量杆，防止相互碰撞、磨损。

（2）安装完成后，每次测量完成及时将塞子盖上。

（3）每 3 个月检查一次套筒和塞子是否损坏，用小毛刷刷除套筒内灰尘。竖立的套管如果灰尘积太厚，则用水冲洗。

（4）检验方法采用内径和外径千分尺检测，达到加工尺寸范围为合格。

9. CPⅢ控制网的特点

（1）控制点数量众多。沿线路方向通常每千米有 16 对即 32 个控制点。

（2）精度要求高。每个控制点与相邻 5 个控制点的相对点位中误差均要求小于 1 mm。

（3）CPⅢ的三维坐标点是一个虚拟的控制点，平面和高程是分开测量后合并形成共点的三维网。

（4）控制点位置、CPⅢ测量标志较传统控制测量有很大不同。控制点通常设置在接触网杆上（路基部分）、防撞墙上（桥梁部分）和围岩上（隧道部分）。

（5）测站和测点均强制对中，测点标志要求具有互换性和重复安装性，X、Y、H 三维互换性和重复安装性误差要求小于 0.3 mm。

（6）图形规则对称，多余观测数多，可靠性强。

（7）标准的带状控制网，其纵向精度高、横向精度略差。

（8）控制网的使用较传统方法有很大不同。首先是采用自由测站后方边角交会测量的方式确定测站点的三维坐标，然后用三维极坐标测量的方式进行无砟轨道板和长钢轨的粗调、精调和精测，以及轨道的维护管理等。

任务 4.3　CPⅢ 平面控制网外业数据采集

任务引入

高速铁路 CPⅢ 控制点预先埋设在构筑物中，使用测量机器人进行平面观测，观测时要严格按照相关规范要求操作，请查阅文献完成 CPⅢ 平面控制网外业数据采集。

任务分组

班级		组号		组长	
组员	姓名	学号	姓名	学号

熟悉任务

工作单 4-9（课中下发，课后交给教师）

组员姓名：　　　　学号：　　　　日期：　　月　　日　　天气：

1. 徕卡 TS60 全站仪组成有哪些？

2. 徕卡 TS60 全站仪整平要点有哪些？

3. 如何进行徕卡 TS60 全站仪检验？

4. TPS 改正指的是什么？

工作计划

工作单 4-10

观看视频，了解全站仪架设和 CPⅢ 数据采集，掌握相关知识。

1. 徕卡 TS60 全站仪整平步骤有哪些？

2. 徕卡 TS60 全站仪检验步骤有哪些？

CPⅢ 60 m 设站
外业测量实训

3. CPⅢ 数据采集流程有哪些？

决 策

工作单 4-11

1. 师生讨论 CPⅢ 数据采集仪器选择。

2. 小组讨论全站仪检验内容。

3. 小组讨论 CPⅢ 数据采集点的输入。

4. 小组讨论 CPⅢ 数据采集学习的作用。

5. 小组讨论 CPⅢ数据采集精度要求。

工作实施

工作单 4-12

使用全站仪对 CPⅢ控制点采集一组数据。

评价反馈

个人自评表、小组内互评表、小组之间互评表、教师评价表。

相关配套知识

CPⅢ数据采集软件是专为我国无砟轨道客运专线铁路施工中 CPⅢ控制网测量数据采集而设计的外业观测自动化软件。CPⅢ数据采集软件可运行在任意一款 Windows CE 操作系统的外业手簿上，也可运行在普通的商务 PDA（Personal Digital Assistant）上。CPⅢ数据采集软件通过数据电缆或无线数传电台控制智能型全站仪（如瑞士徕卡公司出品的具有自动观测功能的系列全站仪 TCA2003、徕卡 1200、TS16、TS60 等），按设定参数自动完成多测回全圆方向和距离的观测，同时，将合格的测量数据记录到手簿中的 SD 卡上，CPⅢ数据采集软件功能如下：

（1）观测限差和控制参数的编辑、录入。

（2）仪器自由设站后的坐标数据编辑录入，以及实时修改全站仪仪度盘，完成后视归零。

（3）进行自动观测前，各 CPⅢ控制点和 CPⅠ、CPⅡ等目标点位的学习。

（4）按观测参数进行多测回方向和距离的全圆观测，观测成果自动保存到 SD 卡上。

（5）在自动观测过程中，严格按设定限差检查观测成果是否合格，如果超限，则实时提示，并由操作人员决定是否重测。CPⅢ数据采集软件的主要功能框图如图 4.24 所示。

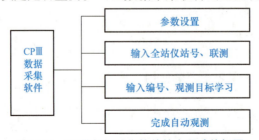

图 4.24　CPⅢ数据采集软件的主要功能框图

CPⅢ平面控制测量外业数据采集时，要填写表4.1，记录自由测站编号和CPⅢ控制点编号。在进行软件操作之前，要对全站仪进行整平，将全站仪安置在CPⅢ控制点之中。

1. TPS 改正

根据现场环境，在TPS改正界面（图4.25）实时输入当时的温度、气压和湿度。

2. CPⅢ数据采集流程

在仪器主菜单，选择2"程序"，选择进入高速铁路精密控制网测量程序（图4.26）。

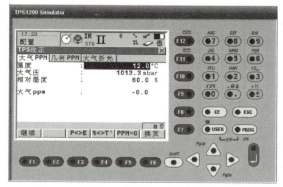

图 4.25　TPS 改正界面　　　　　图 4.26　高速铁路精密控制网测量程序界面

（1）限差设置。选择第3项限差设置，根据规范和建设方要求输入各限差值，完成限差设置，按3键进入画面，如图4.27所示。

（2）其他设置。选择第4项，根据CPⅢ网形要求完成其他设置，按4键进入画面，如图4.28所示。

以上为CPⅢ标准设置；如三角高程，将其设置为"是"。

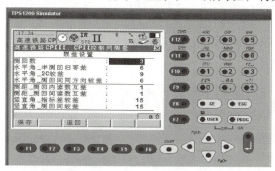 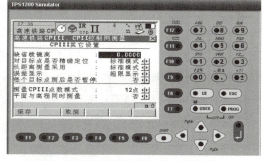

图 4.27　CPⅢ数据采集限差设置界面　　　　图 4.28　CPⅢ数据采集其他设置界面

（3）CPⅢ测量操作说明。在CPⅢ应用程序主菜单下，选择1"CPⅢ网测量"，进入CPⅢ测量主画面。

1）第一步：输入自由测站编号和联测CPⅡ控制点编号；

如果需要和CPⅡ控制点进行联测，则输入CPⅡ控制点编号，否则不输入（图4.29）。

在完成一站测量搬站后，程序自动将测站后加1，可减少人工输入，如第一站站号为S001，则搬站后，进入程序时，程序自动设置站号为S002，以此类推。

2）第二步：按 F1 键，编辑本站所观测的 CPⅢ控制点编号，如图 4.30 所示。

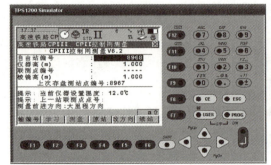

图 4.29　自由站、联测点输入设置界面

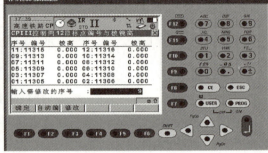

图 4.30　CPⅢ编号输入界面

本程序 CPⅢ控制点观测数量分为 12 点模式和 8 点模式，以上为 12 点模式，可以输入 12 个 CPⅢ控制点点号；输入 CPⅢ控制点点号规则如下：

12 个编号中 01、03、05、…、11 单号输入 CPⅢ控制点单号，从小到大录入；

12 个编号中 02、04、06、…、12 双号输入 CPⅢ控制点双号，从小到大录入；

实现录入的 12 个 CPⅢ控制点与线路编号一致原则，便于用户理解和对应输入，减少点号录入错误。

在输入一序号的 CPⅢ控制点点号后，可自动编号，但编号存在方向：如输入 5 号点 CPⅢ点号（11309）后，如测量前进方向为大里程方向，则自动编号完成 5 号点后的 6～12 号点；如测量前进方向为小里程方向，则自动编号完成 5 号点前面的 1～4 号点；如需要修改点号，可以输入某 CPⅢ控制点对应的序号（1～12），按 F3 键进行修改，画面如图 4.31 所示。

修改号后，按 F6 键返回到上级画面（点号编辑画面）；完成录入后，按 F1 键（确定键）返回 CPⅢ主画面。

3）第三步：按 F2 键，分别对联测 CPⅡ控制点和 CPⅢ控制点进行学习，进入画面如图 4.32 所示。

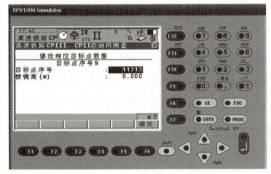

图 4.31　单独修改 CPⅢ编号界面

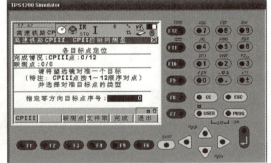

图 4.32　CPⅢ编号、联测点输入完成界面

上述画面的"完成情况：CPⅢ点：0/12"表示输入了 12 个 CPⅢ点点号，已经完成学习的 CPⅢ点为 0 个；上述画面的"联测点：0/0"表示联测点数输入为 0，学习为 0 个。

关于CPⅢ控制点和联测点的学习如下：

如学习联测点，此时将望远镜大致对准联测点棱镜，按F3键完成学习；也可以在完成CPⅢ控制点学习后再进行联测点学习，两者不分先后次序，也可在CPⅢ控制点学习一部分后退到图4.33界面完成联测点学习，再去完成剩下CPⅢ控制点学习。

在CPⅢ学习中，"→"表示大里程方向，"0"为输入CPⅢ点号未学习标记；"—"为未输入CPⅢ点号标记；"$"为可自动学习标记；"R"为已学习完成标记，如图4.34所示。

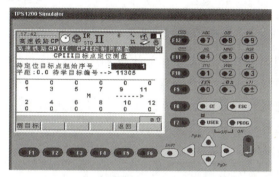
图4.33　CPⅢ序号1学习目标测量界面

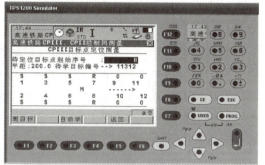
图4.34　CPⅢ序号8学习目标测量界面

学习始终是从最小序号（所录入的最新CPⅢ控制点号）学习起，一直学习到最大序号点（CPⅢ最大编号点），如输入了12个CPⅢ控制点，如上，则学习顺序为1、2、3、4、5、…、11、12，学习的CPⅢ控制点点号对应为11305、11306、11307、11306、11309、…、11315、11316，采用1～12序号与CPⅢ控制点对应方法，便于用户在测量过程中各点的地图定位作用。

学习后的点由"0"变为"R"；如学习部分点后，由"0"变为"R"的点可以自动学习，需要用户按F3键（自动学）完成；没有变为"R"的点需要用户对点学习。

学习全部完成，则按F5键（完成键）返回CPⅢ主画面；如学习未全部完成，按F6键退出，可以在下次重新进入本画面时按F4键（文件取键），将以前学习的目标点位置提交给程序，不用再次重复学习已经学习过的点，只需学习没有完成的点即可。

4）第四步：完成CPⅢ目标学习后，按F3键（测量键）则程序进行全自动测量，程序会逐次显示个点测量信息，并自动检算测量质量，如超限会提示，检查超限原因，直至完成本站测量工作（图4.35）。

数据在采集过程中，全站仪会显示每次测量进度、半个测回、上下半测回偏差，如图4.36、图4.37所示。

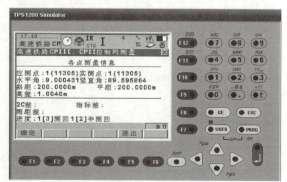
图4.35　CPⅢ序号1目标测量界面

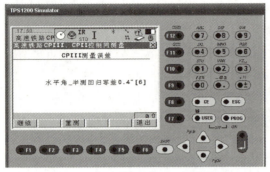
图 4.36　CPⅢ测量半个测回误差界面

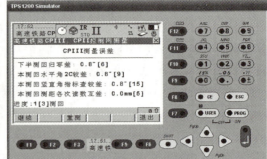
图 4.37　CPⅢ下半测回误差界面

数据采集完成后,会显示本次测回的限差,其中中括号内为限差,中括号外为实测值。若实测值小于限差,即满足精度要求,可以迁站,否则要重测。

采集过程中影响精度的因素比较多,主要有仪器气泡偏离,温度、气压变化比较大等。CPⅢ数据采集要满足表 4.1 的规定,选择的全站仪精度不同,测回数不同,这里推荐使用 0.5″ 的全站仪。

任务 4.4　CPⅢ 控制网外业测量数据处理

任务引入

高速铁路 CPⅢ 控制点外业数据采集合格后,要使用铁路总公司评审合格的平差软件对采集的数据进行处理,请查阅文献完成 CPⅢ 控制网测量数据处理。

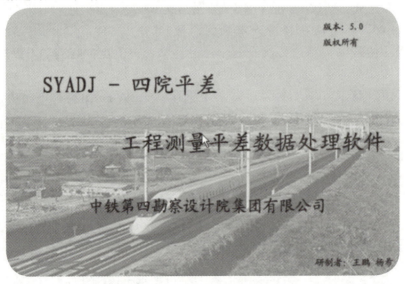

📍 任务分组

班级		组号		组长	
组员	姓名	学号	姓名	学号

📖 熟悉任务

工作单 4—13（课中下发，课后交给教师）

组员姓名：　　　学号：　　　日期：　　月　　日　　天气：

观看视频，了解CPⅢ控制网平面、高程测量数据处理流程，掌握相关知识。

1. 什么是平差？

2. CPⅢ数据平差计算软件的主要功能有哪些？

CPⅢ高程数据处理　　CPⅢ平面数据处理

3. 全站仪或电子水准仪导入什么数据？

4. CPⅢ数据处理模块包含什么？

🧭 工作计划

工作单 4—14

1. CPⅢ数据平面平差主要流程有哪些？

2. CPⅢ数据高程平差主要流程有哪些？

决 策

工作单 4-15

1. 师生讨论 CPⅢ 重组平差数据和已知点高程。

2. 小组讨论 CPⅢ 闭合差计算检查。

3. 小组讨论 CPⅢ 高程平差精度分析。

4. 小组讨论全站仪观测数据限差设置。

5. 小组讨论 CPⅢ 控制网第三边较差。

6. 小组讨论 CPⅢ 平面平差精度分析。

工作实施

工作单 4-16

下载 CPⅢ 原始数据,使用 SYADJ 平差处理软件计算三维坐标。

1. 使用 SYADJ 软件计算 CPⅢ 平面平差。

2. 使用 SYADJ 软件计算 CPⅢ 高程平差。

评价反馈

个人自评表、小组内互评表、小组之间互评表、教师评价表。

相关配套知识

我国工程测量人员经过不懈努力,在吸收国外CPⅢ控制测量平差软件优点的基础上,提出了拥有自主知识产权的CPⅢ控制网平差理论。现如今,已有多套国产CPⅢ数据处理软件通过相关部门的评审,应用于铁路工程测量的平差软件如下:

(1)铁二院与西南交通大学联合研制开发的CPⅢ数据平差计算软件CPⅢ DAS(CPⅢ Data Adjustment Software)。

(2)铁道第三勘察设计院与同济大学共同研发的精密工程测量平差软件(TSDIHRS-ADJ)。

(3)中铁一院开发研制的中铁一院通用地面测量工程控制网数据处理自动化软件包(FSDI-GDPAS)。

(4)中铁四院研制开发的工程测量平差数据处理软件(SYADJ)。

(5)中铁八局与西南交通大学联合研制开发的无砟轨道施工测量控制网处理系统(WZ-TCS)。

(6)中铁工程设计咨询公司研制开发的高速铁路轨道控制网数据处理与平差软件(TC-NDPSA)。

CPⅢ数据平差计算软件是专为我国无砟轨道客运专线铁路施工中CPⅢ内业数据平差而设计的内业数据处理软件。CPⅢ数据平差计算软件的主要功能如下:

(1)平面数据处理部分包括建立工程项目、测站数据检查、生成平差文件、闭合环搜索、闭合差计算、输出观测手簿、解算概略坐标、自由网平差校正、约束网平差处理、自由网平差置平、CPⅢ控制点间相对精度分析、网图显绘和误差椭圆绘制等功能。

(2)高程数据处理部分包括建立项目、生成高差文件、生成平差文件、闭合差计算、输出观测手簿等功能。

本任务以中铁四院研制开发的工程测量平差数据处理软件(SYADJ)为例进行讲解。

1. 数据预处理

外业观测结束后,应及时从全站仪或电子观测手簿中下载数据并进行数据处理,以便对外业数据的质量进行检核。检核的内容包括观测资料的完整性、合理性及外业测量成果的质量。

(1)对提交的轨道控制网测量成果资料进行检查,成果资料内容完整,格式正确,文档整理整齐、规范,符合技术方案及国家相关规范或业主的要求和满足测量使用的需要。

(2)外业测量作业使用的仪器数量、精度指标、作业方式是否合理,仪器是否在有效检定期内,测量仪器是否在作业期间进行了检校,测量技术指标能否达到规范要求。

(3)外业作业方法是否正确,外业观测记录、台账是否齐全,各项限差是否满足规范要求。

(4)超限观测数据的剔除、补测、重测是否合理。

（5）与相邻线路或标段之间精测网衔接测量数据的精度是否满足要求。

（6）相邻投影带之间的控制网衔接过渡测量数据的精度是否满足要求。

（7）外业成果资料的内容、格式、交付完整性是否满足要求。

（8）CPⅢ边长测量时，气象数据和仪器加常数、乘常数是否输入仪器进行改正，边长是否选行归算至大地投影面和归算至高斯投影面的改正。

（9）对平差计算数据处理起算基准、起始数据进行检验。

（10）对数据剔除的合理性进行检查。

2. 数据精处理

针对CPⅢ控制网具有路线长、控制点多、施测方法与国内测量方法显著不同及控制点间的内符合精度要求高等特点，我们提出一套CPⅢ轨道控制网数据处理方法：首先对观测数据进行测站质量检查与弦长闭合差检核，然后采用秩亏自由网平差检核测量系统的内符合精度；自由网平差通过后，采用拟稳平差选择兼容的起算点，然后引入外部基准进行约束平差处理；在平差过程中，用多维粗差同时定位定值算法（LEGE）求解出粗差值的大小并对观测值进行修复，再用Helmert方差分量估计方法合理地确定边、角的权比关系；同时，针对CPⅢ控制网规模较大且易于分区的特点，采用Helmert分区平差法对其进行分区平差解算，能显著提高计算效能；另外，考虑到CPⅢ距离观测值与CPⅠ/CPⅡ坐标系统存在尺度不一致的问题，计算过程中对测距边长进行了两化改正。

3. CPⅢ数据处理模块

CPⅢ数据处理模块是在分析和研究CPⅢ数据处理理论模型的基础上，根据平差模型的具体需要而设计的功能模块。该模块具有通用性强、功能全面、整体性能好等特点。其具体功能框架如图4.38所示。

图4.38 CPⅢ数据处理模块功能结构图

CPⅢ数据处理功能模块主要包括以下几个方面的功能：

（1）工程信息的管理，包括新建工程、打开工程、保存数据处理信息；

（2）观测数据质量检查，包括设置限差精度，检查观测数据质量；

（3）解算 CPⅢ点位概略坐标；

（4）CPⅢ控制网自由网平差处理；

（5）CPⅢ控制网约束网平差处理；

（6）CPⅢ控制网高程平差计算；

（7）CPⅢ点成果的精度分析；

（8）输出平差结果信息；

（9）输出控制网图形（bmp、AutoCAD 格式）；

（10）输出精度评定统计信息；

（11）输出原始数据电子手簿。

4. 高程数据软件处理流程

（1）新建项目。在菜单中选择项目，单击新建项目，选择项目保存路径，如图 4.39 所示。

（2）水准仪数据预处理。

1）选择观测文件和设置处理参数。在水准仪数据预处理菜单中，选择观测文件，导入要处理的高程数据文件，并以字母开头设置处理参数，如图 4.40 所示。

2）观测数据检核。在水准仪数据预处理菜单中，选择“观测数据检核”，根据精密水准等级要求设置限差，如图 4.41 所示，设置后可以查看观测数据是否超限，如图 4.42 所示。

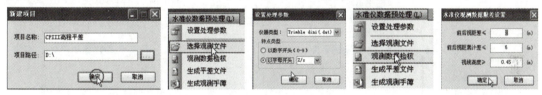

图 4.39 新建项目

图 4.40 选择观测文件和设置处理参数

图 4.41 观测数据限差设置

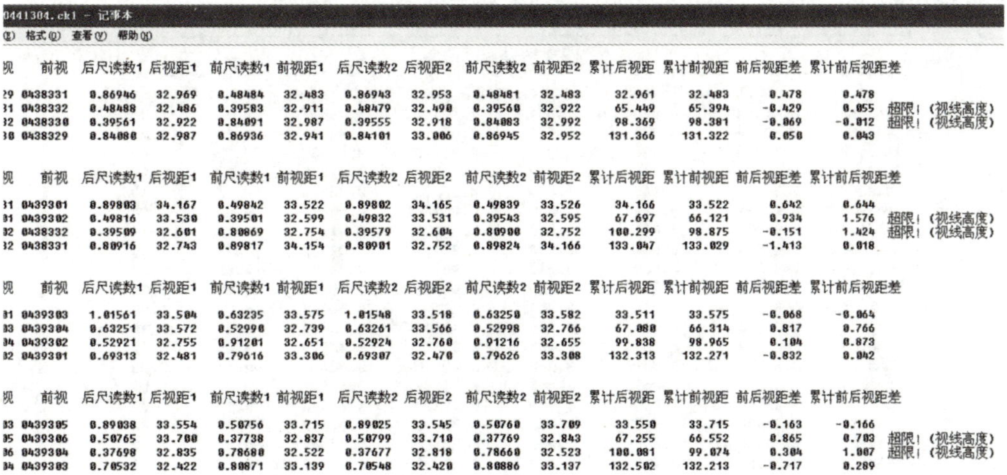
0441304.ck1 - 记事本

格式(O) 查看(V) 帮助(H)

视	前视	后尺读数1	后视距1	前尺读数1	前视距1	后尺读数2	后视距2	前尺读数2	前视距2	累计后视距	累计前视距	前后视距差	累计前后视距差	
29	0438331	0.86946	32.969	0.48484	32.483	0.86943	32.953	0.48481	32.483	32.961	32.483	0.478	0.478	
31	0438332	0.48488	32.486	0.39583	32.911	0.48479	32.490	0.39560	32.922	65.449	65.394	-0.429	0.055	超限！（视线高度）
32	0438330	0.39561	32.922	0.84091	32.987	0.39555	32.918	0.84083	32.992	98.369	98.381	-0.069	-0.012	超限！（视线高度）
30	0438329	0.84080	32.987	0.86936	32.941	0.84101	33.006	0.86945	32.952	131.366	131.322	0.050	0.043	

视	前视	后尺读数1	后视距1	前尺读数1	前视距1	后尺读数2	后视距2	前尺读数2	前视距2	累计后视距	累计前视距	前后视距差	累计前后视距差	
31	0439301	0.89803	34.167	0.49842	33.522	0.89802	34.165	0.49839	33.526	34.166	33.522	0.642	0.644	
01	0439302	0.49816	33.530	0.39501	32.599	0.49832	33.531	0.39543	32.595	67.697	66.121	0.934	1.576	超限！（视线高度）
02	0438332	0.39509	32.601	0.80869	32.754	0.39579	32.604	0.80900	32.752	100.299	98.875	-0.151	1.424	超限！（视线高度）
32	0438331	0.80916	32.743	0.89817	34.154	0.80901	32.752	0.89824	34.166	133.047	133.029	-1.413	0.018	

视	前视	后尺读数1	后视距1	前尺读数1	前视距1	后尺读数2	后视距2	前尺读数2	前视距2	累计后视距	累计前视距	前后视距差	累计前后视距差
01	0439303	1.01561	33.504	0.63235	33.575	1.01548	33.518	0.63250	33.582	33.511	33.575	-0.068	-0.064
03	0439304	0.63251	33.572	0.52990	32.739	0.63261	33.566	0.52998	32.766	67.080	66.314	0.817	0.766
04	0439302	0.52921	32.755	0.91201	32.651	0.52924	32.760	0.91216	32.655	99.838	98.965	0.104	0.873
02	0439301	0.69313	32.481	0.79616	33.306	0.69307	32.470	0.79626	33.308	132.313	132.271	-0.832	0.042

视	前视	后尺读数1	后视距1	前尺读数1	前视距1	后尺读数2	后视距2	前尺读数2	前视距2	累计后视距	累计前视距	前后视距差	累计前后视距差	
03	0439305	0.89038	33.554	0.50756	33.715	0.89025	33.545	0.50760	33.709	33.550	33.715	-0.163	-0.166	
05	0439306	0.50765	33.700	0.37738	32.837	0.50799	33.710	0.37769	32.843	67.255	66.552	0.865	0.703	超限！（视线高度）
06	0439304	0.37698	32.835	0.78680	32.522	0.37677	32.818	0.78660	32.523	100.081	99.074	0.304	1.007	超限！（视线高度）
04	0439303	0.70532	32.422	0.80871	33.139	0.70548	32.420	0.80886	33.137	132.502	132.213	-0.717	0.289	

图 4.42 检核观测数据

3）平差文件。在水准仪数据预处理菜单中，单击"生成平差文件"，计算数据平差，如图4.43所示。

4）联测水准点数据平差。在水准仪数据预处理菜单中，执行"观测文件"→"联测点数据"→"观测数据检核"→"生成平差文件"命令，如图4.44所示。

图4.43 平差文件

（3）重组平差数据和已知点高程。新建记事本，打开高程网后缀in1的文件，将电子水准闭合环数据、联测点数据和已知点高程放在一个文件中，保存文件夹，替换桌面后缀in1的文件，如图4.45所示。

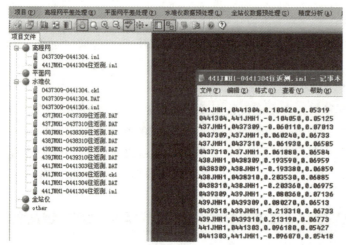

图4.44 联测水准点数据平差　　　　图4.45 重组平差数据和已知点高程

（4）数据平差处理。

1）往返测高差较差。在高程网平差处理菜单中，执行"选择平差文件"命令，选择前面桌面后缀co1的文件，再选择往返测高差较差，如图4.46所示。

往返测高差较差统计结果

起点	终点	往测距离km	返测距离km	往测高差(m)	返测高差(m)	较差(mm)	限差(mm)
441JMH1	0441304	0.053	0.051	0.10362	-0.10405	0.43	1.00
437JMH1	0437309	0.070	0.067	-0.06011	0.06024	0.13	1.00
437JMH1	0437310	0.066	0.066	-0.06193	0.06188	0.05	1.00
438JMH1	0438309	0.070	0.069	-0.19359	-0.19338	0.21	1.00
438JMH1	0438310	0.069	0.070	0.20353	-0.20336	0.17	1.00
0439309	439JMH1	0.071	0.065	-0.08036	0.08027	0.09	1.00
0439310	439JMH1	0.067	0.068	-0.21331	0.21319	0.12	1.00
441JMH1	0441303	0.054	0.054	0.09618	-0.09607	0.11	1.00
0437311	0437312	0.068	0.066	-0.00595	0.00597	0.02	1.00
0437313	0437314	0.066	0.025	0.00726	-0.00727	0.01	1.00
0437315	0437316	0.066	0.066	-0.00255	0.00259	0.04	1.00
0437317	0437318	0.066	0.066	0.00131	-0.00128	0.03	1.00
0437319	0437320	0.066	0.066	0.00371	-0.00376	0.05	1.00
0437321	0437322	0.065	0.067	-0.00114	0.00103	0.11	1.00
0437323	0437324	0.065	0.066	0.00100	-0.00109	0.09	1.00
0437325	0437326	0.066	0.066	-0.01327	0.01343	0.16	1.00
0437327	0437328	0.065	0.067	-0.00313	0.00313	0.00	1.00
0437329	0437330	0.065	0.066	-0.00478	0.00489	0.11	1.00
0438301	0438302	0.066	0.066	-0.01589	0.01599	0.10	1.00

图4.46 往返测高差较差

2）闭合差计算。在高程网平差处理菜单中，执行"附合/环闭合差"命令，计算闭合差，如图 4.47 所示。

```
总的.c11 - 记事本
文件(F)  编辑(E)  格式(O)  查看(V)  帮助(H)
高差闭合差：-1.13(mm)      限差：4.39(mm)
附合路线长度：1.2019(km)
------------------------------------------------
附合路线号：5
线路点号：438JMH1   0438309   0438311   0438313   0438315   0438317   0438319   0438321
          0438323   0438325   0438327   0438329   0438331   0439301   0439303   0439305
          0439307   0439309   0439311   0439313   0439315   0439317   0439319   0439321
          0439323   0439325   0439327   0439329   0440301   0440303   0440305   0440307
          0440309   0440311   0440313   0440315   0440317   0440319   0440321   0440323
          0440325   0440327   0440329   0441301   0441303   441JMH1
高差闭合差：-2.62(mm)      限差：6.90(mm)
附合路线长度：2.9768(km)
------------------------------------------------
附合路线号：6
线路点号：439JMH1   0439309   0439311   0439313   0439315   0439317   0439319   0439321
          0439323   0439325   0439327   0439329   0440301   0440303   0440305   0440307
          0440309   0440311   0440313   0440315   0440317   0440319   0440321   0440323
          0440325   0440327   0440329   0441301   0441303   441JMH1
高差闭合差：-1.49(mm)      限差：5.54(mm)
附合路线长度：1.9177(km)
------------------------------------------------
闭合环号：1
线路点号：438JMH1   0438309   0438310
高差闭合差：0.17(mm)       限差：1.81(mm)
闭合环长度：0.2042(km)
```

图 4.47　闭合差计算

3）平差计算。在高程网平差处理菜单中，执行"平差处理"命令，计算观测数据高程，如图 4.48 所示。

高程网平差结果（常规）

概略高程

序号	点号	高程(m)
1	437JMH1	39.8360
2	438JMH1	45.1050
3	439JMH1	51.4957
4	441JMH1	60.6496
5	0441304	60.7534
6	0437309	39.7758
7	0437310	39.7741
8	0438309	45.2984
9	0438310	45.3084
10	0439309	51.5760
11	0439310	51.7090
12	0441303	60.7457
13	0437311	39.9399
14	0437312	39.9339

图 4.48　平差计算

（5）精度分析。在精度分析菜单中，依次选择高程网平差点位精度分析、高程网平差高差中误差分析、高程观测值改正数分析，选择后缀 ou1 文件，绘制高程网平差点位精度分析图，如图 4.49～图 4.51 所示。

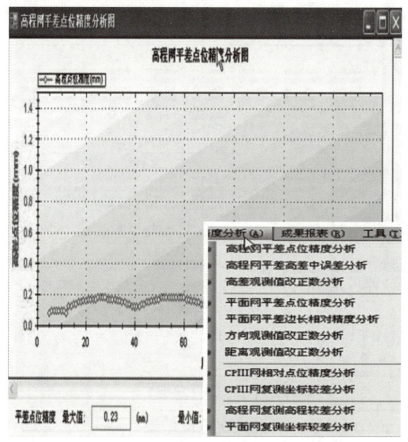

图 4.49　高程网平差点位精度分析图

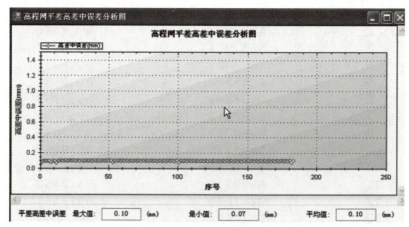

图 4.50　高程网平差高差中误差分析图

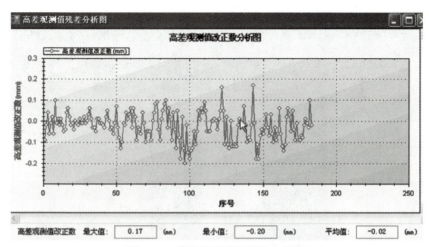

图 4.51 高差观测值改正数分析图

（6）成果报告输出。在成果报表中，单击“高程网高程平差成果表”，选择后缀 ou1 文件，输出成果表，如图 4.52 所示。

高程平差值及其精度成果表

序号	点名	高程平差值(m)	中误差(mm)
1	437JMH1	39.83602	0.00
2	438JMH1	45.10495	0.00
3	439JMH1	51.49573	0.00
4	441JMH1	60.64957	0.00
5	441304	60.75331	0.08
6	437309	39.77582	0.09
7	437310	39.77415	0.09
8	438309	45.29838	0.09
9	438310	45.30838	0.09
10	439309	51.57602	0.09
11	439310	51.70904	0.09
12	441303	60.74580	0.08
13	437311	39.93991	0.12
14	437312	39.93396	0.12
15	437313	40.23633	0.14
16	437314	40.24354	0.14

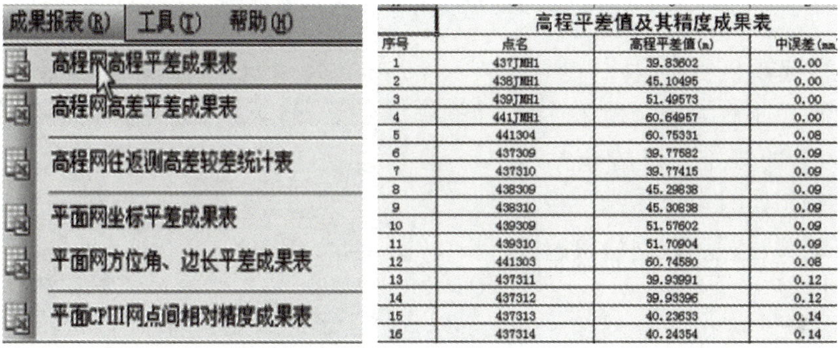

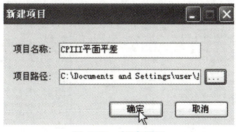

图 4.52 高程网高程平差成果

5. 平面数据软件处理流程

（1）新建项目。在菜单中选择项目，单击新建项目，选择项目保存路径，如图 4.53 所示。

图 4.53 新建项目

（2）全站仪数据预处理。

1）后缀 suc 文件导入。在全站仪数据预处理中，选择观测文件，导入全站仪采集的 CPⅢ数据，即后缀 suc 文件，如图 4.54 所示。

图 4.54　导入全站仪采集的 CPⅢ 数据

2）全站仪观测数据限差设置。按照《高速铁路工程测量规范》（TB 10601—2009）的规定，设置全站仪观测数据限差，如图 4.55 所示，设置结束后会自动弹出观测数据检核超限情况统计结果。

3）生成平差文件。在全站仪数据预处理中，选择生成平差文件，系统会自动生成后缀 in1、in2 的文件，如图 4.56 所示。

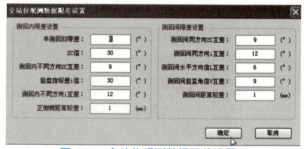

图 4.55　全站仪观测数据限差设置

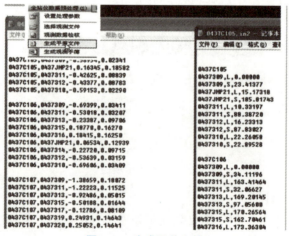

图 4.56　生成平差文件

（3）导入 CPⅡ 加密点坐标。在 SYGPS 软件中，打开 CPⅡ 加密 exe 文件，形成成果报表、二维约束平差成果表，复制 CPⅡ 加密点坐标到后缀 in2 记事本中，如图 4.57 所示。

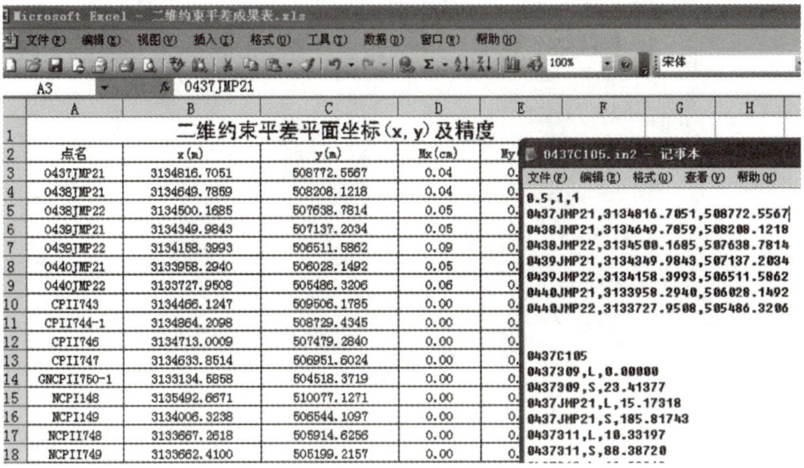

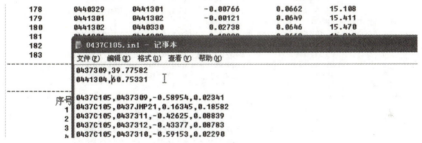

图 4.57　CPⅡ 加密点坐标导入

（4）导入 CPⅢ 高程数据。单击 SYADJ 软件，打开 CPⅢ 高程平差 .geo 文件，单击 ou1 文件，复制起始两个 CPⅢ 高程到后缀 in1 记事本中，如图 4.58 所示。

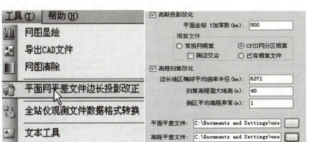

图 4.58　CPⅢ 高程数据导入

（5）平面平差文件边长投影改正设置。在工具菜单中，选择"平面网平差文件边长投影改正"进行设置，如图 4.59 所示，选择 CPⅢ 网分区概算，归算高程面大地高，选择平差文件等。

图 4.59　平面网平差文件边长投影改正设置

（6）平面网平差处理。

1）设置处理参数。在"平面网平差处理"选项中，执行"设置处理参数"命令，如

图 4.60 所示。

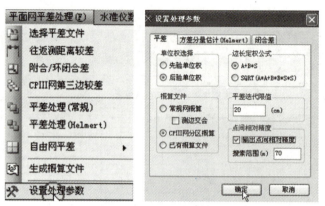

图 4.60　处理参数设置

2）CPⅢ网第三边较差。在平面网平差处理中，选择 CPⅢ网第三边较差，如图 4.61 所示。

```
            CPⅢ网第三边较差计算结果
------------------------------------------------------------
序号        弦长(m)        目标1 ← 测站 → 目标2
  0         65.51025       0437309 ← 0437C105 → 0437311
  1         65.51023       0437309 ← 0437C106 → 0437311 (min)
  2         65.51070       0437309 ← 0437C107 → 0437311 (max)
弦长最大较差(mm)： 0.47    相对精度： 1：139015

序号        弦长(m)        目标1 ← 测站 → 目标2
  0         65.10689       0437312 ← 0437C105 → 0437310 (min)
  1         65.10744       0437312 ← 0437C106 → 0437310
  2         65.10767       0437312 ← 0437C107 → 0437310 (max)
弦长最大较差(mm)： 0.78    相对精度： 1：83453

序号        弦长(m)        目标1 ← 测站 → 目标2
  0         9.02301        0437310 ← 0437C105 → 0437309
  1         9.02365        0437310 ← 0437C106 → 0437309 (max)
  2         9.02236        0437310 ← 0437C107 → 0437309 (min)
弦长最大较差(mm)： 1.29    相对精度： 1：7014
```

图 4.61　CPⅢ网第三边较差

3）平面网平差。在平面网平差处理中，选择平差处理（Helmert），如图 4.62 所示。

```
              平面网平差结果(Helmert)
------------------------------------------------------------
                      概略坐标
------------------------------------------------------------
   点号              X(m)                Y(m)
0437JMP21         3134816.70510        508772.55670
0438JMP21         3134649.78590        508208.12180
0438JMP22         3134500.16850        507638.78140
0439JMP21         3134349.98430        507137.20340
0439JMP22         3134158.39930        506511.58620
0440JMP21         3133958.29400        506028.14920
0440JMP22         3133727.95080        505486.32060
0437C105          3134863.54788        508952.37212
0437309           3134851.87830        508932.07277
0437311           3134834.27933        508868.97108
0437312           3134843.04231        508866.96851
0437310           3134860.57590        508929.67017
```

图 4.62　平面网平差

4）自由网平差。在平面网平差处理中，执行"自由网平差"→"平差处理（自由网＋Helmert）"命令，如图 4.63、图 4.64 所示。

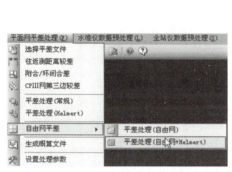

图 4.63　自由网平差菜单　　　　图 4.64　自由网平差结果

（7）精度分析。

1）ouf 精度分析。在精度分析中，选择平面网平差点位精度分析、方向观测值改正数分析、距离观测值改正数分析，文件类型选择后缀"ouf"，如图 4.65～图 4.67 所示。

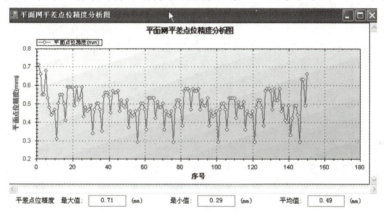

图 4.65　平面网平差点位精度分析图

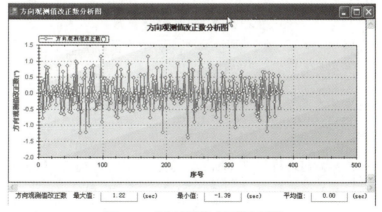

图 4.66　方向观测值改正数分析图

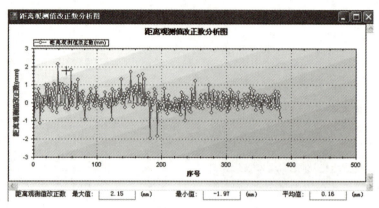

图 4.67 距离观测值改正数分析图

2）out 文件精度分析。在精度分析中，选择方向观测值改正数分析、距离观测值改正数分析，文件类型选择后缀"out"；CPⅢ网相对点位精度分析，文件类型选择后缀"raf"，如图 4.68 所示。

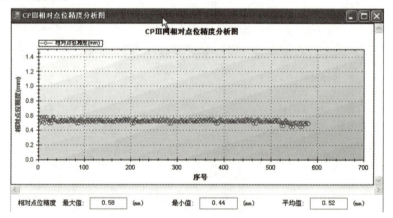

图 4.68 CPⅢ网相对点位精度分析

（8）CPⅢ坐标平差成果。在成果报表中，选择平面网坐标平差成果表，打开后缀"ouf"文件，计算 CPⅢ坐标平差，见表 4.18。

表 4.18 平面网坐标平差成果

点名	X/m	Y/m	M_X/mm	M_Y/mm
0437JMP21	3 134 816.705 10	508 772.556 70	0.00	0.00
0438JMP21	3 134 649.785 90	508 208.121 80	0.00	0.00
0438JMP22	3 134 500.168 50	507 638.781 40	0.00	0.00
0439JMP21	3 134 349.984 30	507 137.203 40	0.00	0.00
0439JMP22	3 134 158.399 30	506 511.586 20	0.00	0.00
0440JMP21	3 133 958.294 00	506 028.149 20	0.00	0.00
0440JMP22	3 133 727.950 80	505 486.320 60	0.00	0.00

续表

点名	X/m	Y/m	M_X/mm	M_Y/mm
0437C105	3 134 863.547 88	508 952.372 12	0.60	0.38
437309	3 134 851.878 30	508 932.072 77	0.53	0.40
437311	3 134 834.279 33	508 868.971 08	0.36	0.42
437312	3 134 843.042 32	508 866.968 51	0.34	0.43
437310	3 134 860.575 90	508 929.670 18	0.53	0.43

任务 4.5　CPⅢ 高程控制网闭合环法测量

任务引入

高速铁路 CPⅢ 控制网高程测量中，常用闭合环法和三角高程法进行观测，请查阅文献完成 CPⅢ 控制网闭合环法测量。

任务分组

班级		组号		组长	
组员	姓名	学号		姓名	学号

熟悉任务

工作单 4—17（课中下发，课交后交给教师）

组员姓名：　　　　学号：　　　　日期：　　月　　日　　天气：

观看视频，了解闭合环测量仪器和流程，掌握相关知识。

1. 水准点加密的原因。

2. 046H01 的含义。

3. 精密水准技术要求。

CPⅢ高程布网

工作计划

工作单 4—18

观看视频，了解闭合环测量仪器和流程，掌握相关知识。

1. 闭合环奇数站、偶数站观测顺序有哪些？

2. 单程闭合环测量流程有哪些？

3. 奇进偶不进原则是什么？

闭合环测量内业计算

决　策

工作单 4—19

1. 师生讨论二等水准点加密。

2. 小组讨论闭合测量仪器选择。

3. 小组讨论闭合测量观测路线。

4. 小组讨论闭合环闭合平差计算。

5. 小组讨论闭合环测量中的注意事项。

工作实施

闭合环外业测量实训

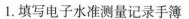

观看视频，了解闭合环测量仪器和流程，掌握相关知识。

1. 填写电子水准测量记录手簿

测站	视准点	视距读数		标尺读数		读数差 /mm	测站高差 /m	累积高差 /m	备注
	后视	后距1	后距2	后尺读数1	后尺读数2				
	前视	前距1	前距2	前尺读数1	前尺读数2				
		视距差/m	累积差/m	高差1/m	高差2/m				
1									
2									
3									公共边
4									
5									公共边
6									
7									
8									

2. 填写高程误差配赋表

点名	测段编号	距离 /m	观测高差 /m	改正数 /mm	改正后高差 /m	高程 /m
Σ			$f_h=$ mm	$f_{h允}=\pm$ mm		

评价反馈

个人自评表、小组内互评表、小组之间互评表、教师评价表。

相关配套知识

高速铁路高程控制测量应按分级布设的原则建网：第一级为线路水准基点控制网，是铁路工程勘测设计、施工和运营维护的高程基准；第二级为CPⅢ高程网，是轨道施工和维护的高程基准。对于施工单位和运营单位采用第二级，CPⅢ高程测量主要采用闭合环法观测。

1. 闭合环法

闭合环法是从起始点开始测量，最终回到起始点，转了一圈，组成闭合水准路线，如图4.69所示。每相邻的两对CPⅢ控制点之间都构成一个闭合环。

（1）CPⅢ高程控制网应在线下工程竣工且沉降和变形评估通过后施测。施测前应对全线的二等水准基点进行复测，构网联测测区内所有复测合格的水准基点。

（2）CPⅢ高程控制网采用单程精密水准测量的方法观测，与测区内二等水准基点的联测采用独立往返精密水准测量的方法进行，每2 km联测一个水准基点，每一区段应至少与3个水准基点进行联测，形成检核。

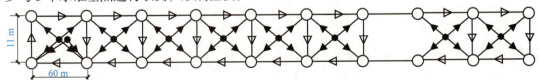

图4.69　矩形法CPⅢ高程网测量原理示意

2. 闭合环法使用的仪器设备

闭合环法应采用满足技术规范要求的电子水准仪及因瓦尺（因瓦条码水准尺）进行测量，水准仪必须满足如下精度要求：

（1）仪器标称精度不低于 DS1 级；

（2）推荐使用徕卡 DNA03 及天宝 DINI03 系列电子水准仪，并配备 2 m 或 3 m 因瓦条码水准尺，自动观测记录，采用单路线往返观测，一条路线的往返观测必须使用同一类型的仪器和转点尺垫，沿同一路线进行（图 4.70）。

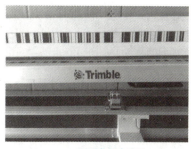

天宝 DINI03　　　　　　　　　　　　因瓦条码水准尺

图 4.70　电子水准仪及因瓦条码水准尺

（3）水准观测前，需对数字水准仪设置，这样在观测中仪器会自动显示超限，减少返工，提高工作效率。

1）仪器设置。测量的高程单位和记录到内存的单位为米（m）；最小显示位为 0.000 01 m；设置日期格式为实时年、月、日；设置时间格式为实时 24 小时制。

2）测站限差参数设置。视距限差的高端和低端；视线高限差的高端和低端；前后视距差限差；前后视距差累积限差；两次读数高差之差限差。

3）作业设置。建立作业文件；建立测段名；选择测量模式："aBFFB"；输入起始点参考高程；输入点号（点号）；输入其他测段信息。

3. 闭合环法技术要求

闭合环测量采用精密水准测量，具体要求见表 4.19～表 4.23。

表 4.19　CPⅢ 高程控制网精度要求

水准测量等级	每千米水准测量偶然中误差 M_Δ/mm	每千米水准测量全中误差 M_W/mm	附合路线或环形周长的长度/km	
			附合路线长度	环线周长
二等	≤1	≤2	≤400	≤750
精密水准	≤2	≤4	≤150	≤200
三等	≤3	≤6	≤150	≤200

表 4.20　CPⅢ 高程水准测量限差要求

等级	测段、路线往返测高差不符值 /mm		测段、路线的左右路线高差不符值 /mm	闭合路线或环线闭合差 /mm		检测已测高差之差 /mm
	平面	山区		平面	山区	
二等	$\pm 4\sqrt{K}$	$\pm 0.8\sqrt{n}$	—	$\pm 4\sqrt{L}$		$\pm 6\sqrt{R_i}$
精密水准	$\pm 8\sqrt{K}$	$\pm 1.6\sqrt{n}$	$\pm 6\sqrt{K}$	$\pm 8\sqrt{L}$		$\pm 12\sqrt{R_i}$
三等	$\pm 12\sqrt{K}$	$\pm 2.4\sqrt{n}$	$\pm 8\sqrt{K}$	$\pm 12\sqrt{L}$	$\pm 15\sqrt{L}$	$\pm 20\sqrt{R_i}$

注：1. K 为测段或路线长度，单位为 km；L 为水准路线长度，单位为 km；R_i 为检测测段长度，以 km 计；n 为测段水准测量站数。

2. 当山区水准测量每千米测站数 $n \geqslant 25$ 站以上时，采用测站数计算高差测量限差

表 4.21　CPⅢ 高程水准观测主要技术指标

等级	水准尺类型	水准仪等级	视距 /m		前后视距差 /m		测段的前后视距累积差 /m		视线高度 /m		数字水准仪重复测量次数
			光学	数字	光学	数字	光学	数字	光学（下丝读数）	数字	
二等	因瓦	DS1	≤ 50	≥ 3 且 ≤ 50	≤ 1.0	≤ 1.5	≤ 3.0	≤ 6.0	≥ 0.3	≤ 2.8 且 ≥ 0.55	≥ 2 次
精密水准	因瓦	DS1	≤ 60	≥ 3 且 ≤ 60	≤ 1.5	≤ 2.0	≤ 3.0	≤ 6.0	≥ 0.3	≤ 2.8 且 ≥ 0.45	≥ 2 次
三等	因瓦	DS1	≤ 100	≤ 100	≤ 2.0	≤ 3.0	≤ 5.0	≤ 6.0	三丝能读数	≥ 0.35	≥ 1 次

表 4.22　CPⅢ 高程水准观测的测站限差

项目 等级	同一标尺两次读数之差 /mm	同一测站前后标尺两次读数高差之差 /mm	检测间歇点高差之差 /mm
二等	0.4	0.6	1
精密水准	0.5	0.7	1
三等	1.5	2.0	3

表 4.23　水准测量计算取位

水准测量等级	往返测距离总和 /m	往返测距离中数 /m	各测站高差 /mm	往返测高差总和 /mm	往返高差中数 /mm	高程 /mm
二等、精密水准	0.01	0.1	0.01	0.01	0.1	0.1
三、四等	0.01	0.1	0.1	0.1	0.1	1

4. 闭合环法测量原理

假设 CPⅢ 控制网的高程测量从左侧推向右侧，则在最左侧 4 个 CPⅢ 控制点中间设置

测站，测量 4 个 CPⅢ 控制点间的 4 段高差，考虑到这 4 段高差所组成四边形闭合环的独立性，这 4 段高差至少应该设置两个测站完成测量（如在第一测站完成前三段高差的测量，第 4 段高差测量时应稍微挪动仪器或在原地改变仪器高后再测量）。

具体测量流程如下：

（1）以闭合环测量示意（图 4.71）为例，将仪器安置第一个矩形中间位置，进行整平，条形码尺安置于 0352312 和 0352311 点上，使尺子上的圆气泡居中，首先观测第①个测段，按照后—前—前—后顺序观测视距和高差读数，计算前后视距差、累计视距差、高差、读数差、高差中数和累计高差，满足限差要求后进行第②个测段观测。

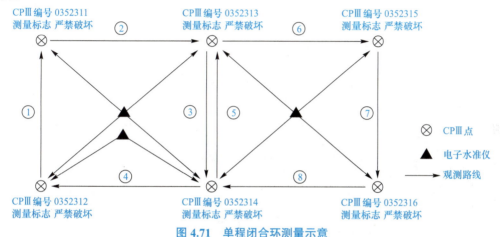

图 4.71 单程闭合环测量示意

（2）0352311 上尺子不动，将 0352312 上的尺子移动到 0352313 上，使尺子上的圆气泡居中，按照前—后—后—前顺序观测第②个测段，观测视距和高差读数满足要求后进行第③个测段观测。

（3）0352313 上尺子不动，将 0352311 上的尺子移动到 0352314 上，使尺子上的圆气泡居中，按照后—前—前—后顺序观测第③个测段，观测视距和高差读数满足要求后进行第④个测段观测。

（4）0352314 上尺子不动，将 0352313 上的尺子移动到 0352312 上，使尺子上的圆气泡居中，变换仪器位置，整平仪器，按照前—后—后—前顺序观测第④个测段，观测视距、高差读数和闭合环平差满足要求后进行第二个闭合环观测。

（5）第二个闭合环按照第一个闭合环的测量流程相同，满足要求后按线路 ①→②→⑥→⑦→⑧→④ 进行闭合平差，其中③和⑤往返做检核，两者较差 ≤ 1 mm。

（6）观测时，一般按后—前—前—后的顺序进行，对于有变换奇偶站功能的电子水准仪，按以下顺序进行：

奇数站：后—前—前—后。
偶数站：前—后—后—前。
观测记录见表 4.24，平差见表 4.25。

表 4.24　CPⅢ水准测量记录手簿示例

日期：　　　　　天气：　　　　　观测者：　　　　　记录者：

测站	视准点	视距读数		标尺读数		读数差 /mm	高差中数 /m	累积高差 /m	备注
	后视	后距1	后距2	后尺读数1	后尺读数2				
	前视	前距1	前距2	前尺读数1	前尺读数2				
		视距差/m	累积差/m	高差/m	高差/m				
1	CPⅢ 302	41.28	41.28	1.114 3	1.114 3	0.0			
	CPⅢ 301	41.73	41.72	1.089 2	1.089 2	0.0	0.025 10	0.025 10	
		−0.445	−0.445	0.025 1	0.025 1	0.0			
2	CPⅢ 301	40.74	40.71	1.089 2	1.089 3	−0.1			
	CPⅢ 303	40.25	40.24	1.183 2	1.183 2	0.0	−0.093 95	−0.068 85	
		0.480	0.035	−0.094 0	−0.093 9	−0.1			
3	CPⅢ 303	40.17	40.46	1.182 0	1.182 3	−0.3			公共边
	CPⅢ 304	39.64	39.55	1.201 6	1.201 9	−0.3	−0.019 60	−0.088 45	
		0.720	0.755	−0.019 6	−0.019 6	0.0			
4	CPⅢ 304	38.56	38.55	1.201 9	1.201 7	0.2			
	CPⅢ 302	39.26	39.28	1.114 3	1.114 3	0.0	0.087 50	−0.000 95	
		−0.715	0.040	0.087 6	0.087 4	0.2			
测段计算	测段起点	CPⅢ 302							
	测段终点	CPⅢ 302		累计视距差	0.040 m				
	累计前距	0.160 8 km		累计高差	−0.000 95 m				
	累计后距	0.160 9 km		测段距离	0.321 7 km				
5	CPⅢ 304	30.08	30.09	1.266 0	1.266 1	−0.1			公共边
	CPⅢ 303	30.04	30.01	1.246 7	1.246 7	0.0	0.019 35	0.019 35	
		0.060	0.060	0.019 3	0.019 4	−0.1			
6	CPⅢ 303	29.98	29.99	1.246 7	1.246 6	0.1			
	CPⅢ 305	30.23	30.23	1.092 7	1.092 7	0.0	0.153 95	0.173 30	
		−0.245	−0.185	0.154 0	0.153 9	0.1			
7	CPⅢ 305	32.23	32.23	1.092 8	1.092 8	0.0			
	CPⅢ 306	32.20	32.16	1.094 1	1.094 0	0.1	−0.001 25	0.172 05	
		0.050	−0.135	−0.001 3	−0.001 2	−0.1			

续表

测站	视准点 后视 前视	视距读数 后距1 前距1 视距差/m	视距读数 后距2 前距2 累积差/m	标尺读数 后尺读数1 前尺读数1 高差/m	标尺读数 后尺读数2 前尺读数2 高差/m	读数差/mm	高差中数/m	累积高差/m	备注
8	CPⅢ 306	32.20	32.16	1.094 0	1.094 0	0.0	−0.172 10	−0.000 05	
	CPⅢ 304	32.09	32.09	1.266 1	1.266 1	0.0			
		0.090	−0.045	−0.172 1	−0.172 1	0.0			
测段计算	测段起点	CPⅢ 304							
	测段终点	CPⅢ 304		累计视距差	−0.045 m				
	累计前距	0.124 5 km		累计高差	−0.000 05 m				
	累计后距	0.124 5 km		测段距离	0.249 0 km				

表 4.25 高程误差配赋表

点名	测站编号	距离/m	观测高差/m	改正数/m	改正后高差/m	高程/m
CPⅢ 302	1	83.005	0.025 10	0.000 15	0.025 25	10.000 0
CPⅢ 301	2	80.970	−0.093 95	0.000 14	−0.093 81	10.025 3
CPⅢ 303	6	60.215	0.153 95	0.000 10	0.154 05	9.931 4
CPⅢ 305	7	64.410	−0.001 25	0.000 11	−0.001 14	10.085 5
CPⅢ 306	8	64.270	−0.172 10	0.000 11	−0.171 99	10.084 4
CPⅢ 304	4	77.825	0.087 50	0.000 14	0.087 64	9.912 4
CPⅢ 302						10.000 0
Σ		430.695	−0.000 75	0.000 75	0.000 00	
f_h=−0.75 mm				$f_{h允}$=±2.63 mm			

注：距离取位到 0.001 m，高差、改正数和改正后高差取位到 0.000 01 m，高程取位到 0.000 1 m，闭合差和允许闭合差取位到 0.01 mm。

5. 闭合环法测量中的注意事项

（1）观测前 30 min，应将仪器置于露天阴影下，使仪器与外界温度一致，对数字水准仪进行预热测量，预热测量不少于 20 次。

（2）脚架可任意架设，尽可能其中脚架的两个脚与水准路线的方向平行以及和第三个脚轮换置于前进方向的左侧或右侧。不得跨骑在脚架腿上观测。

（3）手簿记录一律使用铅笔填写，记录完整，记录的数字与文字力求清晰、整洁、不得潦草；按测量顺序记录，不空栏；不空页、撕页；不得转抄成果；不得涂改、就字改字；不得连环涂改；不得用橡皮擦，刀片刮。

（4）同一标尺两次读数不设限差，两次读数所测高差之差应满足规定。

（5）奇进偶不进原则：在数据处理中，对于 5 前面的数字按照奇进偶不进，5 前面如果是奇数要进上去，5 前面如果是偶数不上进。如 1.437 5 保留三位小数，由于 5 前面是 7 奇数，进上去，结果是 1.438；3.826 5 保留三位小数，由于 5 前面是 6 偶数，要舍去，结果是 3.826。

（6）水准尺须采用辅助支撑进行安置，测量转点应安置尺垫，尺垫选择坚实的地方并踩实以防尺垫的下沉（尺垫质量约为 5 kg）。

（7）应避免望远镜直接对着太阳；仪器只能在厂方规定的温度范围内工作；确信振动源造成的振动消失后，才能启动测量键。

（8）观测间歇时，必须在水准点上结束。

（9）测站观测误差超限，在本站发现后可立即重测，若迁站后才检查发现，则应从水准点或间歇点（应检测符合限差）起始，重新观测。

（10）水准基点加密时，水准线路必须联测到至少 3 个线路水准基点上，以检验联测水准点是否发生沉降。

（11）观测时间与气象条件。日出与日落前 30 min 内；太阳中天前后各约 2 h 内（可根据地区、季节和气象情况，适当增减，最短间歇时间不少于 2 h）；标尺分划线的影像跳动剧烈时；气温突变时；风力过大而使标尺与仪器不能稳定时。

6. CPⅢ高程区段接边处理

CPⅢ高程测量分段方式与 CPⅢ平面测量分段方式一致，每段长度不宜少于 4 km，前后段接边时应联测另外一段 2 对 CPⅢ控制点。区段之间衔接时，前后区段独立平差重叠点高程差值应 ≤ ±3 mm。满足该条件后，后一区段 CPⅢ网平差，应采用本区段联测的线路水准基点及重叠段前一区段连续 1～2 对 CPⅢ控制点高程成果进行约束平差。

7. 数据平差计算

水准测量野外作业结束后，对所有的观测数据进行平差前的检查，对于观测遗漏或观测错误的数据应该及时补测或者重测。CPⅢ高程网外业观测成果的质量评定与检核的内容，应该包括测站数据检核、水准路线数据检核，并计算每千米水准测量的高差偶然中误差，当 CPⅢ水准网的附合（闭合环）数超过 20 个时还要进行每千米水准测量的高差全中误差的计算。严格计算并应符合以下精度指标：

（1）按精密水准测量要求计算往返较差或闭合差。

（2）CPⅢ高程网采用联测的线上加密二等水准基点高程作为起算数据进行固定数据平差计算。

（3）平差后相邻 CPⅢ控制点高差中误差不应大于 0.5 mm。

（4）每条水准路线按测段往返测高差不符值计算偶然中误差 M_Δ。

（5）当水准网的环数超过 20 个时，按环线闭合差计算 M_W。

M_Δ 和 M_W 按下列公式计算：

$$M_\Delta = \sqrt{\frac{1}{4n}\left[\frac{\Delta\Delta}{L}\right]} \quad (4.1)$$

$$M_W = \sqrt{\frac{1}{N}\left[\frac{WW}{L}\right]} \quad (4.2)$$

式中　Δ——测段往返高差不符值（mm）；

L——测段长（km）；

n——测段数；

W——经过各项修正后的水准环线闭合差（mm）；

N——水准环数。

高程控制网技术指标见表 4.26。

表 4.26　高程控制网技术指标

等级	每千米高差偶然中误差 M_Δ/mm	每千米高差全中误差 M_W/mm
二等	≤1	≤2

待上述各项指标满足相关规范要求后，以稳定的线路水准基点、深埋水准点或基岩水准点为起算点，进行整体、严密平差计算。高程成果保留到 0.1 mm。加密二等水准平差计算应采用专业地面网数据处理软件。

（6）高程控制测量外业工作结束后，应进行观测数据质量检核。检核的内容包括测站数据、测段高差数据、附合路线和环线的高差闭合差。数据质量合格后，方可进行平差计算。

（7）高程测量结束后，应以测段往返测（左、右路线）高差不符值，按式（4.1）计算每千米水准测量偶然中误差 M_Δ。当高程控制网的附合路线或环线≥20 个时，还应以附合路线或环线闭合差，按式（4.2）计算每千米水准测量全中误差 M_W。

（8）测量成果的重测与取舍。测段往返测高差不符值超限时，应先就可靠程度较小的往测或返测进行整段重测，并按下列原则进行取舍：

1）若重测的高差与同方向原测高差的较差超过往返测高差不符值的限差，但与另一单程高差的不符值不超出限差，则取用重测结果。

2）若同方向两高差不符值未超出限差，且其中数与另一单程高差的不符值也不超出限差，则取同方向中数作为该单程的高差。

3）若 1）中的重测高差或 2）中两同方向高差中数与另一单程的高差不符值超出限差，应重测另一单程。

4）若超限测段经过两次或多次重测后，出现同向观测结果靠近而异向观测结果间不符值超限的分群现象，如果同方向高差不符值小于限差的一半，则取原测的往返高差中数作为往测结果，取重测的往返高差中数作为返测结果。

5）由测段往返测（左、右路线）高差不符值计算的每千米水准测量偶然中误差 M_Δ 超限时，应重测不符值较大的测段。

（9）一、二等水准测量与国家水准点附合时，所采用高差可根据实际情况进行水准标尺长度、水准标尺温度、正常水准面不平行、重力异常等项计算改正。

任务4.6　CPⅢ高程控制网三角高程测量

任务引入

高速铁路CPⅢ控制网高程测量中，常用闭合环法和三角高程法进行观测，请查阅文献完成CPⅢ轨道控制网自由测站三角高程测量。

任务分组

班级		组号		组长	
组员	姓名	学号		姓名	学号

熟悉任务

工作单4-21（课中下发，课后交给教师）

组员姓名：　　　　学号：　　　　日期：　　月　　日　　天气：

观看视频，掌握相关知识。

1. 珠峰高程测量使用的方法有哪些？

三角高程测量内业计算

2. 轨道控制网（CPⅢ）自由测站三角高程适用的条件有哪些？

3. 测量珠峰需要什么精神？

工作计划

工作单 4-22

1. 三角高程测量原理是什么？

2. 三角高程测量流程是什么？

决　策

工作单 4-23

1. 师生讨论判定三角高程测量仪器选择。

2. 师生讨论距离测量和角度测量精度要求。

3. 小组讨论测量注意事项。

4. 小组讨论三角高程测量公式选择。

工作实施

工作单 4-24

观看视频，掌握相关知识。

三角高程外业测量实训

1. 测量斜距和竖直角。

点号	盘位	斜距 /mm	平均值 /mm	竖直角 /″	测回值 /″	$S*\sin\alpha$
	左					
	右					
	左					
	右					
	左					
	右					
	左					
	右					
	左					
	右					
	左					
	右					

2. 计算待测点高程。

点号						
高程 /m						

评价反馈

个人自评表、小组内互评表、小组之间互评表、教师评价表。

相关配套知识

在高速铁路测量中，当桥面与地面间高差大于 3 m 时，采用三角高程测量进行 CPⅢ 控制点高程测量的传递，我国在 1975 年、2015 年和 2020 年珠峰海拔测量中，使用了三角高程测量，彰显了我国测量技术的发展。轨道控制网（CPⅢ）自由测站三角高程网应附合于线路水准基点，每 2 km 左右与线路水准基点进行联测，应按精密水准测量技术要求进行往返测。

三角高程测量采用标称精度不低于 1″、1 mm+2×$10^{-6}D$ 的测量机器人，温度计读数要求能精确到 0.2 ℃，气压计读数能精确到 0.5 Pa，配置专门制作的精加工长棱镜杆和棱镜施测。

1. 技术要求

（1）中间设站光电测距三角高程传递应进行两组独立观测，两组高差较差应符合表 4.27 的规定，并取两组高差平均值作为传递高差。

表 4.27　中间设站光电测距三角高程测量组间高差较差要求

等级	独立组数	组间高差较差 /mm
二等	2	2
精密	2	2

（2）CPⅢ控制网高程测量前，应进行线上水准基点加密。

（3）外业观测宜与CPⅢ平面控制测量合并进行，同步获取边长和垂直角观测值。

（4）导线形式布设的CPⅢ控制点三角高程测量应按四等光电测距三角高程的要求施测。

（5）CPⅢ自由测站三角高程网构网平差时，由不同测站测量的同名高差应采用距离加权平均值。

（6）CPⅢ控制网高程测量可根据施工需要分段施测，区段划分宜与CPⅢ平面控制网区段划分一致。前后区段衔接应满足下列规定：

1）CPⅢ水准测量前后区段之间重叠点不应少于 2 对（点对布设形式）或 2 个（单点布设形式）。

2）CPⅢ自由测站三角高程测量前后区段之间重叠点不应少于 4 对（点对布设形式）或 4 个（单点布设形式）。

3）CPⅢ导线点高程测量前后区段间重叠点不应少于 2 个。

（7）自由设站三角高程距离测量和竖直角测量中要满足相关技术要求，见表 4.28，平差见表 4.29。

表 4.28　自由设站三角高程测量外业观测技术要求

竖直角测量				斜距测量		
测回数	两次读数差 /″	测回间指标互差 /″	测回间竖直角互差 /″	测回数	读数互差 /mm	测回间距离互差 /mm
4	≤ ±4	≤ ±5	≤ ±5	4	≤ ±2	≤ ±2

表 4.29　自由设站三角高程测量平差技术要求　　　　　　　　　　　　mm

高差改正数	高差中误差	高程中误差	平差后相邻点高差相对中误差
≤ 1	≤ 0.5	≤ 1	≤ 0.5

2. 测量原理

在三角高程测量中，测量全站仪与棱镜之间的斜距或平距及竖直角，计算出已知点与未知点高差，即可求出未知点高程的方法。测量方法中会出现两种情况：一种是辅助点在桥下（图 4.72）；另一种是辅助点在另一侧（图 4.73）。

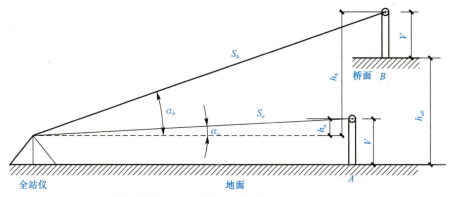

图 4.72 双辅助点的不量仪器高和棱镜高的中间设站三角高程测量

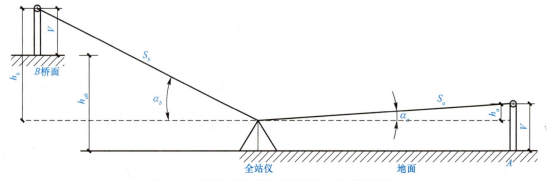

图 4.73 采用标准测杆的中间设站三角高程测量

（1）三角高程计算公式：

$$\Delta h = s_i \cdot \sin\alpha_i + (1-k)\frac{s_i^2 \cdot \cos^2\alpha_i}{2R} - \left\{s_j \cdot \sin\alpha_j + (1-k)\frac{s_j^2 \cdot \cos^2\alpha_j}{2R}\right\} \cdots \quad (4.3)$$

$$\text{或 } \Delta h = D_i \cdot \tan\alpha_i + (1-k)\frac{D_i^2}{2R} - \left\{D_j \cdot \tan\alpha_j + (1-k)\frac{D_j^2}{2R}\right\} \cdots \cdots \quad (4.4)$$

式中　Δh——三角高程测量的高差；

　　　s——仪器到棱镜的斜距；

　　　D——仪器到棱镜的平距；

　　　α——竖直角；

　　　k——大气垂直折光系数，$k=0.14$；

　　　R——地球平均曲率半径，$R=6\,370$ km。

按上述公式计算三角高差，并取两组观测高差的平均值作为最终传递高差。

（2）如果不考虑大气垂直折光系数 k 和地球平均曲率半径，简易计算公式为

$$h_{ab} = S_b \cdot \sin\alpha_b - S_a \cdot \sin\alpha_a \; (h_{ab} = D_b \cdot \tan\alpha_b - D_a \cdot \tan\alpha_a) \quad (4.5)$$

$$H_B = H_A + h_{ab} \quad (4.6)$$

（3）辅助点埋设和编号要求。在桥墩上高出地面 0.5 m 的地方埋设一辅助点，辅助点横向垂直于桥墩；在桥上固定支座端防护墙外侧低于顶面 10 cm 的地方埋设桥上辅助点，辅助点横向垂直于防护墙。采用中间设站三角高程方法时，桥下辅助点按二等水准测量要求进行往返测量，由距离最近的线路水准点引测（埋设时应考虑与线路水准点距离不宜过长）。桥下辅助点编号一律为"水准基点名 -XF"（若桥下辅助点是二等水准点，则应为二等水准点名）；桥上辅助点编号一律为"水准基点名 -SF"（若桥上辅助点是加密二等水准点，则应为加密二等水准点名）。

3. 测量注意事项

（1）在测量过程中，前后视必须是同一个高程连接杆和同一个棱镜。

（2）观测时，仪器与棱镜的距离不宜大于 100 m，最大不超过 150 m；前、后视距差不超过 5 m；垂直角不大于 20°。

（3）每次三角高程测量前，均对仪器的温度和气压进行改正，温度量测取位精确至 0.5 ℃，气压量测取位精确至 50 Pa，以便进行边长改正，从而得到更准确的高差。

（4）在整个测量过程中，全站仪高度、位置和棱镜高度保持不变。

（5）观测环境，在光线较强、气流对流显著、较近范围内存在大型机械作业时，尽量避免观测。建议在夜间作业，光线及周围环境都更为稳定。

任务 4.7　CPⅢ 网的复测和维护

任务引入

高速铁路施工和运营阶段，要求定期和不定期对 CPⅢ 网进行复测，请查阅文献完成 CPⅢ 网的复测和维护。

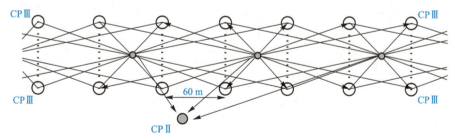

任务分组

班级		组号		组长	
组员	姓名	学号	姓名	学号

熟悉任务

工作单 4-25（课中下发，课后交给教师）

组员姓名：　　　　学号：　　　　日期：　　月　　日　　天气：

观看视频，回答下列问题。

1. CPⅢ网复测的重要性是什么？

2. CPⅢ网复测的内容有哪些？

3. ΔX_{ij} 如何计算？

4. ΔY_{ij} 如何计算？

5. ΔH_{ij} 如何计算？

CPⅢ复测

工作计划

工作单 4-26

1. CPⅢ平面控制网复测流程是什么？

2. 如何进行CPⅢ高程控制网复测？

3. 复测成果要求有哪些？

决　策

工作单 4-27

1. 师生讨论CPⅠ、CPⅡ和线路水准基点复测。

2. 师生讨论控制网复测原则。

3. 师生讨论CPⅢ平面控制网复测使用的仪器。

4. 师生讨论CPⅢ高程控制网复测使用的仪器。

5. 师生讨论如何保护CPⅢ标志。

工作实施

工作单 4-28

查看工程项目案例，分析复测结果，掌握相关知识。
1. 根据案例，分析平面复测结果。

2. 根据案例，分析高程复测结果。

CPⅢ网复测案例

评价反馈

个人自评表、小组内互评表、小组之间互评表、教师评价表

相关配套知识

由于各种自然因素或人为因素的影响，可能引起CPⅢ控制点轻微变形，导致精度超限，因此要定期对CPⅢ控制网进行复测，复测的技术要求和作业方法均按照建网测量时的标准进行。控制网复测维护可分为定期复测维护和不定期复测维护。定期复测维护由建设单位组织实施；不定期复测维护由施工单位实施。

1. 控制网复测技术要求

CPⅢ网复测前应对CPⅡ加密点及二等水准点进行检查，对破坏的CPⅡ加密点及二等水准加密点进行补埋。对破坏和损毁的CPⅢ点应原位补埋，并对加密CPⅡ点和二等水准点进行复测。

（1）定期复测维护是对铁路平面、高程控制网的全面复测，复测内容包括CPⅠ、CPⅡ及线路水准基点。复测频次应满足下列要求：

1）施工单位接桩后，应对CPⅠ、CPⅡ和线路水准基点进行复测。

2）CPⅢ建网前，CPⅠ、CPⅡ和线路水准基点应复测一次。

3）长钢轨精调前，CPⅠ、洞内CPⅡ、线上加密CPⅡ、CPⅢ、线路水准基点及线上加密水准点应复测一次。

（2）施工单位应根据施工需要开展不定期复测维护，复测时间间隔不应大于12个月。

1）不定期复测维护内容包括CPⅠ、CPⅡ、线路水准基点及施工加密控制点复测，检查控制点间的相对位置是否发生位移，点位的相对精度是否满足要求。

2）特殊地区、地面沉降地区或施工期间出现异常的地段，适当增加复测次数。

（3）当发生地震、泥石流、滑坡等自然灾害引起大面积位移变化时，应对CP0、CPⅠ、CPⅡ、CPⅢ和线路水准基点进行复测。

（4）铁路局对控制点复测周期。为保证精测网稳定和精度，路局应对精测网进行定期复测。

1）CP0、CPⅠ、CPⅡ、CPⅢ平面控制网复测周期不宜超过3年，沉降区段的平面控制网复测周期应适当缩短。

2）高程控制网复测周期：在地质条件较好、建设期沉降不大的地段，与平面控制网相同；在区域地面沉降地段、软土路基等特殊地段，不宜超过1年；在差异沉降较大的地段，复测周期应适当缩短。

（5）控制网复测应遵循下列原则：

1）编写复测工作技术方案或技术大纲。

2）复测采用的方法应与原控制测量相同，测量精度等级不应低于原控制测量等级。

3）复测前应检查标石的完好性，对丢失和破坏的控制点应按同精度内插方法恢复或增补。

4）CPⅠ控制网复测应采用 CP0 控制点及每 15～20 km 选择一个稳定可靠的 CPⅠ控制点作为已知点进行约束平差，约束平差前应对已知点的稳定性和兼容性进行检验。

（6）相邻标段控制网复测时，标段间搭接处应至少有 2 个平面控制点和 2 个线路水准基点作为共用桩。相邻标段施工单位均应对共用桩进行复测，复测完成后应签订共用桩协议，以确保各标段之间线下工程的正确衔接。

（7）采用 GNSS 法复测 CPⅠ、CPⅡ 控制点，在满足相应等级精度规定后，应进行复测与原测成果的分析比较。复测与原测成果较差应满足表 4.30、表 4.31 的规定。

表 4.30　GNSS 复测相邻点间坐标增量之差的相对精度限差

控制网等级 \ 相邻点边长 S/m	$S \geqslant 800$	$500 < S < 800$	$S \leqslant 500$
一等	1/160 000	1/120 000	1/100 000
二等	1/130 000	1/100 000	1/80 000
三等	1/80 000	1/60 000	1/50 000
四等	1/50 000	1/40 000	1/30 000
五等	1/30 000	1/25 000	1/20 000

表 4.31　GNSS 控制点复测平面坐标较差限差要求

控制网	控制网等级	坐标较差限差 /mm
CPⅠ	二等、三等	20
CPⅠ	四等	25
CPⅡ	三等、四等	15
CPⅡ	五等	20

注：坐标较差限差是指 X、Y 平面坐标分量较差

表中相邻点坐标增量之差的相对精度按下式计算：

$$\frac{d_s}{S} = \frac{\sqrt{\Delta X_{ij}^2 + \Delta Y_{ij}^2 + \Delta Z_{ij}^2}}{S} \tag{4.7}$$

式中　$\Delta X_{ij} = (X_j - X_i)_\text{复} - (X_j - X_i)_\text{原}$；
　　　$\Delta Y_{ij} = (Y_j - Y_i)_\text{复} - (Y_j - Y_i)_\text{原}$；
　　　$\Delta Z_{ij} = (Z_j - Z_i)_\text{复} - (Z_j - Z_i)_\text{原}$；
　　　S——相邻点间的二维平面距离或三维空间距离；
　　　ΔX_{ij}、ΔY_{ij}——相邻点 i 与 j 间二维坐标增量之差（m）；
　　　ΔZ_{ij}——相邻点 i 与 j 间 Z 方向坐标增量之差（m），当只统计二维坐标增量之差的相对精度时该值为零。

（8）采用导线法复测CPⅡ控制点时，在满足相应等级精度规定后，应进行CPⅢ导线复测与原测水平角及边长的分析比较，其较差应满足相邻点的复测与原测坐标增量较差限差不超过5 mm。

（9）采用导线法复测CPⅢ控制点时，在满足相应等级精度规定后，应进行CPⅢ导线复测与原测水平角及边长的分析比较，其较差应满足表4.32的规定。

表4.32　CPⅢ平面网导线法复测限差要求

控制网	水平角较差/″	边长较差/mm
CPⅢ	8	8

2. CPⅢ平面控制网复测

CPⅢ平面控制网复测时，采用与原测完全一致的测量方法进行观测，每一站测量3组完整的测回。应记录每个测站温度（T）、气压及CPⅠ、CPⅡ点上目标点的棱镜高，并将温度、气压改正输入每个测站上。

平面控制网复测应符合以下要求：

（1）平面控制网复测构网方式与建网测量时保持一致；

（2）约束平差的区段应与原测相同；

（3）相同区段的观测应尽量采用同一台仪器、使用相同的观测方法进行测量；

（4）联测上一级控制点CPⅠ、CPⅡ的方法和数量应该与原测网相同；

（5）相邻测段衔接测量时，重复观测的CPⅢ控制点对应与原测相同，数据处理方法上同原测相同；

（6）CPⅢ边角交会平面网复测可分段测量，区段长度不宜小于4 km；区段间重复观测不应少于4对CPⅢ控制点；区段接头不应位于车站范围内、连续梁上、路桥或路隧过渡段上。对于单侧形式CPⅢ平面网，区段间重复观测不应少于4个连续CPⅢ控制点。

（7）CPⅢ平面控制网复测后应全部采用复测成果。

（8）CPⅢ控制点复测精度应满足表4.33的要求，平面坐标增量较差按式（4.8）、式（4.9）计算。较差超限时应结合线下工程结构和沉降评估结论分析判断超限原因，对超限异常的点位需进行二次复核确认，确认复测成果无误。为保证相邻点位精度，CPⅢ控制点平面复测后应采用全部新测平面成果进行后续作业。

$$\Delta X_{ij} = (X_j - X_i)_{复} - (X_j - X_i)_{原} \quad (4.8)$$

$$\Delta Y_{ij} = (Y_j - Y_i)_{复} - (Y_j - Y_i)_{原} \quad (4.9)$$

表4.33　CPⅢ平面网复测坐标比较表　　　　　　　　　　mm

控制网名	测量方法	相邻点相对点位中误差	同精度复测坐标较差
CPⅢ平面网	自由测站边角交会	±1	±3

3. CPⅢ高程控制网复测

CPⅢ高程控制网复测应在平面网复测完成后进行，高程网复测按精密水准测量方法和技术指标进行，且应符合以下条件：

（1）高程控制网复测水准路线与建网测量时保持一致；

（2）考虑约束平差的区段应与原测相同，并采用与原测相同的平差软件和方法；

（3）相同区段的观测应尽量采用同一台仪器、基本固定的观测人员并使用相同的观测方法进行测量；

（4）联测上一级水准点的方法和数量应该与原测网相同；

（5）相邻测段衔接测量时，重复观测的 CPⅢ 控制点对应与原测相同，数据处理方法上也应与原测相同；

（6）CPⅢ 高程控制网复测后应全部采用复测成果。

CPⅢ 高程控制网观测完毕，应对外业数据做质量检核，主要包括往返测高差不符值、水准路线环闭合差、每千米水准测量偶然中误差和每千米全中误差的检验，限差应满足表 4.34 的要求。

表 4.34　精密水准测量精度要求　　　　　　　　　　　　　　　　　　mm

水准测量等级	每千米水准测量偶然中误差 M_Δ	每千米水准测量全中误差 M_W	限　差			
			检测已测段高差之差	往返测不符值	附合路线或环线闭合差	左右路线高差不符值
精密水准	≤2.0	≤4.0	$12\sqrt{L}$	$8\sqrt{L}$	$8\sqrt{L}$	$4\sqrt{L}$

注：表中 L 为往返测段、附合或环线的水准路线长度，单位 km

CPⅢ 高程控制网复测采用的网形、精度指标、计算软件及联测上一级线路水准基点的方法和数量均应与原测相同。CPⅢ 控制点复测与原测成果的高程较差应 ≤±3 mm，且相邻点的复测成果高差与原测成果高差较差 ≤±2 mm 时，高程增量较差按式（4.10）计算。较差超限时应结合线下工程结构和沉降评估结论分析判断超限原因，对超限异常的点位需进行二次复核确认，确认复测成果无误。为保证相邻点位精度，CPⅢ 控制点高程复测后应采用全部新测高程成果进行后续作业。

$$\Delta H_{ij} = (H_j - H_i)_复 - (H_j - H_i)_原 \qquad (4.10)$$

4. 复测成果要求

（1）施工单位接桩后复测及施工期间不定期复测：当 CPⅠ、CPⅡ 和线路水准基点较差满足规定时，采用原测成果。当确认原测与复测较差超限时，采用同精度内插方法更新成果。

（2）CPⅢ 建网前复测：当 CPⅠ 和线路水准基点较差满足规定时，采用原测成果；当确认原测与复测较差超限时，采用同精度内插方法更新成果。CPⅡ 控制点应全部采用复测成果。

（3）长钢轨精调前复测：当 CPⅠ、洞内 CPⅡ、线上加密 CPⅡ、线路水准基点及线上加密水准点较差满足相关规范规定时，采用原测成果；当确认原测与复测较差超限时，采用同精度内插方法更新成果。CPⅢ 控制点应全部采用复测成果。

（4）成果选用：CPⅢ网复测与原测成果的坐标较差不大于±3 mm，相邻点的复测与原测坐标增量较差不大于±2 mm。较差超限时应结合线下工程结构和沉降评估结论进行分析判断，并根据分析结论采取补测或重测措施。

复测完成后，应对CPⅢ网复测精度进行评价，满足要求后，对复测数据和原测数据进行对比分析与评价，对超限的点位认真进行原因分析。确认复测成果无误，为保证CPⅢ控制点位的相对精度，对超限的CPⅢ控制点应按照同精度内插的方式更新CPⅢ控制点的坐标。最终应选用合格的复测成果和更新成果进行后续作业。

（5）复测报告。复测完成后应编写复测报告，复测报告应包括下列内容。

1）任务依据、技术标准。

2）测量日期、作业方法、人员、设备情况。

3）复测控制点的现状及数量，复测外业作业过程及内业数据处理方法。

4）复测控制网测量精度统计分析。

①独立环闭合差及重复基线较差统计。

② GNSS 自由网平差和约束平差后最弱边方位角中误差和边长相对中误差统计。

③导线方位角闭合差、全长相对闭合差、测角中误差统计。

④水准测量测段间往返测较差、附合水准路线高差闭合差、水准路线每千米水准测量偶然中误差统计。

5）复测与原测成果的对比分析：

①平面控制网复测与原测坐标成果较差；

② GNSS 网复测与原测相邻点间坐标差之差的相对精度的比较；

③导线复测与原测水平角、边长较差；

④相邻水准点复测与原测高差较差。

6）需说明的问题及复测结论。

5. CPⅢ网的维护

由于CPⅢ网布设于桥梁防撞墙和路肩接触网基础上，线下工程的稳定性等原因的影响，为确保CPⅢ控制点的准确、可靠，在使用CPⅢ控制点进行后续轨道安装测量时，每次都要与该点周围其他点进行校核，特别是要与地面上稳定的CPⅠ、CPⅡ控制点进行校核，以便及时发现和处理问题；同时应加强对永久CPⅢ控制点的维护，为客运专线建成后的养护维修提供控制基准。

（1）CPⅢ标志补设：在施工过程中应检查标志的完好性，对丢失和破损较严重的标志应按原测标准，并在原标志附近重新埋设，并按初次测量要求做点位记录。

（2）外业测量及数据处理：当有CPⅢ控制点丢失时，应补测此CPⅢ控制点前后各2对CPⅢ控制点及该点的对点，并保证每个CPⅢ控制点被不同的测站观测3次。当观测限差满足要求后，应至少约束此点周围稳定的9个CPⅢ控制点进行平差计算，当各项技术指标满足规范要求后，以本次平差结果为该点的最后成果。如果不能满足上述要求应结合具体情况分析。

根据《高速铁路无砟轨道线路维修规则》，精测网日常检查和维护由使用单位负责，并设专任建立管理台账。桩点缺失或桩位变化不能满足测量精度需要时，应结合复测进行补桩和测设。

6. CPⅢ标志的保护

（1）由于CPⅢ成果为无砟轨道铺设及后期运营、维护的基准，各标段必须根据自身情况制定CPⅢ、加密CPⅡ、加密二等水准点保护措施，在施工过程中应经常加强CPⅠ、CPⅡ、CPⅢ控制点的保护和维护工作。

（2）CPⅢ控制桩立柱施工时应做好防护工作，防止混凝土立柱遭到碰撞破坏。

（3）安装接触网杆时，应做好对CPⅢ控制桩立柱的防护工作，严禁吊装作业时碰到立柱。

7. 资料整理清单

（1）技术方案设计书；

（2）平面控制网联测示意图；

（3）平面外业观测原始数据和记录手簿；

（4）平面与高程控制网平差计算表；

（5）平面控制网成果（平面、高程）表；

（6）水准路线示意图；

（7）水准外业观测的原始数据文件电子文本；

（8）测段往返测统计表、高差统计表、水准路线闭合差统计表；

（9）仪器检定及检校资料；

（10）CPⅢ标志检查记录；

（11）建网测量技术总结报告。

模块 5

CRTSⅠ型双块式无砟轨道精调

📖 模块描述

  双块式无砟轨道结构整体性及横向稳定性强，结构整体平顺性较好；分层设计，受力明确；施工灵活，适应性强；轨枕采用桁架钢筋连接，工厂化生产，精度高；轨道结构刚度从上至下逐层递减；轨道结构整体性强；桥上双块式无砟轨道，道床板为单元分块结构，道床板与底座间设置中间隔离层，并采用凹槽限位；无砟轨道结构只包含道床板与底座/支承层二层，造价相对较低，因此，轨道结构在我国被广泛使用。

  通过本模块的学习，学生应重点掌握底座混凝土边模精确定位、轨排组装和粗调、轨排精调，为今后进行CRTSⅠ型双块式轨排精调施工工作打下良好基础。

模块 5　CRTSI型双块式无砟轨道精调

📩 学习目标

1. 知识目标

（1）掌握底座（支承层）混凝土边模精确定位；
（2）掌握轨排组装和粗铺；
（3）掌握轨排精调。

2. 技能目标

（1）能使用全站仪进行底座（支承层）混凝土边模精确定位；
（2）能使用全站仪进行轨排粗铺；
（3）能使用全站仪和轨检小车等仪器设备进行轨排精调。

3. 素养目标

（1）培养打好基础的质量意识；
（2）培养粗中有细的意识；
（3）培养追求卓越、精益求精的工匠意识；
（4）培养安全、操作规范的意识；
（5）培养世界是普遍联系的意识。

📑 重点和难点分析

1. 重点

重点：轨排精调。

重点分析：轨排精调是无砟轨道施工的关键控制点，其精度高低直接影响后期轨道运营，轨排精调所需要的知识、技能和仪器设备比较多，调整要反复进行，调整难度大，铁路施工企业对其有严格要求，必须调整在限差以内。

2. 难点

难点：精度控制。

难点分析：要铺设好轨排，必须满足《高速铁路轨道工程施工质量验收标准》（TB 10754—2018）所规定的精度要求，从底座板开始到轨排精调，精度要求是轨排铺设的保障。

任务 5.1　CRTSⅠ型双块式底座板测量

任务引入

CRTSⅠ型双块式无砟轨道是我国常用的无砟轨道形式之一,具有结构简单、施工便利等优势,底座板作为承重结构,其质量和精度直接决定后期轨排精调,请查阅文献完成底座板测量。

任务分组

班级		组号		组长	
组员	姓名	学号	姓名	学号

熟悉任务

工作单 5-1（课中下发,课后交给教师）

组员姓名:　　　　学号:　　　　日期:　　月　　日　　天气:

观看视频,了解施工流程,掌握相关知识。

1. 双块式轨枕结构组成有哪些?

CRTSⅠ型双块式无砟
轨道施工动画

2. 底座尺寸有哪些？

3. 底座板测量所使用的仪器是什么？有什么要求？

4. 底座板放样的要求是什么？

5. 底座混凝土边模精确定位检查。

项目	检查/mm	检验数量
顶面高程		每5 m检查1处
宽度		每5 m检查3处
中线位置		每5 m检查3处
伸缩缝位置		每条伸缩缝检查一次

6. 混凝土支承层外形尺寸检查。

项目	检查/mm	检验数量
顶面高程		铺机施工时每50 m检查1处 立模施工时每20 m检查1处
宽度		
中线位置		

工作计划

工作单 5-2

1. 根据底座和凹槽测量精度要求，选择合适仪器。

2. 底座放样的流程是什么？

3. 限位凹槽放样的流程是什么？

决　策

工作单 5-3

1. 师生讨论全站仪、水准仪选择。

2. 小组讨论全站仪架设位置。

3. 小组讨论水准路线方案。

4. 小组讨论底座放样点位置。

5. 小组讨论限位凹槽定位方法。

工作实施

工作单 5-4

后方交会设站

观看视频,掌握相关知识。
底座板测量实施:
(1)全站仪设站。设站精度控制:

精度项目	X/mm	Y/mm	H/mm
规范要求			
本次设站			
是否超限			

(2)输入底座板设计坐标,进行放样,满足放样要求。

底座板位置			
放样点坐标/m			

放样精度:

(3)水准仪测量放样点高程,确定模板高程面,满足平差要求。
1)实测高程与设计高程差值:

(　　)　　　　　　　　　　　　　　　　　　　　(　　)

左线　　大里程　　→

(　　)　　　　　　　　　　　　　　　　　　　　(　　)

2）闭合差：

评价反馈

个人自评表、小组内互评表、小组之间互评表、教师评价表。

相关配套知识

CRTSⅠ型双块式无砟轨道相当于德国 Rheda2000 双块式无砟轨道，采取的施工方法主要是自上而下的施工，即先组装几何构型，再灌注道床混凝土，双块式无砟轨道结构由钢轨、扣件、双块式轨枕、单元式道床板和支承层（路基地段）或底座板（桥梁地段）等部分组成。武广铁路客运专线设计时速为 350 km，正线采用无砟轨道结构，除试验段采用板式无砟轨道外，区间正线全部采用 CRTSⅠ型双块式无砟轨道，由于行车速度对轨道的平顺性和稳定性要求很高，必须在施工和精调阶段将轨道几何状态调至最佳。

1. CRTSⅠ型双块式无砟轨道结构

（1）双块式无砟轨道组成。CRTSⅠ型双块式无砟轨道由 60 kg/m 钢轨、WJ-7/WJ-8 或 Vossloh300 型扣件、双块式轨枕、道床板、支承层（路基地段）或底座板（桥梁地段），如图 5.1 所示。

（2）双块式轨枕。双块式轨枕由两个轨枕块和连接它们的两根钢筋桁架组成。混凝土块采用强度等级为 C50 的混凝土，与钢筋桁架在工厂浇筑在一起，如图 5.2 所示。

图 5.1 CRTSⅠ型双块式无砟轨道结构

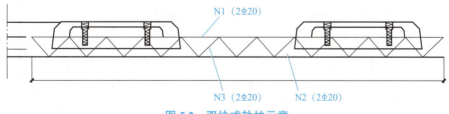

图 5.2 双块式轨枕示意

双块式与板式无砟轨道的主要区别表现在预制和现场施工两个方面。

1）板式无砟轨道在预制厂内预制的是轨道板［图 5.3（a）］，其特点：轨道板内布满了多种规格钢筋，一般相当于 10 根轨枕已经通过混凝土连接到了一起。现场利用精调设备将轨道板调整到符合要求的平面位置，最后向轨道板下方灌注 CA 砂浆即完成板式无砟轨道的施工。

2）双块式无砟轨道在预制厂内预制的是双块式轨枕［图 5.3（b）］，其特点：轨枕通过钢筋桁架将混凝土块连接在一起。现场利用轨排或螺杆调节器等作为辅助工具将双块式轨枕调整到符合要求的平面位置，最后浇筑混凝土将轨枕连成整体即完成双块式轨枕的施工。

（a）

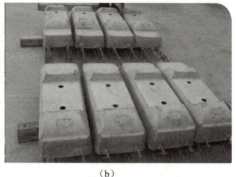
（b）

图 5.3 轨道板与双块式

2. 底座测量使用的仪器设备

（1）使用的全站仪标称精度不低于 $2''$、$2\ mm + 2\times 10^{-6}D$，使用的水准仪标称精度不低于 $3\ mm/km$。全站仪应带目标自动搜索、自动观测、自动记录及自动照准（ATR）功能，如 Leica TS16、TS60 及 Trimble S6 和 S9 等，每台仪器应配置 12～13 个棱镜，全线应该采用 Leica 的精密棱镜或 singning 公司棱镜。CPⅢ平面数据采集全站仪如图 5.4 所示。

Leica TS60　　　　　　Trimble S9 及手簿

图 5.4　CPⅢ平面数据采集全站仪

（2）自由设站观测的 CPⅢ控制点不宜少于 3 对，具体测量设备见表 5.1。更换测站后，相邻测站重叠观测的 CPⅢ控制点不宜少于 1 对。

表 5.1　立模测量的主要设备

序号	设备	数量	用途
1	棱镜三脚座	1 个	用于放样中线点坐标测设棱镜
2	全站仪	1 台	测设线路中桩点平面坐标
3	电子水准仪和条形码尺	1 套	测量边模高程
4	CPⅢ目标棱镜	8 个	全站仪自由设站边角交会的目标
5	底座混凝土找平尺	1 把	用于浇筑后底座混凝土断面的检测

(3) 每次设站放样距离不宜大于 100 m。
(4) 自由设站点的精度应符合表 5.2 的规定。

表 5.2 混凝土底座或支承层放样自由设站点精度要求

中误差			定向精度 /″
m_x/mm	m_y/mm	m_h/mm	
≤ 2.0	≤ 2.0	≤ 2.0	≤ 3.0

(5) 技术准备。
1) 路桥隧必须完成沉降评估后方可进行无砟轨道施工。
2) 路桥隧上无砟轨道底座施工前,组织技术人员必须对结构物的高程、中线位置、宽度、平整度测量复核验收,线下排水满足设计要求。
3) 路桥隧上 CPⅢ 控制点完成测设后,组织技术人员对 CPⅢ 控制点进行测量复核,经过测量复核,确定 CPⅢ 控制点准确后方可进行底座施工。

3. 路基底座板施工测量

(1) 路基底座板尺寸。底座宽度为 3 400 mm,厚度为 300 mm,上表面两侧各 35 cm 宽度上设置 10% 的横向排水坡,混凝土强度等级为 C25,如图 5.5 所示。道床范围内底座浇筑完成后应进行拉毛。底座表面不切割假缝。底座表面的拉毛纹路均匀、清晰、整齐。底座表面必须清理干净,确保道床板与底座的连接质量。

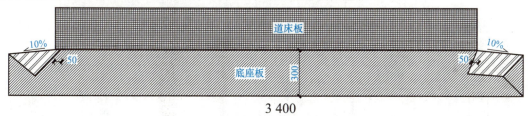

图 5.5 路基底座板尺寸

(2) 测量放线定位。根据原线路坐标及 CPⅢ 的布置,由测量人员按施工精度要求放出底座引导线、支承层边线,每隔 10 m 打上钢钎,并在钢钎上用红油漆标上顶面高程位置,施工员弹出墨线用来指导模板定位,如图 5.6 所示。

在摊铺过程中,对摊铺出的支承层标高、边缘厚度、中线、横坡等参数进行复核测量。路基支承层施工前,应提

图 5.6 底座引导线

前对轨枕布设进行规划,确定每根轨枕及伸缩假缝里程,切缝时进行放样,确保切缝位于两根轨枕中间。

控制支承层表面平整度 7 mm/4 m,高程误差为 -15 ～ +5 mm,相对密实度 ≥ 98%,

平均厚度允许偏差为±20 mm。

（3）路基底座尺寸检查要求。底座外形尺寸偏差及检验数量应符合表 5.3 的规定。

表 5.3 底座允许偏差及检验方法

项目	允许偏差 /mm	检验方法
顶面高程	±10	水准仪
宽度	±10	尺量
中线位置	3	全站仪
长度	±10	尺量
平整度	10 mm/3 m	3 m 尺

4. 桥梁底座板施工测量

（1）桥梁底座板尺寸。底座采用现浇 C40 钢筋混凝土结构，宽度为 2 800 mm，平均厚度为 260 mm，每个底座板中间设置 2 个凹槽，凹槽上口长 1 022 mm、宽 700 mm，下口长 1 000 mm、宽 678 mm，深度为 110 mm，直线段底座顶面根据具体情况设置一定的横向排水坡，如图 5.7 所示。

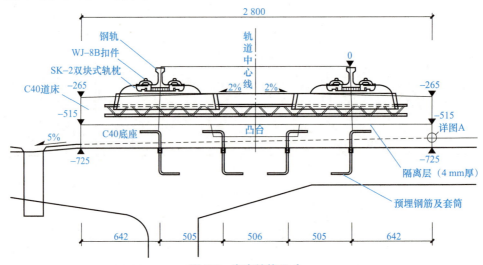

图 5.7 底座结构尺寸

（2）测量放线。根据底座板布置图对底座进行放样，并用墨线弹出模板边线、限位凹槽位置及钢筋保护层边线，放出每个底座单元板 4 个角的位置及中心线，并记录桥面标高；根据放样点用墨线弹出底座模板和限位凹槽模板四边边线及钢筋边线，如图 5.8 所示。

曲线段放样时，必须根据实际超高考虑轨道中线的偏移量，保证底座模板、凹槽模板放

图 5.8 墨线弹出底座模板和限位凹槽模板四边边线

样位置的准确性。支承层每隔 5 m 测设并标记两个轨枕铺设中心控制点，弹出线路中线，偏差不超过 2 mm。标示出道床纵向模板内侧边线和横向模板位置。

（3）底座板计算需要的要素。

1）直线地段轨道结构高度（内轨顶面至梁面加高平台的垂直距离）计算。

2）横向偏移量（指在缓和曲线及圆曲线地段底座板中心线相对轨道中心线向线路外侧的偏移距离）计算。

3）平曲线及竖曲线相关要素计算。

4）超高值（指曲线地段外轨超高值）。

（4）底座、混凝土支承层施工测量可按下列要求：

1）以 CPⅢ 控制点为依据，测设底座、混凝土支承层边线和混凝土模板位置。

2）使用混凝土摊铺机进行混凝土支承层摊铺作业时，应设置基准线或导向钢索。基准线桩纵向间距不大于 10 m，平、竖曲线路段视半径大小加密布置，最小值为 2.5 m。

3）混凝土模板位置或基准线桩平面放样误差不大于 2 mm，高程误差不大于 5 mm。

（5）底座混凝土边模定位。待两布一膜铺设完成与底座板钢筋施工完成，底座板模板架设加固完成后方可进行模板检校工作。为提高模板检校速度，现场施工人员可以使用拉线、水平尺等工具先对模板进行初校，测量人员使用 CASIO 编程计算器配合全站仪现场计算偏差值（ΔX、ΔY、ΔH），指挥现场施工人员将模板偏差调至允许偏差值内并保持模板的铅垂。为保证底座板浇筑位置准确性，模板检校完成后要将现场测量数据现场记录，进行内业校核和资料报验。模板检校完成后应及时进行浇筑，否则要对模板进行重校，来保证模板的检校精度（图 5.9）。

图 5.9　底座混凝土边模安装

底座混凝土边模精确定位的允许偏差应符合表 5.4 的规定。

表 5.4　底座混凝土边模精确定位的允许偏差

项目	允许偏差 /mm	检验数量
顶面高程	−3～0	每 5 m 检查 1 处
宽度	±3	每 5 m 检查 3 处
中线位置	±2	每 5 m 检查 3 处
伸缩缝位置	5	每条伸缩缝检查一次

（6）混凝土支承层外形尺寸检测。支承层尺寸从顶面高程、宽度和中线位置 3 个方面进行检查，具体要求见表 5.5。

表 5.5　混凝土支承层外形尺寸允许偏差

项目	允许偏差 /mm	检验数量
顶面高程	−15 ～ +5	铺机施工时每 50 m 检查 1 处 立模施工时每 20 m 检查 1 处
宽度	0 ～ +15	
中线位置	10	

5. 隧道底座板施工测量

（1）隧道底座板尺寸。道床单元板间设置 20 mm 的伸缩缝，采用聚乙烯泡沫板填充后用树脂嵌缝胶封锁，道床板的宽度均为 2 800 mm，高度为 260 mm（超高地段按超高值设置超高），如图 5.10 所示。

（2）技术要求。

图 5.10　隧道底座板结构

1）底座施工前，仰拱填充层允许高程偏差为 ±15 mm，表面应平顺、不积水。必须精确放出底座中心线，直线地段底座中心线与轨道中心线重合，曲线地段底座中心线与轨道中心线存在偏心值，偏心值可在设计图"曲线超高地段底座横断面相对坐标表"中查出。

2）CPⅢ测设完成并通过预评估验收。CPⅢ控制点沿线路布置的纵向间距宜为 60 m，最大不宜超过 70 m；横向间距不应超过结构宽度。同一对 CPⅢ控制点的里程差不宜大于 1 m。

（3）施工程序。底座板施工程序：施工准备→底座基面处理与验收→底座钢筋网片加工与现场安装→底座板测量放样→安装底座模板→限位凹槽测量放样→安装限位凹槽模板→浇筑混凝土→底座混凝土收面与养护→伸缩缝填缝。

（4）测量放样。隧道底座板放样采用全站仪自由设站后方交会，根据设计图纸和底座板尺寸，用墨斗弹出底座板纵向边界线；根据隧道坡度，计算底座板混凝土高程，使用水准仪确定混凝土浇筑高度值。

隧道底座板尺寸检查方法与桥梁检查方法相同。

任务 5.2　轨排组装及粗调

任务引入

CRTSⅠ型双块式无砟轨道精调采用轨排与轨检小车协同完成，轨排的组装及粗调是精调的前期工作，其质量关系到铺轨，请查阅文献完成轨排组装及粗调。

模块 5 　CRTSI型双块式无砟轨道精调

任务分组

班级		组号		组长		
组员	姓名		学号	姓名		学号

熟悉任务

工作单 5-5（课中下发，课后交给教师）

组员姓名：　　　学号：　　　日期：　　月　　日　　天气：

观看视频，了解施工流程，掌握相关知识。

1. 轨排长度一般是多少？

2. 组合式轨道排架包含什么？

3. 轨排组装检查哪些项目？

路基道床板施工

· 159 ·

工作计划

工作单 5-6

1. 根据轨排粗铺测量精度要求,选择合适仪器。

2. 轨排粗调流程有哪些?

3. 全站仪设站流程有哪些?

决 策

工作单 5-7

1. 师生讨论全站仪选择。

2. 小组讨论全站仪架设位置。

3. 小组讨论轨排粗调精度要求。

4. 小组讨论全站仪设站精度。

工作实施

工作单 5-8

轨排粗调:
(1)全站仪设站。设站精度控制:

精度项目	X/mm	Y/mm	H/mm
规范要求			
本次设站			
是否超限			

（2）轨排调整量。

序号	设计	实际	序号	设计	实际
1			7		
2			8		
3			9		
4			10		
5			11		
6			12		

评价反馈

个人自评表、小组内互评表、小组之间互评表、教师评价表。

相关配套知识

双块式无砟轨道排架能够满足我国速度为 200 km/h、250 km/h、300 km/h 及以上铁路双块式无砟轨道道床施工，并能在路基、桥梁、隧道内施工。它适用于各类双块式无砟轨道断面道床施工，满足铺设长轨的道床技术要求。适用线路条件：线路平面 $R \geq 1\,000$ m，线路纵面 $i \leq 30\%$。

1. 轨排组装

（1）轨排结构。轨排组装前要对轨枕及扣件进行全面检查，重点检查：扣件各部件是否完整，轨枕是否有损伤，特别是轨枕挡肩是否完好无损；同时，检查轨枕的间距以进行再次检测调整，确保轨枕铺设线型平顺，间距在允许的误差范围内。轨枕塑料垫板上的灰尘、混凝土渣等用抹布清理干净，以免引起钢轨底部不平及高程偏差。轨排主要技术性能见表 5.6。

表 5.6 轨排主要技术性能

结构部件	技术性能
排架轨距	（1 435±0.5）mm
轨面调整量	460～820 mm（超高值 0～180 mm）
轨底坡	1：（40±2）
轨向调整量	左、右移动各 60 mm
铺设轨枕类型	60 kg/m 轨道双块式轨枕
铺设道床宽度	2 800 mm
轨排长度	（6 240±1）mm，方正度 < 1 mm

续表

结构部件	技术性能
相邻轨枕定位间距	（625±1）mm
钢轨直线度及平面度	<0.5 mm/m
钢轨高度偏差	<0.3 mm
中心标必须以两钢轨对称偏差	<0.2 mm
接头钢轨错牙	≤0.5 mm

组合式轨道排架主要包括工具轨、托梁、调整装置、纵模板四部分，用于悬挂双块式混凝土轨枕，形成道床排架结构，如图 5.11 所示。

轨道排架的优点是轨距、轨底坡、轨枕间距 3 项主要几何尺寸指标用机械方式固定，减少了施工调整时间，保证了施工质量。轨排的主要组成部分见表 5.7。

图 5.11　组合式轨道排架

表 5.7　轨排主要组成部分

序号	名称	作用
1	排架工具轨	
2	排架托梁	承重
3	中线基准器	轨排中线粗调
4	楔形夹板	调节轨距
5	高低调节器	控制高低螺柱垂直度，调整轨排高程
6	轨排夹板	连接相邻轨排
7	轨向调节器	调节轨排轨向
8	纵向模板	控制轨道板浇筑尺寸
9	模板支撑	固定模板位置、调整间距

（2）轨排中线放样。工作面清理完成后，在已经清理干净的下部结构上标注出线路的设计中线位置，如图 5.12 所示，具体要求如下：

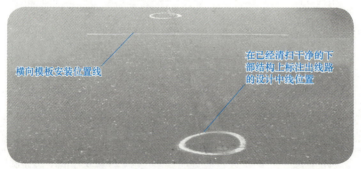

图 5.12　施工放线

1）每隔 50 m 测设并标记一个轨道中线控制点，中线应用明显颜色标记，并记录控制点准确里程及坐标值。

2）每隔 30 根标定一次轨枕里程控制点的具体位置。

3）根据设计要求标记单元缝位置。

将待用轨枕使用龙门吊吊放在分枕平台上，每次起吊 5 根轨枕，吊装时需低速起吊、运行。使用模具确定轨枕间距，螺栓孔注油，用扭矩扳手拧紧扣件螺栓，保证三点密贴。

安装时，先将高低螺柱旋拧到螺柱框架上的螺纹孔中，使螺柱与地面有效接触，然后用梅花扳手旋拧螺柱，左右各一人同时作业，将轨排顶升到一定高度，以便下一步安装中间模板。注意：在精调过程中，旋拧高低螺柱调节轨排高程，每旋转一圈，高度变化 3 mm。

2. 轨排粗调

采用轨道几何状态测量仪进行轨排粗调、精调，通过 CPⅢ 测量轨排，计算获得轨排调整量，按调整量调整轨排，轨排粗调到位后，安装螺杆固定轨排。螺杆支撑器安装的间距以 2 个轨枕距离为宜，每组轨排的端头应单独用螺杆支撑器加密，安装轨排侧向固定装置。

（1）采用放样中心点进行轨排粗调。利用轨道排架横向、竖向调整机构，按照先中线、后水平的顺序循环进行。观测布设的轨道排架上的中线基准器，采用专用开口扳手调节左右横向调整器，调整轨道排架中线到线路中线处。轨排粗调完成后，相邻轨排用鱼尾板进行连接，轨缝宜控制为 10～30 mm，钢轨接头处应平顺，不得有错牙或错台。

检查待调轨排的轨距是否满足施工要求，标准轨距应为（1 435±1）mm，使用轨检尺按轨枕位置逐个检测，不符合标准值的应立即调整，利用起道机起轨，一对轨排摆设 6 个起道（每侧 3 个），按照计算所得的起轨高度起轨，利用方尺控制起轨高度将轨排抬起，同时调整轨道中心和轨距。

轨道中心的调整主要采用垂球垂吊轨道中心线（每 3 m 一个中心点）的方法通过螺杆调节器横向调节装置进行调节，要求本次轨道中心的调整误差为 ±5 mm。操作人员 8 人，其中 1 人垂吊轨道中心点，1 人现场指挥调整轨道方向，剩余 6 人操作起道机。

轨道重复测量，确认轨排定位，再次进行调整，一般粗调需要重复进行测量 2~3 次。经过粗调后的轨排不能承受重载，避免轨排受到外力碰撞。

（2）轨排粗调机进行轨排粗调。轨排粗调定位流程如图 5.13 所示。

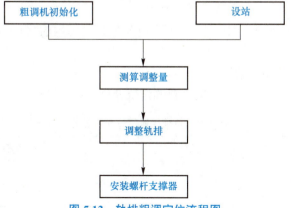

图 5.13 轨排粗调定位流程图

（3）轨排粗调仪器设备。轨排粗调定位设备见表5.8。

表5.8 轨排粗调定位设备

序号	设备	数量	用途
1	双块式轨排粗调机	1套	轨排粗调定位
2	全站仪	1台	测量轨排的位置
3	CPⅢ目标棱镜	8个	全站仪自由设站边角交会的目标
4	气象量测仪器	1套	用于测量温度、气压改正
5	电子道尺	1把	用于测量轨道轨距、水平

（4）轨排粗调定位测量与调整步骤。

1）工前检查。

①检查所有轨道扣件安装是否紧固；

②检查待调轨排的轨距是否满足施工要求，标准轨距为（1 435±1）mm，使用轨检尺按轨枕位置逐个检测，不符合标准值的应立即调整；

③检查工具轨表面是否清洁，若有附着物（如粘接的混凝土等）立即清除；

④清理待调轨排内的杂物。

2）粗调设备支撑轨排。

3）全站仪通过CPⅢ控制点设站，测量轨排，每一设站的距离不应大于70 m。

4）粗调机走形到位后，放下两侧辅助支撑边轮，支撑在底部结构物顶面上。放下夹轨器，夹紧钢轨。全站仪采用自由设站法，测量测站附近4对交叉CPⅢ计算确定测站坐标；改变全站仪测站时，必须至少观测后方2个控制点。全站仪自动搜索，测量每个粗调机颈部的棱镜，测量数据与理论值对比生成轨排的方向、高低、水平和中心线位置偏差，通过无线传输装置发出调整指令。粗调机组接收调整指令，自动实现轨排提升、横移、偏转、测5个自由度的调整，直到轨排方向、高低、水平满足标准要求，当轨排4倾横向偏差较大时，应多次调整，避免在钢轨横向出现硬弯。

轨排粗调到位后，及时安装调整器螺杆，确保各螺栓受力均匀无松动，螺杆基本垂直后，拧紧侧面锁定小螺栓。

5）轨排粗调到位后，安装螺杆固定轨排。

6）螺杆支撑器安装的间距以2个轨枕距离为宜，每组轨排的端头应用螺杆支撑器加密。

7）安装轨排侧向固定装置。

（5）轨排粗调定位允许偏差。轨排粗调定位允许偏差应符合表5.9的规定。

表5.9 轨排粗调定位允许偏差

序号	项目	允许偏差/mm
1	中线	≤2
2	高程	−5～0

3. 轨排粗调规定

（1）轨排组装完成后，粗调机沿轨排自行驶入，均匀分布在轨排上。

（2）粗调机走行到位后，放下两侧辅助支撑边轮，支撑在底部结构物顶面上。放下夹轨器，夹紧钢轨。

（3）全站仪采用自由设站法，测量测站附近3对CPⅢ控制点棱镜，计算确定测站坐标。改变全站仪测站时，必须至少观测后方2对交叉CPⅢ控制点。

（4）全站仪自动搜索，测量每个粗调机顶部的棱镜，测量数据与理论值对比生成轨排的方向、高低、水平和中心线位置偏差，通过无线传输装置发出调整指令。

（5）粗调机组接受调整指令，自动实现轨排提升、横移、偏转、侧倾4个自由度的调整，直到轨排方向、高低、水平满足标准要求。

（6）轨排粗调应先对偏差较大处进行调整。当轨排横向偏差较大时，粗调应分多次调整到位，避免在钢轨横向出现硬弯。

（7）采用人工粗调时，应遵循"先中线、后高程"的原则。轨排起升应两侧同时进行。

（8）轨排粗调到位后，及时安装调整器螺杆，确保各螺杆受力均匀无松动。

（9）检查螺杆基本垂直后，拧紧侧面锁定小螺栓。

（10）轨排粗调完成后，相邻轨排应用鱼尾板进行连接，轨缝宜控制为10～30 mm。钢轨接头处应平顺，不得有错牙及错台。

任务5.3　轨排精调

任务引入

CRTSⅠ型双块式无砟轨道精调采用轨排与轨检小车协同完成，请查阅文献完成轨排精调。

任务分组

班级		组号		组长	
组员	姓名	学号		姓名	学号

熟悉任务

工作单 5-9（课中下发，课后交给教师）

组员姓名：　　　学号：　　　日期：　　月　　日　　　天气：

观看视频，了解施工流程，掌握相关知识。

1. 轨排精调仪器设备有哪些？

2. 轨排精调软件中线路设计文件包含什么？

3. 检校轨检小车流程有哪些？

4. 轨排精调哪些项目？

5. 使用扳手，拧一圈调高或调低多少毫米？

双块式施工

工作计划

工作单 5-10

1. 根据轨排精调精度要求，选择合适的仪器。

2. 轨排精调硬件流程有哪些？

3. 轨排精调软件操作步骤有哪些？

决 策

工作单 5—11

1. 师生讨论全站仪选择。

2. 小组讨论全站仪架设位置。

3. 小组讨论线路参数选择。

4. 小组讨论软件操作注意事项。

5. 师生共同讨论轨排精调精度。

6. 师生讨论轨排精调注意事项。

工作实施

工作单 5—12

1. 全站仪设站精度。

精度项目	X/mm	Y/mm	H/mm
规范要求			
本次设站			
是否超限			

2. 轨排测量。

轨枕编号	初始测量值 /mm	最终测量值 /mm	是否满足要求
000			
005			
010			
015			
020			
025			
030			
035			

评价反馈

个人自评表、小组内互评表、小组之间互评表、教师评价表。

相关配套知识

双块式轨排精调是无砟道床浇筑最关键的技术工作，因此，要充分予以重视。轨排精调的精调小车，通过全站仪与小车顶端的棱镜，将轨排高程、中线偏位等数据显示在小车顶部的计算机上，反复测调，最终使轨排线型满足设计要求。

1. 轨排精调仪器设备

（1）全站仪。轨排精调的全站仪技术要求与轨排粗调的全站仪要求一致。

（2）轨检小车。轨道几何状态测量仪简称轨检小车，是一种检测轨道静态不平顺的检测工具。它采用电子传感器结合工业计算机等先进检测工具和数据处理设备，对轨道的水平、高低、轨向、扭曲等指标的微小偏差进行快速检测、处理、分析并得到实时调整量，进行现场调整。目前，高速铁路常用的为瑞士安伯格轨检小车、美国 GEDO 小车、日月明小车、南方高铁小车等。轨检小车如图 5.14 所示。

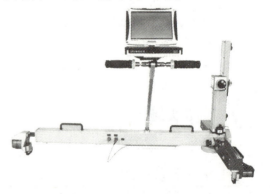

图 5.14　日月明公司轨检小车

（3）笔记本电脑。采用坚固性的笔记本电脑作为外业控制器，如图 5.15 所示。其中，笔记本电脑采用松下 CF20，该笔记本电脑具有防尘、防摔、防水、屏幕可翻转的特点。其供电方式采用直流 12 V 或交流 220 V 两用，笔记本电脑坚固耐用，适用于野外探测和勘探，内置锂电池可以提供 7 h 左右的续航时间，工作时间为 4.6～8 h。

（4）CPⅢ目标棱镜。由于CPⅢ控制网测量要求精度较高，全线尽量统一采用精密棱镜，如图5.16所示。

图 5.15　CF20 军用笔记本电脑

Leica圆棱镜

精密棱镜

球形棱镜

图 5.16　CPⅢ棱镜

2. 工前检查

（1）检查轨检小车的工作状态，松开轨距测量轮，校准测量传感器；
（2）全站仪的检查与校正；
（3）检查螺杆调节器固定情况；
（4）检查扭矩扳手性能。

3. 数据准备

（1）CPⅢ控制点资料准备。在测量前从测量队获得CPⅢ控制点坐标资料，将控制点坐标导入全站仪（或电子手簿），导入坐标后，要将导入仪器的坐标和资料上的进行复核比对，特别注意 X、Y、H 坐标的顺序。X 坐标就是北坐标，Y 坐标就是东坐标，H 坐标是棱镜中心高程，要与水准测量杆的球顶高程区别。

（2）线型设计资料准备。精调测量前从测量队获得线型设计资料，包含平面主点设计里程和坐标、纵断面坡度设计资料、超高设计资料。事先将以上资料输入轨检小车采集软件并保存。左线和右线的线型资料要区分开来，不可混淆。线型设计资料录入完成后，必须经过第二人核对无误后才可用于工程施工。例如，兰新线为东西走向铁路，坐标系投影换带频繁，注意：坐标换带分界点的里程；换带前与换带后的坐标不可混淆。长链和短链处应分段输入建立线型文件。

（3）测量仪器、附件、工具的准备。测量前准备好全站仪（含电子手簿）、数据卡、全站仪外挂电池、Y形电缆、对讲机、脚架、棱镜、棱镜杆、轨检小车及其配套附件、CF-19笔记本电脑及其电池、各种连接电缆线、数据电台、记事本和笔、头灯等，并清点好各种测量仪器、附件、工具的数量。测量前，将全站仪（电子手簿）电池、CF-19笔记本电脑、轨检小车电池、对讲机电池充满电，全站仪已做常规检校。

（4）控制点数据导入全站仪。要将CPⅢ数据导入全站仪，先建立好文本文件格式CPⅢ控制点的文件，建立CPⅢ控制点文件时，数据以点号—分隔符—东坐标—分隔符—北坐标—分隔符—高程存储（建议分隔符以英文输入法状态下的逗号","），然后将其复制到CF卡上的DATA文件夹中。

4. 全站仪设站

全站仪设站采用自由设站法，测量测站附近 8 个 CPⅢ 控制点棱镜，通过配套软件，自动平差计算，确定全站仪的 X、Y、H 坐标。计算测站点坐标，单击信息，剔出超限点，重算测站点坐标，直到满足精度要求，CPⅢ 控制点坐标和自由设站精度按表 6.3 和表 6.4 的规定。

进行下一测站钢轨精调作业时，应重测上一测站不少于 8 根轨枕的距离，同一点位的横向和高程的相对偏差均不应超过 ±2 mm。如果复测超限，应重新设站后再次复测。如果依然超限，应对换站前的所有钢轨支撑点重新进行调整，直至满足要求后方能换站。对于小于 ±2 mm 的偏差，应使用线性或函数方式进行换站搭接平顺修正，顺接长度应遵循 1 mm/10 m 变化率原则。

5. 测量轨道数据

轨检小车放置在轨排架上，在轨排架支撑柱处停放小车，拧紧刹车；全站仪精确照准轨检小车上的棱镜，使用全站仪精测模式测量出轨检小车的几何定位情况，轨检小车内的传感器计算出轨道定位的轨距、超高、水平位置、几何偏差，调整轨排架，如图 5.17 所示。

6. 调整轨道高低和方向

轨检小车调整轨排一般需要调 2 遍，先调整高低再调整方向，如图 5.18 所示。旋转竖向螺杆，顺时针旋转是向上调整；反之是向下调整。高度一般只能向上调整，不能下调，所以要求粗调时顶面标高要略低于设计顶面。调整螺杆时要缓慢进停，旋转 90° 为高程变化 1 mm，调整后用手检查螺杆是否受力，如未受力，则拧紧调整附近的螺杆。方向调整采用轨距杆进行，两边要同时调整，轨距杆支撑要牢固。

图 5.17 轨排精调

图 5.18 旋转螺杆调节器

7. 搭接测量

（1）搭接测量原理。因使用了不同的 CPⅢ 控制点，全站仪设站测量平差的精度也有所不同，对过渡段的 3 个点使用不同的设站进行测量时，所得到的轨道偏差数据有所不同。因为同点位、不同设站点测量得到的数据不同，为保证轨道的高平顺性，需要对搭接段后的测点进行搭接过渡处理；搭接过渡段的设置长度与两设站点测量的同测点绝对偏差值大小有关，根据测量偏差值的大小来确定搭接过渡段的长度，测量偏差量越大，过渡段设置长度越长，一般可取 4~10 m。

（2）搭接测量方法。一般来说，在 CPⅢ 控制点精度、设站精度、全站仪精度、轨检小车精度符合规范要求的情况下,两设站点测量同测点的绝对偏差值不会大于 2 mm;搭接段在站点 2 测量的偏差值不大于 2 mm 时,不必进行调整;搭接段在站点 2 测量的偏差值大于 2 mm 时,则需要检查设站点 1 和设站点 2 的设站精度,如设站精度没有问题,则需要对 CPⅢ 控制点进行复测,以确保 CPⅢ 控制点的整体精度;过渡段从搭接段后的第一个轨排架开始,依次比上一个轨排架偏差 0.5 mm,直到绝对偏差约为零为止(如图 5.19 所示,图中以偏差值 0.5 mm 为例)。

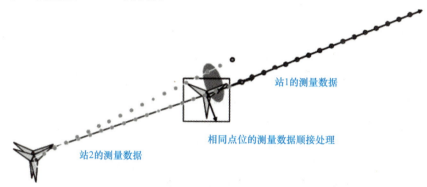

图 5.19　中心线(上)和高程(下)偏差搭接处理

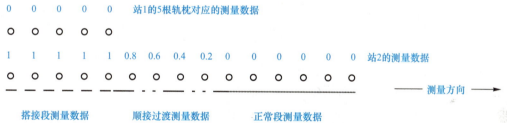

图 5.19　中心线(上)和高程(下)偏差搭接处理(续)

8. 轨排精调允许偏差

轨排精调允许偏差应符合表 5.10 的规定。

表 5.10　轨排精调允许偏差

项次	项目		允许偏差 /mm
1	中线位置		2
2	轨面高程	一般情况	±2
		紧靠站台	0 ~ +2
3	线间距		0 ~ +5

9. 轨排精调要求

(1)测量前应复核所用线性设计资料、CPⅢ 成果资料无误,并输入准确。

(2)使用至少 4 对 CPⅢ 控制点自由设站,设站间距不得大于 70 m,两次设站至少重叠观测2对CPⅢ控制点，设站精度应符合相关规定。

（3）自由设站点应尽量靠近轨道中线，并宜位于相邻两对CPⅢ控制点中部位置。

（4）轨道几何状态测量仪现场组装，并安装棱镜，置于轨道上推行，由远及近靠近全站仪，自动测量每根轨枕的轨距、超高、水平等几何形位。

（5）轨道几何状态测量仪接收观测数据，通过配套软件，计算轨道平面位置、水平、超高、轨距等误差值，在屏幕上显示，指导轨道精确调整。

（6）高温、大风、雨、雪等恶劣气候条件下不得进行精调作业。

（7）每次精调时需与上次或前一站重叠至少8根轨枕，同一点位的横向和高程的相对偏差均不应超过2 mm。在精调过程中，应先调整偏差较大处，相邻几对螺杆调整器同时调整，调整时步调协调一致。曲线地段调整时竖直和水平方向同时调整。

（8）轨排精调到位后，应对轨排采取相应的措施进行加固，防止混凝土浇筑时轨排横向移位及上浮，并采集数据作为最终的精调数据。

（9）精调合格后，对线路进行保护，禁止轨排上进行任何作业或行人。

（10）轨排精调好后，应及时浇筑混凝土。如间隔时间过长，或环境温度变化超过15 ℃，或受到外部条件影响，必须重新检查或调整轨排。

（11）轨排精调测量测点应设置在轨排支撑架位置，其步长应为每个支撑螺杆的间距。

（12）轨排精调后，轨道静态平顺度标准应满足表5.11的规定。

表 5.11　轨道静态平顺度标准

序号	项目	无砟轨道		有砟轨道	
		允许偏差	检验方法	允许偏差	检验方法
1	轨距	±1	相对 1 435 mm	±1	相对 1 435 mm
		1/1 500	变化率	1/1 500	变化率
2	轨向	2 mm	弦长 10 m	2 mm	弦长 10 m
		2 mm/8a	基线长 48a	2 mm/5 m	基线长 30 m
		10 mm/240a	基线长 480a	10 mm/150 m	基线长 300 m
3	高低	2 mm	弦长 10 m	2 mm	弦长 10 m
		2 mm/8a	基线长 48a	2 mm/5 m	基线长 30 m
		10 mm/240a	基线长 480a	10 mm/150 m	基线长 300 m
4	水平	2 mm	—	2 mm	—
5	扭曲（基线 3 m）	2 mm	—	2 mm	—
6	与设计高程偏差	10 mm	—	10 mm	—
7	与设计中线偏差	10 mm	—	10 mm	—

注：1. 表中 a 为轨枕/扣件间距；
　　2. 站台处的轨面高程不低于设计值。

模块 6

CRTSⅢ型轨道板精调

> 📖 **模块描述**
>
> CRTSⅢ型轨道板是我国自主研发、具有独立自主知识产权的轨道板，打破了日本、德国对轨道板的垄断，对我国高铁的发展具有非常重要的意义。CRTSⅢ型轨道板基于以前轨道板的优点，轨道板下部采用门形钢筋、限位凹槽等技术大大增加了轨道结构的横向、纵向阻力，使轨道上部结构更加稳定。轨道板是轨道结构的重要组成部分，轨道板位置的准确性直接影响整个线路的精度。
>
> 通过本模块的学习，学生应重点掌握轨道板底座板放样、轨道板粗铺和精调，为今后进行CRTSⅢ型轨道板施工工作打下良好基础。

📧 学习目标

1. 知识目标

（1）掌握底座板测量；
（2）掌握轨道板粗铺；
（3）掌握轨道板精调。

2. 技能目标

（1）能使用全站仪进行轨道板底座测量；
（2）能使用全站仪进行轨道板粗铺；
（3）能使用全站仪和精调标架等仪器设备进行轨道板精调。

3. 素养目标

（1）培养打好基础的质量意识；
（2）培养粗中有细的意识；
（3）培养追求卓越、精益求精的工匠意识；
（4）培养安全、操作规范的意识。

📧 重点和难点分析

1. 重点

重点：底座板测量；轨道板粗铺；轨道板精调。

重点分析：高速铁路线下工程完成后，第一步要进行底座板施工，底座板位置准确与否直接影响后面轨道板铺设；在轨道板精调前，先要将轨道板粗略铺设在底座板上，精调爪的高低、横向和纵向调整量有一定范围，其位置准确与否影响后面轨道板精调的允许偏移量；轨道板精调是 CRTSⅢ 轨道板铺设的核心，铁路施工企业对其有严格要求，必须调整在限差以内。

2. 难点

难点：精度控制。

难点分析：要铺设好轨道板，必须满足《高速铁路轨道工程施工质量验收标准》（TB 10754—2018）所规定的精度要求，从底座板开始到轨道板精调，精度要求是轨道板铺设的保障。

任务 6.1　CRTSⅢ型底座板测量

任务引入

CRTSⅢ型轨道板是我国自主创新的无砟轨道形式之一，改变了板式轨道的限位方式、扩展了板下填充层材料、优化了轨道板结构、改善了轨道弹性等，请查阅文献完成CRTSⅢ轨道板底座板测量。

任务分组

班级		组号		组长	
组员	姓名	学号	姓名	学号

熟悉任务

工作单 6-1（课中下发，课后交给教师）

组员姓名：　　　　学号：　　　　日期：　　月　　日　　　　天气：

观看视频，了解施工流程，掌握相关知识。
1. 填写轨道板各部分名称。

CRTSⅢ型板式无砟轨道施工

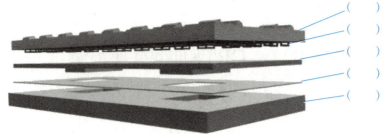

2.轨道板类型有哪些?

3.底座板尺寸有哪些?

4.底座板测量所使用的仪器是什么？有什么要求？

5.底座板放样的要求是什么？

6.填写底座板和限位凹槽外形尺寸允许偏差表。
（1）填写底座板外形尺寸允许偏差表。

项目	允许偏差 /mm	测量位置
宽度		
顶面高程		
中线位置		
平整度		
厚度		
伸缩缝位置		
伸缩缝宽度		
底座外侧排水坡		

（2）填写限位凹槽外形尺寸允许偏差表。

项目	允许偏差 /mm	测量位置
中线位置		
相邻凹槽中		
宽度		
长度		
深度		
平整度		

工作计划

工作单 6-2

1. 根据底座板和限位凹槽测量精度要求,选择合适的仪器。

2. 底座板放样的流程有哪些?

3. 限位凹槽放样的流程有哪些?

决 策

工作单 6-3

1. 师生讨论全站仪、水准仪选择。

2. 小组讨论全站仪架设位置。

3. 小组讨论水准路线方案。

4. 小组讨论底座板放样点位置。

5. 小组讨论限位凹槽定位方法。

工作实施

工作单 6-4

1. 底座板测量实施。
(1)全站仪设站。

精度项目	X/mm	Y/mm	H/mm
规范要求			
本次设站			
是否超限			

（2）输入底座板设计坐标，进行放样，满足放样要求。

底座板位置				
放样点坐标/m				

放样精度：

（3）水准仪测量放样点高程，确定模板高程面，满足平差要求。

1）实测高程与设计高程差值。

（　　）　　　　　　　　　　　　　　　　　　　　　　（　　）

　　　　　　　　左线　　大里程　　→

（　　）　　　　　　　　　　　　　　　　　　　　　　（　　）

2）闭合差：

2. 限位凹槽测量实施。

（1）输入限位凹槽设计坐标，进行放样，满足放样要求。

放样精度：

（2）水准仪测量放样点高程，确定模板高程面，满足平差要求。

实测高程与设计高程差值：

（　　）　　左线　　大里程　　→　　（　　）

评价反馈

个人自评表、小组内互评表、小组之间互评表、教师评价表。

相关配套知识

在总结我国既有无砟轨道研究与应用经验的基础上，结合无砟轨道技术再创新研究成果，研发并铺设了具有完全自主知识产权的CRTSⅢ型板式无砟轨道。

1. CRTSⅢ型板式无砟轨道结构

CRTSⅢ型板式无砟轨道是对既有无砟轨道的优化与集成，其主要创新点：改变了板式轨道的限位方式、扩展了板下填充层材料、优化了轨道板结构、改善了轨道弹性及完善了设计理论体系等方面。其结构如图6.1所示。

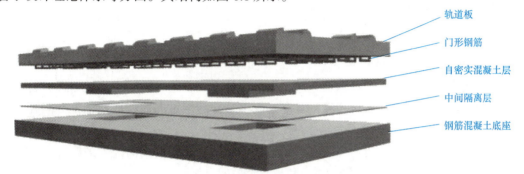

图6.1 CRTSⅢ型板式无砟轨道结构

（1）板下填充层材料。CRTSⅢ型板式轨道通过轨道板板下两排U形筋，将内设钢筋网片的自密实混凝土与轨道板可靠连接成复合结构，结构整体性好，可以控制轨道板离缝、翘曲和板下填充层开裂；自密实混凝土与CAM填充层相比较，其工艺简单、性能稳定、耐久性好、成本低。

（2）板式轨道限位方式。CRTSⅢ型板式轨道采用板下U形筋＋自密实混凝土＋底座凹槽的限位方式，彻底取消了CRTSⅠ型板的凸台、CRTSⅡ型板的端刺限位方式，同时，也取消了作为板下填充层材料用的CA砂浆，从而简化施工工艺，减少环境污染，降低工程投资，体现了绿水青山就是金山银山的理念。

（3）轨道弹性。轨道板改原用无挡肩板为有挡肩板，配套弹性不分开式扣件，可降低轨道刚度，提高轨道弹性。

2. CRTSⅢ型板式轨道主要技术特征

（1）钢轨采用U71Mn（K）60 kg/m、定尺长100 m无孔新轨。

（2）扣件类型为WJ-8型有挡肩弹条扣件，有利于降低轨道刚度，提高轨道弹性。

（3）扣件调整范围：高低 -4 ~ +26 mm；轨距 ±10 mm。

（4）扣件阻力：常阻力扣件钢轨纵向阻力≥9 kN；小阻力扣件钢轨纵向阻力为4 kN。

（5）轨道板为有挡肩、双向后张法预应力钢筋混凝土结构，混凝土强度等级为C60，按60年使用寿命设计。

（6）板上设置承轨槽，承轨面设置1：40轨底坡，配有挡肩扣件，采用低刚度钢轨扣件。

（7）为适应城轨轨道交通小半径曲线地段铺设的需要，可视具体情况，考虑是否采用二维可调模板方法制造CRTSⅢ型板，以调整承轨槽的空间位置。

（8）板下设置两排U形连接钢筋，通过与内设钢筋网片的自密实混凝土紧密连接，形成复合板结构，以期防止轨道板离缝或自密实混凝土裂缝的出现。

3. 底座板尺寸

（1）桥梁。桥梁底座采用单元式结构，每块轨道板下底座为一个单元，底座板宽度为 2 900 mm，直线段厚度为 184 mm，采用强度等级为 C40 的混凝土浇筑。

（2）隧道。隧道底座采用分块设置，每个轨道板组合型号为一个单元结构，底座板宽度为 2 900 mm，直线段厚度为 184 mm，采用强度等级为 C40 的混凝土浇筑。

（3）路基。路基底座采用分块设置，每个轨道板组合型号为一个单元结构，底座板宽度为 3 100 mm，直线段厚度为 284 mm，采用强度等级为 C40 的混凝土浇筑。

4. 轨道板长度及 CRTSⅢ型板类型

（1）轨道板长度。自然是越长越重，安放后越稳定，越有利于提高工效，但受到预制、运输的限制，以及考虑到基础一旦变形起道整修的困难和曲线地段铺设等问题，又不宜过长，一般以 7 m 为限。

板长要考虑主型梁梁型和连续梁梁跨长度的配板需要，以及尚须考虑配置扣件间距的要求，同时应力求板长标准化，尽量减少异形板的类型。

（2）CRTSⅢ型板类型。

1）P5350Q：标准版类型，轨道板尺寸（长度×宽度×高度）为 5 350 mm×2 500 mm×190 mm，8 对承轨台，扣件间距 687 mm。

2）P4856Q：配板型，轨道板尺寸（长度×宽度×高度）为 4 856 mm×2 500 mm×190 mm，8 对承轨台，扣件间距 687 mm。

3）P4925Q：配板型，轨道板尺寸（长度×宽度×高度）为 4 925 mm×2 500 mm×190 mm，8 对承轨台，扣件间距 687 mm。

4）P5600Q：配板型，轨道板尺寸（长度×宽度×高度）为 5 600 mm×2 500 mm×190 mm，8 对承轨台，扣件间距 618 mm。

（3）CRTSⅢ型板较 CRTSⅠ型板每千米少铺 15 块，扣件少用 240 组，有利于提高轨道板制造和铺设的工效，节省工程成本。

5. 仪器设备

（1）全站仪。采用测角精度≤2″、测距精度为≤ $2+2\times10^{-6}D$ mm 的高精度全站仪：如徕卡 TS16、TS60、天宝 S8、S9 等，如图 6.2 所示。高精度全站仪具有自动搜索、自动观测、自动记录及自动照准（ATR）功能，在保证精度的前提下，极大地提高测量工作效率。

值得注意的是，在实际测量模具和轨道板检测过程中，应尽量减少和避免振动对仪器的影响。

Leica TS60

Trimble S9 及手簿

图 6.2 轨道板测量使用的全站仪

（2）水准仪。水准仪选用精度不低于 3 mm/km 的产品，可以采用美国天宝 DINI03

电子水准仪、瑞士徕卡公司的 DNA03 电子水准仪，可以自动采集数据，并通过软件及时、快速、高效地处理数据，极大地提高了工作效率，如图 6.3 所示。

图 6.3 轨道板测量使用的水准仪

6. 施工准备

（1）沉降变形观测及评估：无砟轨道施工前，必须严格按照观测方案和频率对线下工程进行沉降观测，及时向评估单位提供详尽的观测数据资料，沉降观测满足评估条件且通过评估。

（2）CPⅢ轨道控制网测试及评估：CPⅢ控制网测量方案编制完成后报咨询单位审核，并经建设单位审批完成后，方可实施。在设计院完成 CPⅠ、CPⅡ 控制点及二等水准点的复测并已出具书面复测成果后，评估合格后成果作为轨道控制网（CPⅢ）测量的依据，在线下工程沉降变形符合设计和相关规范要求后，进行 CPⅢ 轨道控制网测量，测量成果评估完成后方可用于施工。

（3）布板数据计算：根据 CPⅢ 测量成果、实测梁端数据、设计布板数据，采用布板软件进行轨道板布置，数据计算完成后需经复核后使用。

（4）试验准备：原材料料源选择与检验、底座板混凝土配合比设计、新材料、新工艺、现场试验检验方法等工作均已完成。

（5）技术文件准备：无砟轨道底座板首件总结、完成建设单位报批工作、作业指导书审批完成、技术交底编制完成。

（6）施工培训：施工前对所有参与施工管理人员、现场技术人员按照无砟轨道底座板工序进行集中培训，使参建管理人员熟练掌握操作工艺和技巧，掌握技术标准，确保施工正常进行。集中培训完成后由技术主管组织进行现场培训和专项技术交底。

7. 混凝土底座施工测量

（1）基础整修、拉毛。底座施工前，在浇筑路基道床板混凝土前，对混凝土基床进行验收，轨道中心线 2.9 m 范围内基床表面应进行拉毛处理，拉毛深度为 1.5～2 mm。无砟轨道施工前应对拉毛效果进行检查，若拉毛效果未达到设计要求，应对基床面进行补充凿毛，凿毛范围见新面不应小于 75%，浮渣碎片等应清除干净。

对桥面高程进行测量，对超出要求的进行处理；对施工范围内的 Z 形筋撬起，对 Z 形筋脱落或数量不足、抗拔力不满足要求的重新进行植筋处理。底座钢筋施工前，应对施工范围的杂物清理干净。

（2）基础放线。底座基础放线应根据 CPⅢ测量控制网，对底座的中线位置、高程进行测量放样，偏差满足相关规范要求。根据线路平纵断面资料，并测定梁缝实际数据，输入布板软件，根据布板软件计算数据确定底座高程，对轨道板板缝宽度进行调整。底座施工前，除按技术要求放出底座中心线外，同时，在底座基面上放样底座边线、伸缩缝位置和凹槽中心线位置（弹出凹槽底部边线），以便于作业，如图 6.4 所示。

图 6.4　底座板放样

曲线地段桥梁底座施工前，应根据设计图纸计算底座悬出量，其后根据已确定的悬出量均匀调整（除对应梁端外的）其他板缝值。在底座施工前，应进行梁端底座悬出后最小板缝的验算，如果验算结果不满足要求，应及时与建设单位及设计院沟通，解决后方可施工。

曲线段放样时，必须根据实际超高考虑轨道中线的偏移量，保证底座模板、凹槽模板放样位置的准确性。

路基地段应根据设计图纸要求划分轨道板单元，一般路基地段的一个底座单元对应 4 块轨道板；短路基或过渡段的一个底座单元可对应 2 块或 3 块轨道板。

（3）安装底座及限位凹槽模板。底座钢筋验收合格后，安装底座模板。为保证底座高程和平整度满足设计及相关技术规程要求，采用高模低筑法施工。

每块轨道板对应的底座板范围内设置两个限位凹槽，限位凹槽尺寸 720 mm×1 020 mm。将加工好的限位凹槽模板放置到底座单元固定位置处，并以 G 形卡与侧模连接固定。安装时，调整螺杆使凹槽模板标高达到设计要求，安装模板如图 6.5 所示。

（4）底座施工质量检查。底座施工完成后，应进行混凝土施工质量检查及中线和高程测量检查，根据检查验收结果进行相应处置，如图 6.6 所示。其中，对高程误差 >8 mm 的底座板区域表面要进行削切（宜使用混凝土削切机，如使用打磨机，则须进行表面再刷毛操作），确保自密实混凝土厚度满足要求。

图 6.5　安装模板　　　　　图 6.6　底座检查验收

当底座板混凝土完成拆模后，须对成型的底座板进行外形外观及实体质量验收。底座板和限位凹槽外形外观检查按表 6.1、表 6.2 的要求进行检查。

表 6.1　底座板外形尺寸允许偏差值

项目	允许偏差 /mm	测量位置
宽度	±10	每个底座或每 5 m 检查 1 处
顶面高程	±5	每个底座或每 5 m 检查 3 处
中线位置	3	每个底座或每 5 m 检查 3 处
平整度	10 mm/3 m	每个底座或每 5 m 检查 3 处
厚度	±10% 设计厚度	每个底座或每 5 m 检查 1 处
伸缩缝位置	10 mm	每条伸缩缝检查一次
伸缩缝宽度	±5	每条伸缩缝检查一次
底座外侧排水坡	−1% ～ +3%	每个底座或每 5 m 检查 1 处

表 6.2　限位凹槽外形尺寸允许偏差值

项目	允许偏差 /mm	测量位置
中线位置	3	每个凹槽
相邻凹槽中	±10	每个凹槽
宽度	±5	每个凹槽
长度	±5	每个凹槽
深度	±5	每个凹槽
平整度	2 mm/0.5 m	每个凹槽

1）标高验收：顶面标高不高于设计高程，确保自密实混凝土厚度，若标高高出设计 3 mm 以上，采取打磨方式降低标高。

2）限位凹槽验收：凹槽尺寸、深度、位置及底面平整度需满足相关规范要求。对凹槽深度明显不足 10 cm、四周尺寸变形严重、底面不平整和固定膨胀螺栓未清理的，需要打磨修整。

3）伸缩缝验收：伸缩缝不顺直，要求切贯通直缝矫正，并全部采用硅酮密封胶进行填塞。

4）排水坡及错台验收：顶部两侧排水坡无坡度或出现反坡，以及相邻底座之间坡度有错台，需要打磨，保证排水顺畅。

当存在裂纹、掉块、缺棱掉角、蜂窝、麻面、平整度不符合要求等质量缺陷时，必须对其进行质量缺陷修补，裂纹、缺棱掉角、蜂窝及麻面修补严格按照实验室出具的修补砂浆配合比拌料进行修补。

8. 底座板施工控制要点及注意事项

（1）排水坡。底座板横向两侧 250 mm 范围内设置向外 4% 排水坡，施工时应严格按设计要求控制，保证排水坡率，确保排水坡表面平顺，满足排水要求，避免在底座板与自密实混凝土接触处积水。在冬季时，如有积水，将导致发生冻胀现象，使轨道板产生轻微上浮，造成轨面标高发生变化，以致直接影响到铁路运营安全。

（2）标高。底座板混凝土顶面标高是施工中重点控制项目。底座板与轨道板间自密实混凝土层为 100 mm 厚，如底座板厚度超高，自密实混凝土层满足不了厚度要求（自密实混凝土厚度允许偏差 ±10 mm），自密实混凝土内钢筋网片保护层厚度达不到标准，将影响自密实混凝土结构层受力，从而对整个无砟轨道结构造成一定不安全影响；如底座板欠高，自密实混凝土层厚度超标，将增大混凝土层内钢筋网片保护层厚度，不利于结构受力，并造成自密实混凝土浪费、增大成本。

（3）限位凹槽。每块底座板单元设置 2 个限位凹槽，通过底座板限位凹槽与自密实混凝土凸台咬合进行轨道限位，如图 6.7 所示。施工中重点控制限位凹槽尺寸及两凹槽间距（允许偏差 3 mm），避免因尺寸及凹槽间距偏差过大而影响结构受力。

图 6.7　轨道板限位凹槽

（4）伸缩缝。CRTSⅢ型板式无砟轨道底座板为单元结构，轨道板相应底座板铺设，如果伸缩缝位置偏差（设计允许偏差 10 mm）过大，轨道板将伸出底座板形成边板悬空或中板伸入另一块底座板上，造成单元结构不能单独受力，产生安全隐患。

9. 隔离层和弹性垫层施工

在底座混凝土强度达到设计强度的 75% 之后，方可施工隔离层及弹性垫层。

（1）隔离层施工。

1）测量放样：根据 CPⅢ 控制网对底座施工段进行放样，用墨斗沿线路纵向在轨道板投影线两侧及中间弹出土工布铺设边线，线条应清晰、准确。

2）铺设要求：除底座内凹槽四周侧壁外，隔离层应覆盖自密实混凝土层范围，可采用宽度为 2.6 m 的隔离层，铺设时隔离层较自密实混凝土四周边缘宽出 5 cm。

3）铺设方法：先将整张土工布铺设在底座表面，根据凹槽位置画出凹槽边线，按所画线条裁剪隔离层，裁除部分可铺设在凹槽底面，如图 6.8 所示。

（2）弹性垫层施工。弹性垫板及周围泡沫板采用胶粘剂按设置位置固定于凹槽侧面四周，使其与凹槽四周混凝土密贴，不得有鼓泡、脱离现象，顶面应与底座表面平齐，如图 6.9 所示。泡沫板与隔离层、弹性垫板间通过胶带等方式牢固粘接密封，避免产生缝隙。

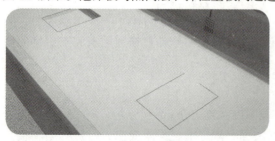

图 6.8　隔离层土工布铺设

图 6.9　弹性垫板安装

10. 轨道板粗铺放样

轨道板铺设前,应对混凝土底座表面进行清理,达到无浮渣、碎片、油渍和积水等。轨道板布设数量和类型采用设计院提供的软件进行计算,在布板前,要对线路所含桥梁长度、梁缝、底座板缝、路基、隧道底座板缝进行调查。

自密实混凝土层钢筋施工验收合格后,方可进行轨道板粗铺。轨道板粗铺前,放出轨道板边线,轨道板粗铺时,轨道板两端中心尽量与线路中线对齐,避免轨道板精调工作量的增加,如图 6.10 所示。

图 6.10　轨道板粗铺放样

任务 6.2　CRTSⅢ型轨道板精调

任务引入

CRTSⅢ型轨道板精调采用全站仪与标架协同完成,精调满足要求后方可铺轨,请查阅文献完成 CRTSⅢ轨道板精调。

任务分组

学生任务分配表

班级		组号		组长	
组员	姓名	学号	姓名	学号

熟悉任务

工作单 6-5（课中下发，课后交给教师）

组员姓名：　　　　学号：　　　　日期：　　月　　日　　天气：

观看视频，了解施工流程，掌握相关知识。

1. 轨道板精调仪器设备有哪些？

2. 轨道板精调软件中线路设计文件包含什么？

CRTSⅢ型轨道板
精调软件操作

3. 检校标架流程有哪些？

4. 轨道板精调项目有哪些？

5. 使用双刺轮扳手，拧一圈调高或调低多少毫米？

工作计划

工作单 6-6

1. 根据轨道板粗铺测量精度要求，选择合适仪器。

2. 轨道板精调硬件流程有哪些？

3. 轨道板精调软件操作步骤有哪些？

决　策

工作单 6-7

1. 师生讨论全站仪选择。

2. 小组讨论全站仪架设位置。

3. 小组讨论标架放置位置。

4. 小组讨论线路参数选择。

5. 小组讨论软件操作流程。

6. 师生讨论轨道板精调注意事项。

工作实施

工作单 6-8

1. 全站仪设站。

项目	X/mm	Y/mm	H/mm
规范要求			
本次设站			
是否超限			

2. 轨道板测量。

棱镜编号	初始测量值/mm	最终测量值/mm
1号棱镜		
2号棱镜		
3号棱镜		
4号棱镜		
5号棱镜		
6号棱镜		

评价反馈

个人自评表、小组内互评表、小组之间互评表、教师评价表。

相关配套知识

CRTSⅢ型轨道板精调拟采用南方测绘精调系统。轨道板测量系统包括徕卡全站仪、工控计算机及显示屏、反光棱镜和 7 个带反光棱镜的测量标架,并配置专用软件计算和处理测量数据。其中,测量标架需要安装在轨道板承轨槽中间的螺栓孔上,此时反光棱镜的位置相当于铺轨后钢轨顶面以上 20 mm 与钢轨中心线的交点位置,即轨道板精调采用测量精调框架的方式,本质上就是对轨道板上钢轨线性位置的测量,如图 6.11 所示。

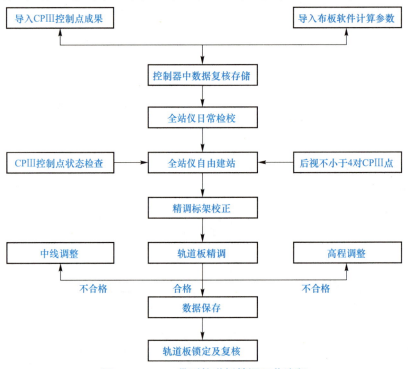

图 6.11 CRTSⅢ型轨道板精调工艺流程

1. 内业数据准备

(1)利用布板软件,对设计院给出的布板数据进行动态调整,计算出区段内轨道板最终铺设位置。对于给定铺设位置的轨道板,计算出轨道板精调文件,并复制到精调软件对应的文件路径下。精调文件内容即为精调作业时棱镜的设计坐标。

(2)精调区段内通过评估的 CPⅢ 控制点成果。

2. 精调设备

(1)军用笔记本电脑。采用坚固性的笔记本电脑作为外业控制器,如图 6.12 所示。其中,笔记本电脑采用松下 CF19 或 CF20,该笔记本电脑具有防尘、防摔、防水、屏幕可翻转的特点。其供电方式采用直流 12 V 或交流 220 V 两用,笔记本电脑坚固耐用,适用于野外探测和勘探,内置锂电池可以提供 7 h 左右的续航时间,工作时间为 4.6~8 h。

（2）精调标架。测量标架是本轨道板精调系统的重要组成部分。一套工作标架总共 7 个，其中测量标架 6 个，标准标架 1 个。CRTSⅢ型板精调系统在精调时需要使用 6 个标架，放置在当前调整的轨道板的正数第二排承轨台和倒数第二排承轨台上。进行搭接时，搭接标架放置在搭接板邻近当前精调板的第二排承轨台上。标架加工精度为 0.2 mm，标准标架作用是检测测量标架，如图 6.13 所示。

CF20　　　　　　　　　　　　　CF19

图 6.12　松下军用笔记本电脑

图 6.13　螺栓孔标架

（3）全站仪。轨道板精调采用高精度全站仪，具有自动搜索、自动观测、自动记录及自动照准（ATR）功能，为了确保 CRTSⅢ型板的调板精度，要求全站仪达到以下精度，测角精度为 $1''$，测距精度为 $1+2\times10^{-6}D$ mm。推荐徕卡 TS16、TS60、天宝 S8、S9 等。

3. 精调流程

（1）全站仪设站。安装 8 个棱镜，在要调整的轨道板中间架设全站仪，采用后方交会进行自由设站，如图 6.14 所示。在设站时要求 CPⅢ控制点精度和设站精度，应满足表 6.3、表 6.4 的要求。

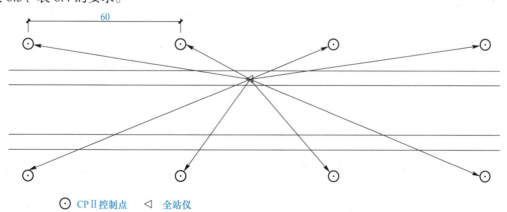

⊙ CPⅡ控制点　　◁ 全站仪

图 6.14　全站仪设站

表 6.3　CPⅢ控制点坐标不符值限差要求　　　　　　　　　　　　　　mm

项目	X	Y	H
控制点限差	≤2	≤2	≤2

表 6.4　自由设站精度要求

项目	X	Y	H	方向
中误差	≤ 0.7 mm	≤ 0.7 mm	≤ 0.7 mm	≤ 2″

1）单击全站仪（以 Leica TS16 为例）管理菜单，新建项目，如图 6.15 所示。

2）将棱镜绝对常数设置为 −34.4 mm，常数为 0 mm，如图 6.16 所示。

图 6.15　全站仪建立项目　　　　图 6.16　棱镜常数设置

3）单击设站，选择"后方交会"，导入 CPⅢ 数据，如图 6.17 所示。

4）大气改正。在测站页面，单击"Fn"按钮，对大气进行改正，输入此时测量的温度、气压、湿度等，如图 6.18 所示。

图 6.17　导入 CPⅢ 数据　　　　图 6.18　大气改正

5）转动仪器，瞄准第 1 个、第 2～8 个棱镜，分别进行测量，如图 6.19 所示。

6）计算测站点坐标，单击信息，剔出超限点，重算测站点坐标，直到满足精度要求。

设站技巧：全站仪瞄准 8 个 CPⅢ 棱镜测量，反算全站仪站点坐标，检查 X、Y、H 和方向中误差，若剔除超限数值，要检查 Sigma 偏差，如图 6.20 所示，如果超限，单击"信息"按钮，具体处理情况如下：

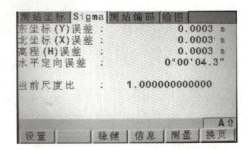

图 6.19　瞄准棱镜测量　　　　图 6.20　全站仪设站 Sigma 偏差

①若方向超限,检查东、北坐标极差,剔除极差大的数值,检查网形,重新计算坐标。

②若高程超限,检查高程极差,将极差大的点选择 2D 或剔除极差大的数值,检查网形,重新计算坐标。

③若坐标超限,检查东、北坐标极差,将极差大的点选择 1D 或剔除极差大的数值,检查网形,重新计算坐标。

其中,全站仪中 1D 表示高程;2D 表示东、北坐标;3D 表示东、北坐标和高程。

设站中要保证有 6 个 3D 点参与坐标计算。

7)设置全站仪通信参数。在仪器连接中,打开配置,选择端口 BT 连接,设置波特率为 19200、奇偶无、数据位 8、停止位 1,如图 6.21 所示。

图 6.21 设置全站仪通信参数

(2)精调软件操作流程。

1)计算机与全站仪蓝牙连接。打开计算机蓝牙,单击搜索蓝牙,选择已经完成设站的全站仪,输入 PIN(0000),连接全站仪,如图 6.22 所示。

图 6.22 计算机与全站仪蓝牙连接

2)查看 COM 端口编号。在蓝牙中选择更多蓝牙选项,单击 COM 端口,查看全站仪传出端口编号并记录,如图 6.23 所示。

图 6.23　查看 COM 端口编号

3）工程配置。在菜单中，执行"设置"→"工程配置"命令或在工具栏中直接单击"工程配置"按钮，弹出"工程配置"对话框，如图 6.24 所示。

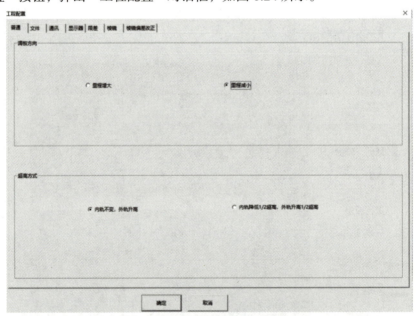

图 6.24　工程配置

①普通设置。普通设置调板的方向和超高设置。调板方向：选择向里程增大方向调板或向里程减小方向调板。超高设置：选择"内轨不变，外轨升高"。

②文件设置。在文件设置中设置设计中线（平面、纵断面、超高）、设计板类型、GRP 点坐标、平顺性检测和成果文件放置位置，如图 6.25 所示。

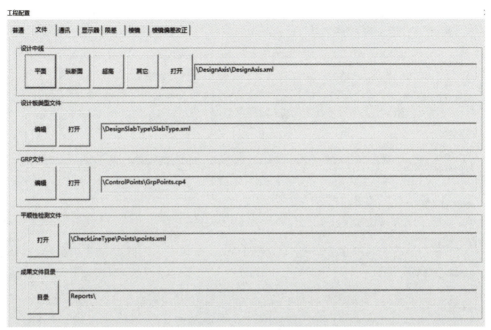

图 6.25 设计文件设置

③通信设置。设置全站仪及各传感器的端口（计算机端传出 COM 端口编号）、波特率、数据位、停止位、奇偶等通信参数，如图 6.26 所示。

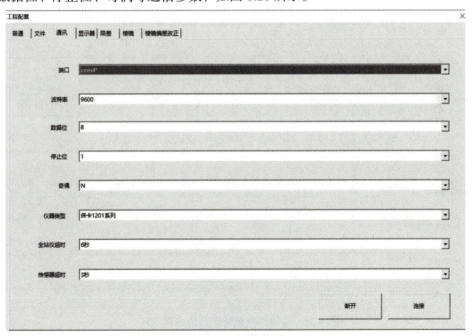

图 6.26 通信设置

④限差设置。按照规范、验收标准、施工指南等设置轨道板允许的限差，如图 6.27 所示。

图 6.27 限差设置

⑤棱镜。设置测量棱镜的棱镜常数及棱镜高,如图 6.28 所示。

图 6.28 棱镜的棱镜常数及棱镜高设置

4)选板。在菜单中,执行"测量"→"选板"命令或在工具栏中直接单击"选板"按钮,弹出"选板"对话框,如图 6.29 所示。设站:勾选已完成自由设站。当前板名称:输入要调板的板号。天气:输入当时天气情况。温度:输入当时温度。

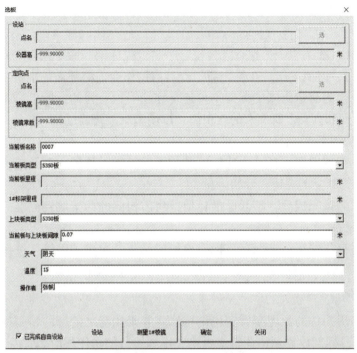

图 6.29 "选板"对话框

5)定向。当全站仪位于新的测站时,要进行定向,以确定全站仪位置、方位及角度改正数。在菜单中,执行"测量"→"定向"命令或在工具栏中直接单击"定向"按钮,弹出"定向"对话框,勾选板上"3# 4#棱镜参与定向"和"新的一个测站",如图 6.30 所示。

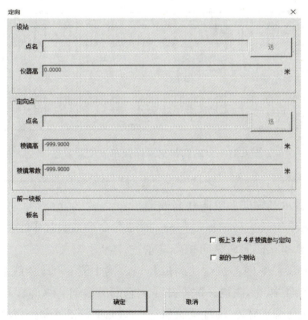

图 6.30 "定向"对话框

定向完成,并且没有超限,此时用于精调作业的各按钮正常显示,可进行板的精调作业。

6)检校标架。在菜单中,执行"检校"→"检校标架"命令或在工具栏中直接单击"检校标架"按钮,该项工作是在每个新工作日精调作业前必须做的准备工作,对标架的变形进行改正。因为制造出来的标架不可能是完全一模一样的,所以,此功能用来保障确定各棱镜在平面和高程上所拥有的改正值,以使整个板精调过程一致。

作业流程如下:

①将标准标架放置在现场认为比较标准的承轨台上的位置,触及端紧贴承轨台左侧面手工照准标准标架上的棱镜,开始测量。

②标准标架测量完成后,移开标准标架,将需检测的标架放到标准标架处的承轨台上,并使触及端贴紧承轨台左侧。

③单击"保存"按钮,将保存该标架检校的结果。单击"继续"按钮则弹出"检校标架"对话框,继续检校标架。单击"关闭"按钮,则退出检校标架。

4. 轨道板测量

精调标架采用扣件的预埋套管定位结构形式并采用与之配套的精调处理软件。精调前,将1号和6号标架放置到待调轨道板第2排承轨台的扣件预埋套管内,2号和5号标架放置在倒数第2排承轨台的扣件预埋套管内,将3号和4号标架放置在前一块已调整到位的轨道板向内数第2个承轨台上,倒U形,顺时针摆放。在测量过程中,全站仪的位置与1号标架间距控制为6~40 m范围,超过此范围时宜重新设站。全站仪与精调标架布设位置如图6.31所示,全站仪一侧为精调工作方向。

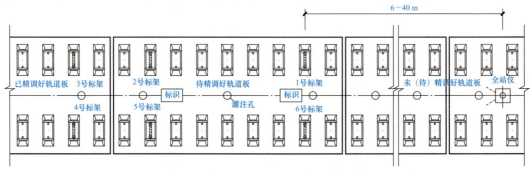

图6.31 全站仪与精调标架布设位置示意

(1)测1:在菜单中,执行"测量"→"测1"命令或直接单击右侧按钮,则程序测量1#棱镜,计算并显示其横向、纵向和高偏差。

(2)测2:在菜单中,执行"测量"→"测2"命令或直接单击右侧按钮,则程序测量2#棱镜,计算并显示其横向、纵向和高偏差。

(3)测1测6:在菜单中,执行"测量"→"测1测6"命令或直接单击右侧按钮,则程序分别测量1#棱镜和6#棱镜,计算并显示它们的横向、纵向和高偏差。

(4)测2测5:在菜单中,执行"测量"→"测2测5"命令或直接单击右侧按钮,则程序分别测量 2# 棱镜和 5# 棱镜，计算并显示它们的横向、纵向和高偏差。

（5）四点测量：在菜单中，执行"测量"→"四点测量"命令或直接单击右侧按钮，则程序分别测量板的 4 个角点上的 1# 棱镜、2# 棱镜、5# 棱镜和 6# 棱镜，计算并显示它们的横向、纵向和高偏差。

（6）完整测量：在菜单中，执行"测量"→"完整测量"命令或直接单击右侧按钮，则程序对板上的所有棱镜进行测量，并显示各棱镜的横向偏差、纵向偏差和高差等信息，如图 6.32 所示。

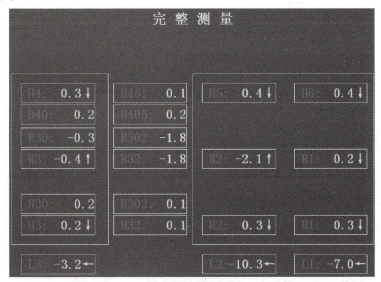

图 6.32　完整测量

当完整测量结束后，可以保存完整测量的结果，如果测量值超过限差，将出现说明提示，在保存理由项中写入理由，结果才能被保存；如果测量值不超限，成果直接保存到文件中。至此，本块板调整工作结束，搬动标架到下一块板，继续进行调板工作。

5. 调板

设站完成后先调整高程，后调整横向位置。轨道板精调时人员需配置 7 人，其中，指挥员 1 人，测量技术员 2 人，轨道板调节工人 4 人。4 个精调支座各配置 1 名操作人员，作业时按照手簿显示数据或精调技术员发出的指令等方式进行轨道板调整，调整高程时注意避免单个支座受力，调整水平时须两侧作业人员同向调整。正常情况下调整 2～3 次即可到位（使用精调扳手调整精调爪时，每转动 180°调整量为 1 mm）。

若延续已精调的轨道板连续作业，须对上一块轨道板进行搭接复核测量，当相邻轨道板接缝处承轨台顶面相对高差不大于 0.5 mm 时，再精调下一块轨道板。精调时，轨道板高程偏差严格控制为 0～±0.5 mm。

6. 调板技术要求

调板时使用双刺轮扳手对轨道板进行高低、横向和纵向调整，调板要符合表 6.5 的要求。

表 6.5　轨道板铺设精调定位允许偏差

序号	检验项目		允许偏差 /mm		检验数量
1	中线位置		±0.5		每板检查 3 处（两端和中部）
2	测点处承轨面高程		±0.5		全部检查
3	相邻轨道板接缝处承轨面相对横向偏差		±0.5	不允许连续 3 块以上轨道板出现同向偏差	全部检查
4	相邻轨道板接缝处承轨面相对高差		±0.5		全部检查
5	纵向位置	曲线地段	2		全部检查
		直线地段	5		全部检查

注：（1）序号 3，面向里程增加方向，相邻轨道板接缝处承轨面相对横向偏差、偏向：左侧的横向偏差为正（+）、偏向右侧的横向偏差为负（-）。

（2）序号 4，面向里程增加方向，相邻轨道板接缝处承轨面相对高差，前块轨道板承轨面高程减后块轨道板承轨面高程，按计算结果标记正负高差。

7. 质量控制

（1）轨道板铺设时，隔离层、弹性垫层表面不得残留杂物和积水。

（2）轨道板质量应符合设计要求和 CRTSⅢ型板式无砟轨道混凝土轨道板质量验收指导意见规定。

（3）轨道板铺设前，有专人核对轨道板规格与设计文件是否一致。

（4）轨道板粗铺时的位置偏差：纵向不大于 10 mm，横向不应大于 5 mm，且不应大于精调支架的横向调整的 1/2。

（5）轨道板精调注意事项。

1）精调作业前，测量人员必须按规定对测量仪器、精调标架进行校核。精调后妥善保管测量仪器、精调标架，避免偶然误差影响精调精度。

2）测量系统的安放位置必须正确，精调标架安装到位且保持稳定，尤其注意全站仪设站所处轨道板必须稳定。

3）轨道板精调作业应避免在夏季日光强烈、气温变化剧烈、大风、雨、雾、雪等条件下进行，适宜在夜间或凌晨时作业。必须进行精调时要采取相应防护措施，如搭设防护棚等。遇到偶然出现的机械振动过大、雷雨天气，应停止作业。

4）轨道板精调后，禁止人员踩踏，并尽量在 24 h 内完成自密实混凝土灌注。若 24 h 内不能灌注轨道板，或者精调轨道板与灌注轨道板前的温差超过 15 ℃，应予以复测。

5）轨道板精调后应安装固定装置，确保自密实混凝土施工过程中轨道板不出现上浮或偏移。

6）轨道板封边、压板后可能影响精调成果，应予以复测。

（6）对变形轨道板的处理：工期允许的情况下，采用调整支点，使变形恢复；若精调无法调整到位，无法恢复，则予以废弃。

（7）在调整过程中，测量人员一定要特别注意过渡段（两作业面之间的顺接，顺接距离一般控制在 100 m 左右），确保线型平顺。整个调整过程，每个施工班组、左右线的精调人员、精调仪器均需固定，减少人为及仪器误差对线路平顺性的要求。

（8）轨道板精调配合工人必须固定，每个精调器配备一人，配备精调扳手，通过练习培训，统一口令，总结经验，找出扳手扭动角度、圈数与精调位移的关系，能够在测量人员的指挥下迅速操作，尽量一次性到位，提高精调速度。

模块 7

长枕埋入式无砟道岔精调

模块描述

　　长枕埋入式无砟道岔是我国无砟轨道道岔结构的主要结构之一，其具有结构简单、组装方便、成本低等优点，在我国被广泛应用。道岔精调工作需要的人力、物力和技术的大力支持，是一个系统性工作，道岔板的精调质量高低直接影响道岔精调，道岔精调是保证线路平顺性的关键点。

　　通过本模块的学习，学生应重点掌握道岔精调的方法，会使用工具对道岔精调前后进行检查，能与电务部门、信号部门联合进行道岔精调，为今后参加道岔精调方面的工作打下基础。

学习目标

1. 知识目标

（1）掌握全站仪设站；

（2）掌握道岔精调前检查；

（3）掌握道岔精调；

（4）掌握道岔精调后检查。

2. 技能目标

（1）会使用工具对道岔精调前后进行检查；

（2）能与电务部门、信号部门联合进行道岔精调；

（3）会使用全站仪和轨检小车等仪器设备进行道岔精调。

3. 素养目标

（1）培养抓住矛盾的主要方面的意识；

（2）培养基础牢固的质量意识；

（3）培养追求卓越、精益求精的工匠意识；

（4）培养安全、操作规范的意识；

（5）培养世界是普遍联系的意识。

重点和难点分析

1. 重点

重点：道岔精调。

重点分析：道岔精调使用的仪器设备比较多，精度要求高，道岔精调的影响因素多，是施工的重点。

2. 难点

难点：道岔检查。

难点分析：高速铁路道岔结构复杂，零部件多，检查的位置和部件种类繁多，在检查工作中很容易漏掉某些项目，从而导致道岔精调失败，因此，道岔精调前后道岔检查就非常关键，也是工务调整的难点。

任务引入

长枕埋入式无砟道岔精调采用轨检小车与全站仪协同作业,道岔精调长度长,控制的因素多,请查阅文献完成长枕埋入式无砟道岔精调。

任务分组

班级		组号		组长	
组员	姓名	学号		姓名	学号

熟悉任务

工作单 7-1(课中下发,课后交给教师)

组员姓名:　　　学号:　　　日期:　　月　　日　　　天气:

观看视频,了解施工流程,掌握相关知识。

1. 道岔基桩包含哪些?

无砟轨道道岔精调作业

2. 铺岔前应复核什么？

3. 道岔精调的仪器设备有哪些？

4. 道岔轨排粗调内容有哪些？

工作计划

工作单 7-2

1. 道岔基桩测设流程有哪些？

2. 原位组装轨排作业流程有哪些？

3. 道岔粗调流程有哪些？

4. 道岔精调流程有哪些？

决　策

工作单 7-3

1. 师生讨论全站仪选择。

2. 小组讨论全站仪架设位置。

3. 小组讨论全站仪设站精度。

4. 小组讨论轨检小车组装。

5. 小组讨论轨检小车检校。

6. 师生讨论道岔精调精度要求。

工作实施

工作单 7-4

1. 全站仪设站精度控制

精度项目	X/mm	Y/mm	H/mm
规范要求			
本次设站			
是否超限			

2. 基桩放样和道岔精调

（1）基桩放样。

基桩编号	X/m	Y/m	H/m	距离偏差/mm	方向偏差/mm	高程偏差/mm
1						
2						
3						
4						
5						
6						
7						
8						

（2）道岔精调。

1）轨检小车检查道岔高低、方向、水平、轨距。

2）密贴调整检查。

3）轨向调整检查。

4）间隔调整检查。

评价反馈

个人自评表、小组内互评表、小组之间互评表、教师评价表。

相关配套知识

高速道岔是指直向容许通过速度为 250 km/h 及以上的铁路道岔，其中侧向允许通过速度为 160 km/h 及以上的高速道岔被称为侧向高速道岔。与其他道岔相比，侧向高速道岔的号码要大一些，长度要长一些。

长枕埋入式无砟道岔是我国高速铁路常用的道岔形式之一，其采用先组装后浇筑的施工，这种施工方法，要求浇筑前对道岔有精确非常高定位。其作业流程如图 7.1 所示。

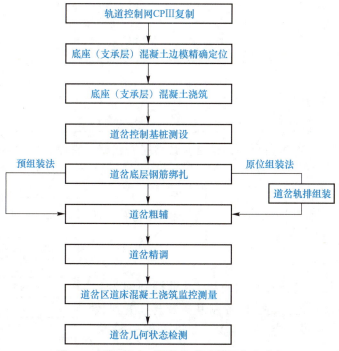

图 7.1　预组装法、原位组装法精调作业流程

1. 道岔区混凝土支承层或底座施工

（1）根据道岔基标进行模板边线放样，在基础面上用墨线弹出混凝土支承层或底座模板位置线。

（2）道岔区支承层或底座施工应按照相关专业设计图要求，预留道岔转辙机安装基坑和电力、信号电缆沟槽及过轨孔等。

（3）混凝土支承层或底座施工方法和传统的钢筋混凝土施工方法相同，必须做好局部的特殊部分的模板安装和混凝土浇筑。混凝土达到设计强度的75%后方可在支承层或底座上按设计布设钢筋。

（4）按设计位置支立模板，允许偏差符合验标规定。

（5）混凝土底座顶面道床板范围内拉毛。

（6）底座混凝土养护 48 h 后，在桥上凸台四周需铺设橡胶弹性垫层，底座上铺设隔离层，再进行钢筋绑扎。

（7）支撑层及转辙机平台检查及交接。严格按照设计图纸关于支撑层的要求及标准对线下单位施工的底座混凝土及转辙机平台进行检查，符合标准后方可接收，如有问题立即向线下施工单位提出，要求其整改。

主要检查项目如下：

1）检查支撑层的外表、长度、宽度及伸缩（假）缝位置，要求按表 7.1 的规定。

表 7.1 底座混凝土外形尺寸允许偏差

项次	项目	允许偏差 /mm	检查数量
1	顶面高程	+5 -15	每 5 m 检查 1 处
2	宽度	±5	
3	中线位置	3	
4	伸缩缝（假缝）位置	5	
5	平整度	15 mm/4 m	

2）转辙机平台的布置及尺寸，检查其位置是否正确，有没有尺寸不符或位置偏斜的情况。

3）复测支撑层的标高。

4）支撑层设计有预埋钢筋时，检查底座预埋连接钢筋是否按设计要求进行设置。

2. 道岔基桩测设

（1）道岔区控制基桩测量，应以 CP Ⅲ 控制网为基准，全站仪自由设站进行道岔区控制基桩放样，并对控制基桩进行高程测量。道岔控制基桩测设流程如图 7.2 所示。

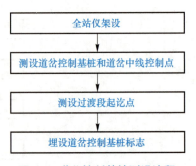

图 7.2 道岔控制基桩测设流程

（2）正线和站线轨道测量宜与道岔测量同时进行，误差的调整应在站线测量中消除。

（3）道岔铺设位置应符合设计要求。站场内各组道岔的岔心控制基桩宜一次测设完成，并根据岔心控制基桩复核道岔间相互位置及岔前、岔后基桩。

（4）铺岔前应复核岔心控制基桩的中线、里程和标高，检查路面高程，复测岔前、岔后直股、侧股控制基桩。

（5）无砟道岔两端应预留不小于 200 m 的轨道长度作为道岔和区间无砟轨道衔接测量的调整距离。道岔与区间无砟轨道衔接时应以道岔控制基桩为依据进行调整。

（6）高程测量起闭于二等水准基点，且一个测段不应少于 3 个二等水准点。

（7）加密基桩应与 3 对以上 CPⅢ 控制点联测，经平差计算后得到基准点的平面坐标。

（8）加密基桩宜设置在线路中线两侧，间距宜为 3～5 根岔枕。

（9）加密基桩按 5～10 m 间距向线路两侧外移 1.8 m，点位偏差应小于 1 mm。

（10）道岔控制基桩应位于线路中线上，横向允许偏差为 ±1 mm。

（11）相邻岔控制基桩允许偏差为间距 ±2 mm，高差为 ±1 mm。

（12）相邻道岔控制基桩偏差应在相邻 CPⅢ 控制点内调整。

（13）相邻加密基桩相对精度：平面为 ±0.2 mm，高程为 ±0.1 mm。

3. 道岔精调的仪器设备

道岔板精调需要的精密测量设备比较多，主要设备见表 7.2。

表 7.2　道岔板精调作业主要设备表

序号	设备	数量	用途
1	全站仪	1 台	道岔放样、加密基桩测设
2	电子水准仪和条形码尺	1 套	施工水准复测、CPⅢ 点高程测量
3	轨道几何状态测量仪	1 台	道岔、长钢轨精调测量
4	CPⅢ 目标棱镜	8 个	全站仪自由设站边角交会的目标
5	微型棱镜	1～2 个	岔位放样定位
6	气象量测仪器	1 套	用于测量温度、气压

（1）笔记本电脑。采用坚固性的笔记本电脑作为外业控制器。其中笔记本电脑采用松下 CF19 或者 CF20，该笔记本电脑具有防尘、防摔、防水，屏幕可翻转的特点。其供电方式采用直流 12 V 或交流 220 V 两用，笔记本电脑坚固耐用，适用于野外探测和勘探，内置锂电池可以提供 7 h 左右的续航时间，工作时间为 4.6～8 h。

（2）轨道几何状态测量仪。轨道几何状态测量仪简称轨检小车，是一种检测轨道静态不平顺的检测工具。它采用电子传感器结合工业计算机等先进检测工具和数据处理设备，对轨道的水平、高低、轨向、扭曲等指标的微小偏差进行快速检测处理分析并得到实时调整量，进行现场调整。目前，高速铁路常用的有瑞士安伯格轨检小车、美国 GEDO 小车、日月明小车、南方高铁小车等，如图 7.3 所示。

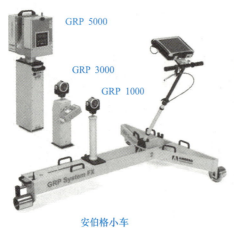

安伯格小车　　　　　　　　　　　　GEDO小车

图 7.3　轨检小车

（3）电子水准仪和条形码尺。高程测量采用的仪器设备应经过仪器检定并在检定有效期内，作业之前应对仪器进行必要的检验和校准。

水准仪必须满足如下精度要求：仪器标称精度不低于 DS1 级；推荐使用徕卡 DNA03 及天宝 DINI03 系列电子水准仪，并配备相应的因瓦尺，如图 7.4 所示。

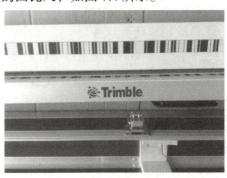

天宝 DINI03　　　　　　　　　　　　条形码尺

图 7.4　电子水准仪及条形码尺

（4）全站仪。全站仪是数据测量的主要实施者，为了确保调板精度，要求全站仪达到以下精度：

测角精度：$1''$；

测距精度：$1 + 2 \times 10^{-6}D$ mm。

全站仪应带目标自动搜索、自动观测、自动记录及自动照准（ATR）功能，如 Leica（徕卡）TS16、TS60 及 Trimble（天宝）S6 和 S9 等。

4. 道岔轨排粗调

（1）轨排组装。

1）根据道岔铺设图，利用汽车式起重机，将放置于线路两侧岔枕散布于对应支承层上，人工初步方正，然后吊放钢轨，先直后曲。道岔吊装如图 7.5 所示。

2）调整轨距、支距使尖轨检测点支距和导曲线支距允许偏差符合设计要求。

3）调整尖轨、可动心轨密贴和顶铁间隙。保证密贴段密贴良好、间隙值不超限。道岔轨排组装位置的准确性是关系后续精调的关键。原位组装轨排作业流程如图 7.6 所示。

图 7.5　吊装道岔

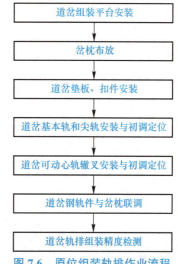

图 7.6　原位组装轨排作业流程

（2）道岔粗调。

1）道岔铺设就位前，应在成型的底座表面测放线路中线，用墨线标出道岔对位线、侧向支撑支座等预埋位置。

2）道岔向定位后，利用竖向调节器、侧向支撑调节道岔水平和方向，并在长岔枕区域安装钢轨辅助支撑架（竖向调节器）。

3）用 L 尺对应基标控制标高和方向，万能道尺对水平；旋转竖向支撑螺杆逐段调平道岔。由边线基桩拉钢弦线控制道岔方向，旋转侧向支撑丝杆调整轨排初步对中。

4）道岔标高、方向调整初步定位后，检查道岔几何尺寸，符合要求后采用鱼尾板连接钢轨，注意钢轨轨缝的控制（塞间隙片）。

5）侧向支撑安装按照预每 3 根枕木一个，转辙机处可以适当增加，注意连接牢固。

6）调整前，应将侧向支撑丝杆套管居中，丝杆涂油。

7）对中调整应在左右两侧对称进行，并沿线路方向逐步调整。

8）道岔轨排粗调到位后，用侧向支撑锁定方向，将定位螺栓旋入岔枕端部的预留孔内，使螺栓端头与支撑垫板顶紧、承力；使轨排轨顶标高符合要求，如图 7.7 所示。

图 7.7　道岔轨排粗调

9）定位螺栓旋入前应涂油，埋入道床板部分加装 PVC 套管，便于施工后拆除。

10）定位调节螺栓端头与基础层间应安装支撑垫板，以使支撑螺栓受力均匀。

11）道岔粗调精度（横向 ±2 mm，竖向 ±2 mm，纵向 ±1 mm）。

12）待道岔粗调到位后，拆除道岔拼装台位。

13）拆除的零部件放置到指定位置，妥善保管转到下组道岔安装使用。

5. 道岔精调

转辙机调试工作完成后，模板施工和精调工作可以同时进行，道岔全面检测（精调），用全站仪配合 GRP1000 轨道轨检小车检查高低、方向、水平、轨距，根据各项数据确定精调数值。道岔精调如图 7.8 所示。

轨检小车移动，根据检测反馈数值逐点对道岔水平方向进行微调定位。调整定位螺栓丝杆高度，精调起平道岔，道岔高低在规定范围，道岔钢轨水平满足要求。道岔调整如图 7.9 所示。

图 7.8 道岔精调

图 7.9 道岔调整

调整侧向支撑丝杆，对道岔方向超限点做局部精调。直股工作边直线度符合规定指标、曲股工作边曲线段应圆顺无硬弯。滑床台板坐实坐平，垫板与台板的间隙不超标。

（1）轨距及支距调整。调整时应以直基本轨一侧为基准，按照先调支距再调轨距的步骤进行，使尖轨跟端起始固定位置支距、尖轨跟端支距和导曲线支距（包括尖轨密贴段以后、跟端以前范围）允许偏差符合设计要求。

（2）密贴调整。调整尖轨、心轨密贴和顶铁间隙应同调整轨距、支距相结合。确保尖轨与基本轨密贴、可动心轨在轨头切削范围内应分别与两翼轨密贴，开通侧股时，叉跟尖轨尖端与短心轨密贴。尖轨或可动心轨轨底应与台板接触。顶铁与尖轨或可动心轨轨腰间隙和限位器两侧的间隙值不超限。轨撑的顶面应与翼轨轨头下颚密贴。

（3）轨向调整。直线尖轨工作边的直线度，密贴段每米不大于 0.3 mm，全长不大于 2.0 mm；曲线尖轨圆顺平滑无硬弯。

（4）间隔调整。可动心轨辙叉咽喉宽度、趾跟端开口、护轨轮缘槽宽度、查照间隔、尖轨非工作边与基本轨工作边的最小间距等须调整到位，不得大于设计允许偏差值。

可动心轨辙叉，直股工作边直线度为 0.3 mm/1 m，全长（可动心轨尖端前 500 mm 至弹性可弯中心后 500 mm）直线度为 2.0 mm，心轨尖端前后各 1 m 范围内不允许抗线。可动心轨辙叉，曲股工作边曲线段应圆顺，不允许出现硬弯。

整组道岔精调完毕应对弹条螺栓、岔枕螺栓、限位器螺栓、翼轨间间隔铁螺栓、长短心轨间间隔铁螺栓进行复紧，扭矩达到设计值。

调整后的道岔须由监理单位会同施工单位按照道岔铺设技术条件中的检测验收项点逐项检测道岔，混凝土浇筑前的道岔须完全满足道岔铺设验收的要求。

道岔钢轨平面位置和高程偏差不应大于 0.7 mm，超高偏差不应大于 0.5 mm；相邻两根轨枕钢轨平面和高程偏差之差不应大于 0.5 mm，超高偏差之差不应大于 0.5 mm。

不同测站的重复测量应不少于 8 根轨枕，重复测量偏差应小于 2 mm，平顺性搭接长度应遵循不大于 1 mm/10 m 变化率原则，并在下一站测量区间顺接。道岔精调允许偏差应符合表 7.3 的规定。

表 7.3 道岔精调允许偏差

序号	检查项目	允许偏差 /mm	特性分类
1	道岔始端轨距	±1	B
2	尖轨尖端轨距	±1	A
3	直线尖轨轨头切削起点处轨距	±1	A
4	直尖轨第一牵引点前与曲基本轨密贴	缝隙≤0.2	A
5	直尖轨其余部分与基本轨密贴	缝隙≤0.8	B
6	直尖轨工作边直线度	密贴段 0.2，全长 1.5	A
7	直尖轨与曲基本轨间顶铁间隙	缝隙≤0.5	C
8	直尖轨各牵引点前后各一块滑床台板	缝隙≤0.5	B
9	直尖轨轨底与其余滑床台	缝隙≤1.0，不能连续出现缝隙	C
10	曲尖轨第一牵引点前与直基本轨密贴	缝隙≤0.2	A
11	曲尖轨其余部分与基本轨密贴	缝隙≤0.8	B
12	曲尖轨与直基本轨间顶铁间隙	缝隙≤0.5	C
13	曲尖轨各牵引点前后各一块台板	缝隙≤0.5	B
14	曲尖轨轨底与其余滑床台	缝隙≤1.0，不能连续出现缝隙	C
15	转辙器部分最小轮缘槽 65 mm	≥0	A
16	尖轨限位器两侧缝隙偏差	±0.5	B
17	直尖轨固定端支距	±1	B
18	曲尖轨固定端支距	±1	B
19	直尖轨跟端支距	±1	B
20	曲尖轨跟端支距	±1	B
21	尖轨跟端直股轨距	±1	B
22	尖端跟端曲股轨距	±1	C
23	可动心轨辙叉趾端开口距	±1	C

续表

序号	检查项目	允许偏差 /mm	特性分类
24	可动心轨辙叉咽喉宽	±1	B
25	心轨尖端至第一牵引点处密贴（直）	缝隙≤0.2	A
26	其余部位心轨与翼轨密贴（直）	缝隙≤0.8	B
27	心轨尖端至第一牵引点处密贴（直）	缝隙≤0.2	A
28	其余部位心轨与翼轨密贴（曲）	缝隙≤0.8	B
29	叉跟尖轨尖端（100 mm）与短心轨密贴	缝隙≤0.5	B
30	叉跟尖轨其余部位与短心轨	缝隙≤1.0	C
31	心轨牵引点处轨底与台板间缝隙	缝隙≤0.5	B
32	心轨轨底与其余台板缝隙	缝隙≤0.1，不能连续出现缝隙	C
33	心轨直股工作边直线度	0.3/1 m，全长（心轨尖端500至可弯中心后500）2.0，不允许抗线	B
34	长心轨轨腰与顶铁的缝隙	≤0.5	C
35	短心轨轨腰与顶铁的缝隙	≤0.5	C
36	叉跟尖轨轨腰与顶铁的缝隙	≤0.5	C
37	心轨实际尖端至直股翼轨趾端的距离	+4 0	B
38	可动心轨尖端前1 m轨距	±1	C
39	可动心轨可弯中心后500 mm轨距	±1	C
40	护轨轮缘槽宽度	+1 −0.5	B
41	查照间隔1 391 mm	≥0	A
42	可动心轨跟端开口距	±1	C
43	导曲线部分轨距（尖轨跟端至导曲线终点或辙叉趾端总长的1/4、1/2、3/4共3处）	±1	C
44	辙叉跟端轨距	±1	B
45	辙叉趾端轨距	±1	B
46	尖轨各牵引点处开口值	±2	B
47	可动心轨辙叉第一牵引点处开口值	±1	B
48	道岔全长	±10	C

注：顶点分类判定规则，A类顶点合格率100%；B类顶点合格率90%；C类顶点合格率80%

6. 道岔系统工电联调

（1）道岔转辙机及相关设备安装应与精调同步。

（2）电务转换设备应保证道岔可动机构在转换过程中动作平稳、灵活，无卡阻现象。

（3）整组道岔调试完毕，安装尖轨和可动心轨电务转辙机构，应进行各项密贴和行程指标检查，锁闭装置正确锁闭，信号表示正确。

（4）道岔系统工电联调检测过程中，应对转换装置、锁闭装置工作性能检测值和道岔轨距、方向、密贴和间隔等几何尺寸检测值进行详细记录；调整到位后，做定位标记。

7. 混凝土浇筑前精调

混凝土浇筑前，道岔内部几何及线性精调的质量直接影响道岔的施工质量。这项工作应分为两个阶段进行。

第一阶段：与进场检查同步进行，按组装质量修正道岔长度、钢轨平齐、内部几何、扣件及零部件密贴、转辙器动程、支距、扣件扭矩，不能解决且属于道岔自身问题的责成供应商自己处理。

第二阶段：待使用铺岔精标完成道岔的初调后，按第一阶段的指标再次修正道岔内部几何，之后用轨检车测量配合使用精调支架将道岔轨道线性及平面、高程位置调整到设计位置，满足轨道线性直向误差不大于 0.3 mm，侧向误差不大于 0.7 mm。若侧向误差大于 0.7 mm 且现场无法修正时，则通知供应商现场解决并书面承诺其缺陷。

达到标准后，由监理书面确认同意灌注混凝土。

8. 道岔终调

（1）道岔焊接锁定后，对整组道岔包括前后过渡段进行最终的精细调整，调整好的道岔如图 7.10 所示。

（2）道岔施工完成后，应用钩锁器固定尖轨，直向限速通过并做好相关限速标志和防护工作。禁止工程列车在岔区起停。

（3）设置专人看护，防止道岔部件、扣件、电务设备等丢失和破坏，按有关要求进行涂油和扣件复拧等工作。

图 7.10　调整好的道岔

9. 道岔精调合格、报检

道岔最后一次精调数据合格后，应对道岔各个检查项进行自检（钢筋及接地、销钉布路、模板安装、支撑调节系统、道岔几何线性等）。

对存在问题整改，自检合格后，出具自检合格报告，并向监理报检。按客专长枕埋入式无砟高速道岔铺设技术条件中的项逐项检查，各项满足设计要求时方可进行混凝土浇筑。

注意：最后一次精调结束 24 h 内，必须进行混凝土浇筑，否则需要重新精调。

10. 质量控制及检验

（1）质量控制措施。

1）通过技术创新，对道岔工艺、工装设备进行科技攻关，并培训施工人员，通过工艺演练，改进新工艺、新设备、新材料、新技术，不成熟或未经实践验证的工艺、材料、设备不得投入实际施工。

2）建立健全的质量管理体系，配合质量控制要素，严格施工过程控制，针对不同工序、不同施工内容制定并实施作业指导书、质量实施细则和质量检查大纲，以工序质量、细节质量保证最终的施工质量。

3）在控制基桩测设和道岔精调、钢轨焊接等工序中采用先进的施工设备，包括高精度的电子水准仪，高精度的徕卡全站仪，GRP1000系统轨道几何状态测量仪，施密特铝热焊设备等，特殊工种持上岗证。

4）严格控制施工条件，混凝土浇筑安排在合适的时间进行，混凝土养护到位。

（2）施工质量检验。

1）严格控制施工测量精度，采用高精度测量设备，测量方法及精度符合《客运专线无砟轨道铁路工程测量暂行规定》(铁建设〔2006〕189号）的要求。

2）道岔施工前，要对混凝土质量进行检查，混凝土厂家出示生产资质及试验报告；要对钢筋进行绝缘性能测试，测试方法和结果应符合设计要求。

3）钢轨接头铝热焊接应按标准进行形式检测和周期检测，用平直度尺和塞尺检查焊缝平直度，并用超声波进行探伤。

4）道岔铺设及精调过程中，利用道岔检测工具(道尺、塞尺、弦线、方尺、支距尺、扭矩扳手、精调小车等）对道岔进行静态检查，道岔几何状态检测允许偏差应符合表7.4的规定。

表7.4 道岔几何状态允许偏差

序号	指标	允许偏差	检测方法	备注
1	轨距	±1 mm	道尺，轨道几何状态测量仪	
2	轨距变化率	1.5‰		
3	水平	±1 mm	道尺，轨道几何状态测量仪	
4	水平变化率	2 mm/2.5 m		三角坑
5	轨向（短波）2 mm/10 m 弦	2 mm/30 m 弦	轨道几何状态测量仪	
		弦线		
6	轨向（长波）	10 mm/300 m 弦	轨道几何状态测量仪	
7	高低（短波）2 mm/10 m 弦	2 mm/30 m 弦	轨道几何状态测量仪	
		弦线		
8	高低（长波）	10 mm/300 m 弦	轨道几何状态测量仪	
9	轨底外侧与轨距块缝隙	0.5 mm	塞尺	
10	轨枕挡肩与轨距块缝隙	0.3 mm	塞尺	

续表

序号	指标		允许偏差	检测方法	备注
11	扣件扭力矩		180～250 N·m	测力扳手	满足设计要求
12	弹条中部与挡座间缝隙		0.5 mm	塞尺	
13	焊缝	顶面缝	0～+0.2 mm	1 m平直度尺及塞尺	
		工作边	0～-0.2 mm		
		圆弧面	0～-0.2 mm		
		轨底焊筋	0～+0.5 mm		

模块 8

高速铁路线路维修

📖 模块描述

　　高速铁路建设是一项庞大的系统工程，标准高，综合性强，技术复杂；涉及工务工程、动车组、牵引供电、通信信号、运营调度、客运服务等众多子系统，各子系统间接口复杂又各具相对的对立性，其设备配置必须满足整体系统的功能要求；设备品种繁多，且来自不同的厂商，彼此间衔接均有特定要求等，所有这一切决定了在高速铁路建设中应进行综合性的大系统调试。

　　通过本模块的学习，学生应重点掌握波形图分析、线路维修方法，会使用软件对波形图进行分析并查找病害，会使用轨检小车采集线路数据，能使用 TDES 软件对轨道采集数据进行处理，能对工程项目案例进行分析等，为今后学生参加线路维修方面工作打下基础。

学习目标

1. 知识目标

（1）掌握波形图各个标题栏的含义；
（2）掌握轨检小车数据采集；
（3）掌握 TDES 软件各个标题栏的含义；
（4）掌握联调联试内容。

2. 技能目标

（1）会使用软件对波形图进行分析；
（2）会使用轨检小车采集线路数据；
（3）能使用 TDES 软件对轨道采集数据进行处理；
（4）能对工程项目案例进行分析；
（5）会制订精调技术作业方案。

3. 素养目标

（1）培养正确的世界观、人生观、价值观；
（2）培养安全质量意识；
（3）培养追求卓越、精益求精的工匠意识；
（4）培养安全、操作规范的意识；
（5）培养世界是普遍联系的意识。

重点和难点分析

1. 重点

重点：长轨精调。

重点分析：长轨精调使用的仪器设备比较多，精度要求高，道岔精调的影响因素多，是施工的重点。

2. 难点

难点：波形图分析。

难点分析：波形图中项目：左轨距、有轨距、左高低、右高低、左轨向、右轨向、曲率、超高、三角坑、垂直加速度、水平加速度等指标，在分析线路病害中影响因素多，是指导线路维修的主要手段，也是高速铁路线路维修的难点。

任务 8.1　高速铁路线路检查

任务引入

高速铁路运营后，要保证行车安全和旅客舒适性，铁路总公司、工务部门要定期对线路进行检查，请查阅文献完成线路动态检查与分析。

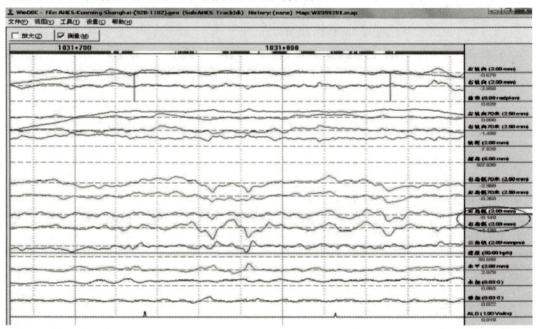

任务分组

班级		组号		组长	
组员	姓名	学号	姓名	学号

熟悉任务

工作单 8-1（课中下发，课后交给教师）

组员姓名： 　　学号： 　　日期： 　月　日　　天气：

观看视频，了解施工维修流程，掌握相关知识。

1. 线路检查分类有哪些？

线路设备静态检查

2. 线路静态检查工具有哪些？

3. 线路动态检查有哪些设备？

4. 轨道检查车检查哪些项目？

5. TQI 是什么？

6. 波形图定位方法有哪些？

7. 什么是峰值管理？

8. 什么是线路动态评定标准？

工作计划

工作单 8-2

1. 什么是峰值管理？

2. 什么是 TQI 管理？

3. 波形图分析流程有哪些？

决 策

工作单 8-3

1. 师生讨论线路检查。

2. 小组讨论线路动态检查方法。

3. 小组讨论波形图定位方法。

4. 小组讨论波形图识别方法。

5. 小组讨论波形图分析。

工作实施

工作单 8-4

使用波形图查看工具软件查看工程案例，掌握相关知识。
根据案例，对线路进行分析，确定病害具体位置、产生的原因和计算峰值。

评价反馈

个人自评表、小组内互评表、小组之间互评表、教师评价表。

相关配套知识

由于钢轨运输设备一直常年处于自然环境中，受到自然天气气候条件及重载列车运行的影响，使得轨道常常出现变形，钢轨路基和道床容易发生变化，钢轨上的零件以及钢轨线路出现摩擦损坏，对铁路运输产生了不良影响。这就需要通过工务检查，及时地发现铁路运输线路上的问题，运用科学合理的方法对线路进行养护和维修，确保线路的良好运行，保障运输的安全。

在工务检测过程中，最重要的检测手段就是轨道动静态检测，能对每段路线进行详细的检查，重点检查钢轨的薄弱环节，保证路线检测的精确程度。

目前，轨道几何状态的检查方法分为两类：一类是静态检查，主要包括手工检查、轨道静态检查仪检查等；另一类是动态检查，主要包括轨道检查车检查、车载仪检查、便携式添乘仪检查等。无砟轨道线路检查应坚持"动态检查为主，动、静态检查相结合，结构检查与几何尺寸检查并重"的原则。有砟轨道线路检查应坚持"动态检查为主，动、静态检查相结合"的原则。

1. 线路检查

（1）线路静态检查。当前，铁路轨道静态检查主要通过手工和轨道静态检查仪按周期对设备进行全面检查，检查设备如图8.1所示。检查内容主要如下：

1）轨道几何尺寸：轨距、水平、三角坑、曲线正矢、方向、高低、支距及框架尺寸。

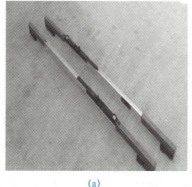 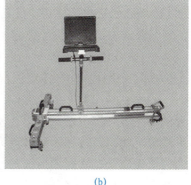

(a) (b)

图 8.1 线路静态检查设备
(a) 铁路道尺；(b) 轨道检查仪

2）结构状态：钢轨侧磨，胶接接头轨端肥边及绝缘，钢轨伤损，轨枕、道床、零部件状态情况等。

静态检查要坚持全面看、全面量，检查数据要准确，同时，应注意结构状态与几何尺寸的综合影响。

轨道几何尺寸检查有砟轨道每半年不少于1遍，无砟轨道每年不少于1遍，重点地段应加强检查。对重点病害或轨道不平顺地段，应使用轨道测量仪、轨道检查仪进行检查。

（2）线路动态检查。采用综合检测列车、车载式线路检查仪等检测设备对线路进行周期性检查，按局部不平顺（峰值）和区段整体不平顺（均值）进行动态质量管理。

综合检测列车对线路局部不平顺采用偏差扣分办法进行评定，对整体不平顺采用 TQI 进行评定。综合检测列车检查结果应分线、分段汇入综合检测列车线路评分统计报告表中。

目前，管内铁路的主要线路动态检查如下：

1）轨道检查车。轨道检查车是基于惯性基准测量原理开发的，主要用来检测轨道的几何状态和不平顺状况，检查项目全面、检测精度高、超限判断智能，是铁路重要的基础检测工具，如图 8.2 所示。

中国铁路高速综合检测列车（Comrerhensive Inspection Train，CIT），通常每月有 2～3 次挂在列车上进行动态检查线路，对轨道的检查项目比较全面且数据精确，检测的主要项目包含左右高低、左右轨向、轨距、水平、三角坑、曲率、曲线超高、车体横向和垂直振动加速度等。每次轨检车检查完毕后，收集好轨检车波形图和轨检检查报告，交由检查监控车间动态分析。

CIT001（0 号高速综合检测列车）是以 CRH-5A 型电力动车组为基础的时速 250 km 综合检测列车，别名"黄医生"，是我国最早研制的综合检测车。0 号高速综合检测车当时集成了世界上最先进的高速铁路检测系统，它能够以最高 250 km 的时速对线路进行全方位的检测并将数据进行实时处理。除 0 号车外，我国相继研发了 10 号、15 号、CIT400A、CIT500 高铁综合检测车，这既能提高铁路设备的检测效率，也能为铁路的维护保养和安全运营提供可靠的大数据支撑。

2）车载仪。在机车运行过程中，该系统通过固定在机车车体上的加速度传感器采集车体垂向、横向振动加速度值。

经过模拟与数字混合滤波，量化反映轨道线路的平顺状态，同时，共享机车监控装置的线路坐标定位信息和运行速度信息，在无人工干预的情况下，综合生成可反映线路平顺状况的轨道数据，通过蓝牙模块可以将数据传送到便携式计算机，实现轨道状态的实时监控并具有实时图形描绘功能。当数据超过报警值时，实时语音报警，以保证行车安全；通过 GPRS/GSM 将 Ⅱ、Ⅲ 级超限病害信息发送到地面接收单元或相关人员手机上，也可以通过数据转储器把线路数据转储到地面微机，由基于专家系统数据处理软件按照线路安全管理和维修保养业务要求对数据进行处理，生成各种报告及图表，科学、实时、准确地指导线路的维修养护，真正实现状态修，设备如图 8.3 所示。

图 8.2　0 号高速综合检测车

图 8.3　车载式轨道检查仪

车载仪系统按功能分为数据采集处理传输系统和线路动态检测地面处理系统两部分。该系统车体换算加速度值，是车载式线路检查仪对测量的机车车体加速度进行机车特性和运行速度修正后的车体加速度值，见表8.1。

表 8.1　晃车等级管理值

加速度类别	Ⅰ级	Ⅱ级	Ⅲ级	Ⅳ级
车体换算垂向加速度 /g	0.10	0.15	0.20	0.25
车体换算横向加速度 /g	0.06	0.10	0.15	0.20

3）人工添乘仪。人工添乘检查时常用的辅助仪器，根据横向、垂向加速度来反映线路状况。每日添乘人员添乘完毕后将添乘仪送还到线路检查监控车间，由车间导出添乘数据纳入添乘数据库，如图 8.4 所示。

（3）检查周期。

1）综合检测列车每 10～15 天检查 1 遍。

2）动车组应安装车载式线路检查仪，每天至少对线路检查 1 遍。

图 8.4　人工添乘仪

3）工务段应使用便携式线路检查仪添乘检查线路，每月至少 2 遍。

（4）数据库的建立。要实现线路设备质量的综合分析评价就必须建立综合数据库，根据检查数据综合分析需要，建立了以下数据库：

1）基础数据库。基础数据库主要包括设备基础台账，如线路、道岔、曲线等台账。

2）轨道几何尺寸数据库。轨道几何尺寸数据库主要包括轨检车、车载仪、添乘仪等动态检查数据；以及轨检仪、手工综合检查、线路巡查等静态检查数据。

3）维修验收、回检数据。线路在经过维修后进行回检、验收形成的回检、验收数据。

2. 波形图定位方法

波形图是综合检测车检查报告中的重要组成部分，是线路维修的重要依据。波形图全面反映了线路整个状态，测量数据全面，病害位置标记明显，分析波形图是铁路局线路检查车间技术员和工班长重要的日常工作。由于综合检测车中软件设置和其他因素，导致波形图中的病害位置与现场实际病害位置不符，需要从下面四个方面来对波形图进行定位。

（1）直接复核法。根据轨道状态波形图和二级、三级偏差里程，直接在现场复核。

直接复核法适用于现场病害明显，超限项目单一的偏差。现在常用的就是这种方法，把二级、三级偏差传到车间，从车间再传送到工区，工区就直接按照里程消灭。动检车、轨检车偏差里程是有误差的，具体误差多少要根据波形图反算才可以准确定位。偏差原因复杂，现场病害不明显，或病害出现在道岔群或曲线上，无法直接判断时，直接复核法就很难及时找准、找对病因。

（2）特征点复核法。特征点复核法是波形图的定位中最重要、最实用的一种方法，根据特征点定位波形图。

特征点有道岔、道口、桥梁（钢梁桥）、轨距拉杆、曲线（ZH、HY、YH、HZ）点等。轨检车、动检车在检测中会扫描到两钢轨间导电的金属物，并且在波形上会留下特征印记。

（3）参照复核法。在现场复核病害时，先找到病害明显的、较大的、比较容易确定的病害点，在波形图上根据病害点之间的相对位置，在地面上查找其他病害。

参照复核法应用的前提是现场有≥1处的明显病害可以很容易找到，才能根据此处病害推算到其他处病害准确里程。如果现场没有明显病害，那么这种方法就会失效。

（4）动态与静态波形图对比复核法。根据轨检车检测数据，利用轨道状态波形图提供的千米标、道岔、道口、桥梁、轨距拉杆、曲线头尾等特征，推算出与需复核超限病害的相对距离，技术检测组使用轨道检查仪对动态检查超限的线路、道岔进行检查，检查完毕用分析软件进行分析整理，制作比对图交给作业班组进行现场复核。

3. 波形图识别

（1）超限位置及其峰值长度的识别。当轨检车采集到的轨道病害超过Ⅰ级限界以后，又回到Ⅰ级限界以内，统计为一次超限。对于Ⅲ级超限而言，即当轨检车采集到的轨道病害超过Ⅲ级限界以后，又回到Ⅰ级限界以内，统计为一次Ⅲ级超限。超限位置的里程为此处超限的最大峰值里程。超限长度为超过Ⅰ级限界以后，又回到Ⅰ级限界的长度，如图8.5所示。注意：现场病害的长度一定要做长、做够。

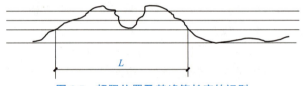

图8.5 超限位置及其峰值长度的识别

（2）轨检车地面标记识别。轨道上的道口、道岔、桥梁、轨距拉杆等含有金属部件，安装于轨检梁上ALD传感器可以探测到这些金属部件，其输出的信号可以和里程、轨道不平顺同步显示在轨道检测波形图上，如图8.6所示。

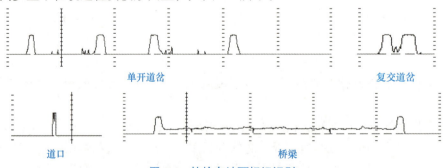

图8.6 轨检车地面标记识别

（3）电容枕。当ALD传感器通过电容枕时产生感应，产生高电压信号，但持续时间较短，当ALD增益调节恰当时能检测到电容枕位置。电容枕一般等间距布置，根据电容枕位置也可以确定轨道病害确切位置，如图8.7所示。

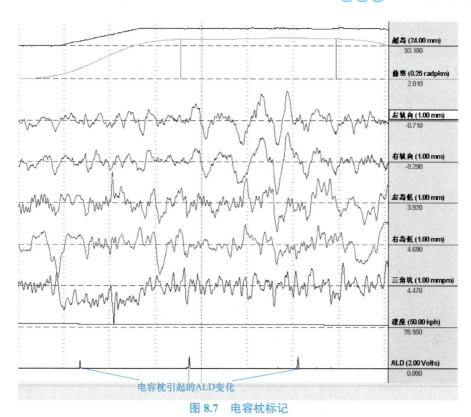

图 8.7 电容枕标记

（4）曲率超高特征曲线。根据病害相对于曲线距离确定轨道病害位置。按列车行进方向曲线分左右曲线，右曲线超高曲率均为正，即左轨高，如图 8.8 所示。

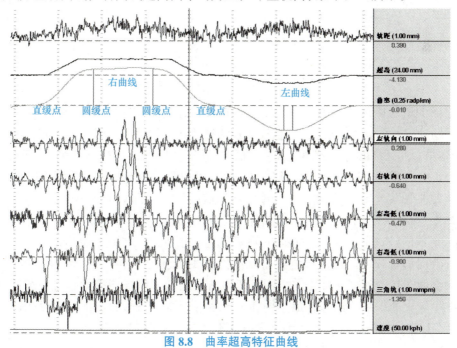

图 8.8 曲率超高特征曲线

4. 波形图病害分析

（1）高低病害分析。钢轨顶面垂直于轨道方向偏离钢轨顶面平均位置的偏差，分左、右高低两种。高低波形的识别和分析，一定要结合水平、三角坑的波形进行识别，以确定最佳作业方式，常见的高低病害分析从波长在 2 m 以内的高低、波长在 10 m 左右的高低、波长在 20 m 左右的高低三个方面分析。

如图 8.9 所示是某工务段 6 月 10 日部轨检车在下 K893+108 发现的一处右高低三级偏差（峰值 −11.84）。

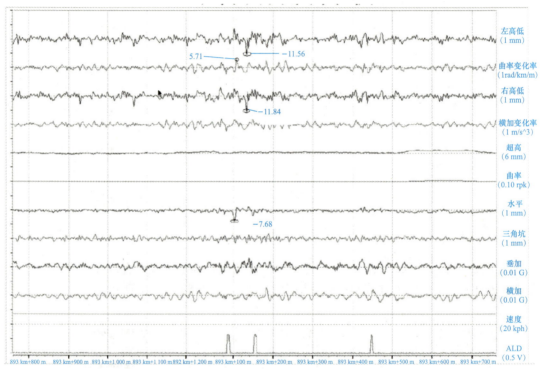

图 8.9　某工务段 6 月 10 日波形图

从下面的道岔标记可以直观地看到，病害肯定在两组道岔中间，即西寺坡 3# ~ 5# 岔。经现场复核，高低为 4 mm，与轨检车检测峰值相差很大，同时可以确定该处大约有 7 mm 的暗吊。此处高低为对股高低，左高低也已经达到 −11.56（也是三级）。所以，在现场复核消灭时，要消对股高低。从垂加波形也可以判断，几组道岔的轨面比较差，3# 岔还有一处大水平（−7.68）。从曲率变化率波形知道：岔区内的小方向也不好。

实际中这样的三级是完全可以避免的，西寺坡 3# 、5#、11# 岔轨面不好不是 6 月 10 日当天形成的，对比 5 月 23 日的波形图就知道问题所在，如图 8.10 所示。

（2）轨向病害分析。轨向检测项目是评价直线轨道的平直度和曲线轨道的圆顺度，轨向过大会使车轮受到横向冲击，引起车辆左右晃动和车体摇摆震动，对列车平稳度和舒适度产生较大的影响，加速轨道结构和道床变形。轨向波形的识别一定要和轨距与水平相结合，以确认拨或改以及是否为逆向复合不平顺，如图 8.11 所示。

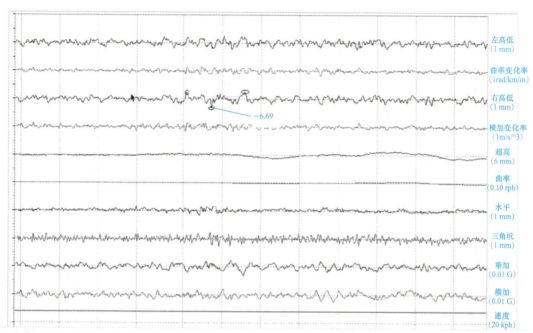

图 8.10 某工务段 5 月 23 日波形图

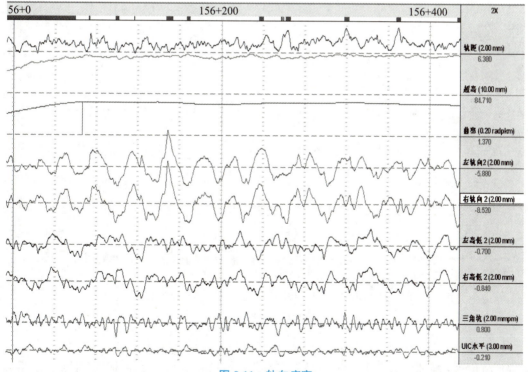

图 8.11 轨向病害

产生轨向病害原因：几何尺寸不良：直线区段方向不良、曲线区段不圆顺（正矢超限）、轨距变化率不好等；轨道结构不良：钢轨硬弯、不均匀磨耗、木枕失效、道钉浮离等；框架刚度减弱：扣件扣压力不足、轨道弹性不均匀挤开等。

（3）轨距病害分析。轨距偏差过大会导致车轮掉道或卡轨。我国和部分国家的传统认为：即使轨距还未扩大到会使车轮掉道的程度，如果车轮锥形踏面的大坡度段已进入轨顶内侧圆弧以内，仍应避免轨距偏差过大，这是因为斜度较大的车轮踏面将使轨道遭受额外增加的水平推力。短距离内轨距变化剧烈，表明存在严重的方向不平顺，也会影响行车安全。

轨距不平顺分为大轨距与小轨距两种情况。武广管内现在出现的轨距不平顺主要以小轨距为主，如图 8.12 所示。产生轨距病害原因：轨枕、扣件失效等结构性病害；扣件扣压力不足；小半径曲线的轨距磨耗；钢轨接头支嘴（焊接接头）；轨距病害的识别，一定要与轨向波形相联系。

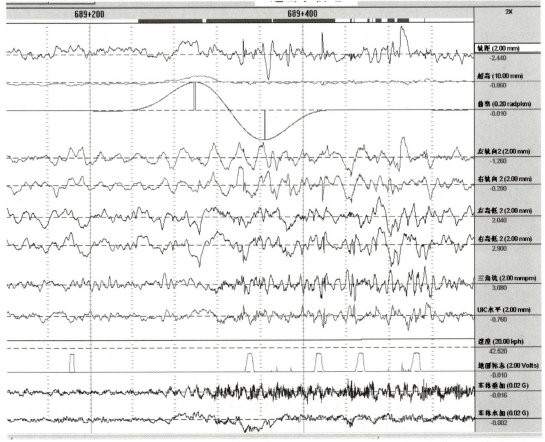

图 8.12　轨距病害

（4）水平病害分析。水平病害分为长波病害和短波病害两种，如图 8.13 所示。水平病害产生原因：两股钢轨下沉量不一致；有空吊和暗坑；缓和曲线超高顺坡不良；水平病害可结合左右两股的高低进行识别，要与方向相结合，以防止逆向复合不平顺。

（5）三角坑病害分析。三角坑病害可产生车轮的减载甚至悬浮，我国圆缓点的脱轨事故大多与三角坑病害有关，同样直线地段的严重三角坑病害也可产生脱轨事故。三角坑是引起轮轨作用力变化，影响行车平稳性的主要原因。三角坑将使转向架出现三点支承，高点会使车辆出现侧滚，产生垂直振动加速度，低点会使车轮减载，当车轮减载量与荷载量之比大于 0.8 时，还有脱轨的危险。欧洲和我国刚度较大的货车在曲线圆缓点区的脱轨事故大多与轨道的扭曲不平顺有关。所以，要高度重视三角坑病害的整治与预防。检查三角坑就是检测在相距一定距离的水平相差程度，整治三角坑病害，实质上就是整治水平不良的延伸。

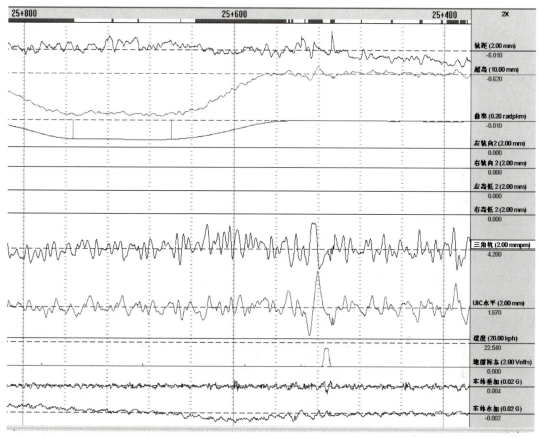

图 8.13　水平病害

三角坑病害产生原因有空吊、暗坑、曲线水平反超高、超高顺坡不良（尤其在道岔内、缓和曲线上及直缓、缓圆、圆缓、缓直点附近）。

图 8.14 所示是某工区 4 月 18 日波形图。

如图 8.14 是 4 月 18 日部轨检车在上 K902+487 发现的一处三角坑三级（峰值 -8.17）。

如果没有波形图，这个三角坑三级是比较隐蔽的，找这个三角坑三级有困难。利用特征点复核法，根据三角坑里程（K902+487）和曲线头里程（K902+438），可以确定三角坑位置在距离曲头 49 m 左右。整条曲线的水平都不好，三角坑比较多。+800 前后轨距不顺，非常明显。曲线头尾都有方向，K902+900～K903+0 水平号与曲线相反，列车进曲线时会感觉水平号变号，人体感觉就不舒服（这种情况添乘仪不一定会报警）。

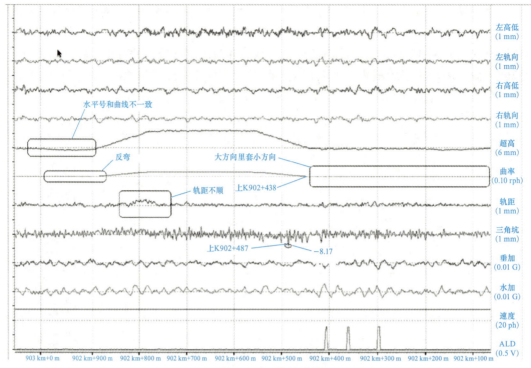

图 8.14 三角坑病害

（6）垂直加速度病害分析。产生垂直加速度病害原因：高低不平顺（短波）、空吊、波浪磨耗、接头错牙、低接头、大轨缝、钢轨掉块、道床板结、线桥，新老路基结合处、多种病害叠加等（图 8.15）。

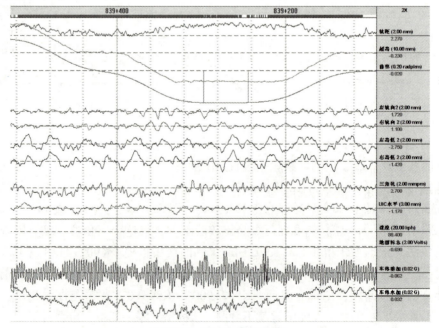

图 8.15 垂直加速度病害

（7）水平加速度病害分析。产生水平加速度病害原因：轨向不平顺、曲线正矢不良（连续差超限）、岔区连续小方向、轨距变化率不好、钢轨交替不均匀磨耗、逆向复合不平顺（轨向和水平）、曲线欠（过）超高、多种病害叠加等（图8.16）。

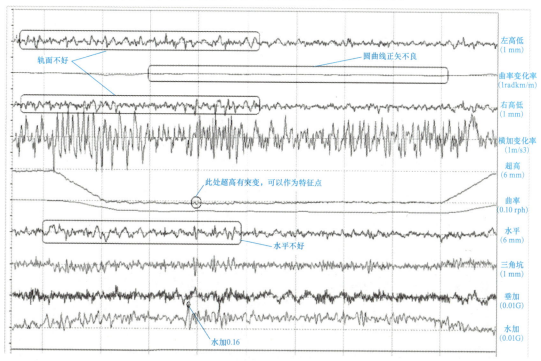

图8.16　水平加速度病害

从波形图可以看出：此图是5月23日部轨检车检查京沪上K1 063+345水加三级偏差波形图（峰值0.16）。

使用特征点法定位病害位置，图中的超高突变位置现场应该比较好找，根据此点可以知道三级偏差准确里程。曲线北半部左右高低都不好，水平不好。曲线正矢大大小小。曲线超高南北两部分的超高大小不同，北大南小。根据现场复核：现场有2 mm的不均匀侧磨，4 mm高低两处，正矢连差5 mm。这个水加三级的形成原因就比较复杂，从现场复核和波形图分析，应该是由高低、侧磨、正矢不良等综合原因造成的。

（8）利用波形图检查整治效果对比。

1）6月18日曲线波形图（图8.17）。

从图中可以得知：最突出病害就是高低，尤其是在圆曲线内，轨面很差。该曲线水平不好，圆曲线部分最大最小超高差为16 mm，而且水平号交替变化。K928+870有一处大轨距。曲线正矢一般。

2）8月17日曲线波形图（图8.18）。

从图中可以得知：轨面已经有了明显改观，但是小轨面仍然需要细线。曲线水平还是不太好，圆曲线部分最大最小超高差还有14 mm，水平号交替变化。总体来说，K928曲线有了比较明显的改观。

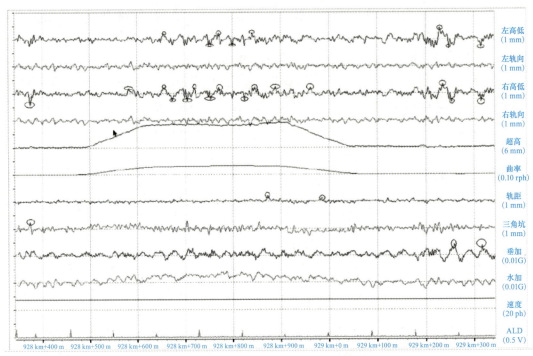

图 8.17 6 月 18 日波形图

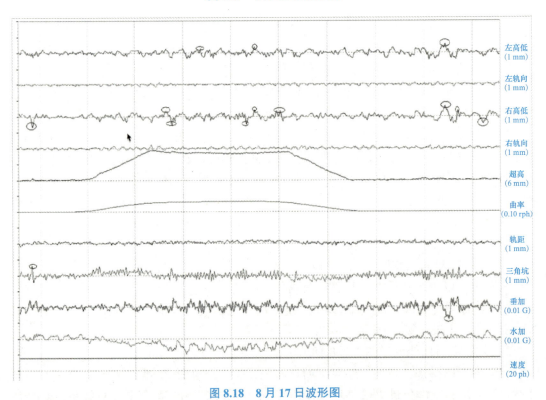

图 8.18 8 月 17 日波形图

线路动态不平顺是指线路不平顺的动态质量反映,主要通过轨检车进行检测。目前,根据《铁路线路修理规则》的规定，轨道质量状态的评定方法有三种：一是对轨道局部不平顺的评定；二是对区段轨道不平顺的评定；三是轨道功率谱密度。

5. **线路动态检查要求**

（1）应采用综合检测列车、车载式线路检查仪等检测设备对线路进行周期性检查，按局部不平顺（峰值）和区段整体不平顺（均值）进行动态质量管理。

（2）工务段应设专人对动态检测结果进行全面分析，并进行必要的现场复核，编制月度动态检测分析报告，以指导线路维修作业。对Ⅲ级及以上偏差处所，应及时安排临时补修；对轨道质量指数（TQI）超过管理值的区段和超过经常保养容许偏差管理值的处所，应安排经常保养；对车辆动力学指标超限处所，应及时分析原因，安排整修。

（3）综合检测列车发现的轨向水平逆向复合不平顺和连续三波及多波高低、轨向不平顺，以及车载式线路检查仪和添乘检查发现的不良处所，应及时进行分析和处理，具体办法由铁路局规定。

（4）综合检测列车对线路局部不平顺采用偏差扣分办法进行评定，对整体不平顺采用 TQI 进行评定。综合检测列车检查结果应分线、分段汇入综合检测列车线路评分统计报告表。

6. **轨道局部动态不平顺管理值**

目前，我国动检车普遍采用峰值管理法（峰值扣分法）。峰值扣分法是从轨道的几何尺寸指标、动力学指标的角度，以 1 km 为单位计算总扣分的方式来评定轨道的质量。

（1）各项目偏差等级划分及容许偏差管理值。线路（含道岔及调节器范围）各项偏差等级划分为四级 [250（不含）～ 350 km/h 线路见表 8.2]：Ⅰ级为经常保养标准，Ⅱ级为舒适度标准，Ⅲ级为临时补修标准，Ⅳ级为限速标准。

表 8.2　250（不含）～ 350 km/h 线路轨道动态质量容许偏差管理值

项目		经常保养	舒适度	临时补修	限速 (/200 km·h^{-1})
偏差等级		Ⅰ级	Ⅱ级	Ⅲ级	Ⅳ级
轨距 /mm		+4 −3	+6 −4	+7 −5	+8 −6
水平 /mm		5	6	7	8
扭曲（基长 3 m）/mm		4	6	7	8
高低 /mm	波长 1.5 ～ 42 m	5	6	8	10
轨向 /mm		4	5	6	7
高低 /mm	波长 1.5 ～ 120 m	7	9	12	15
轨向 /mm		6	8	10	12
复合不平顺 /mm		6	8	—	—
车体垂向加速度 /(m·s^{-2})		1.0	1.5	2.0	2.5

续表

项目	经常保养	舒适度	临时补修	限速（/200 km·h^{-1}）
车体横向加速度/（m·s^{-2}）	0.6	0.9	1.5	2.0
轨距变化率（基长 3 m）/‰	1.0	1.2	—	—

注：1. 表中管理值为轨道不平顺实际幅值的半峰值；
　　2. 水平限值不包含曲线按规定设置的超高值及超高顺坡量；
　　3. 扭曲限值包含缓和曲线超高顺坡造成的扭曲量；
　　4. 车体垂向加速度采用 20 Hz 低通滤波，车体横向加速度Ⅰ、Ⅱ级标准采用 0.5～10 Hz 带通滤波处理的值进行评判，Ⅲ、Ⅳ级标准采用 10 Hz 低通滤波处理的值进行评判；
　　5. 复合不平顺指水平和轨向逆相位复合不平顺，按水平和 1.5～42 m 轨向代数差计算。避免出现连续多波不平顺

（2）偏差扣分标准。各项目偏差扣分标准：Ⅰ级每处扣 1 分，Ⅱ级每处扣 5 分，Ⅲ级每处扣 100 分，Ⅳ级每处扣 301 分，某工区得分见表 8.3。

（3）线路动态评定标准。线路动态评定以千米为单位，每千米扣分总数为各级、各项偏差扣分总和。每千米线路动态评定标准：优良（总扣分为 50 分及以内）、合格（总扣分为 51～300 分）；失格（总扣分在 300 分以上）。某工区得分见表 8.4。

7. 均值管理（TQI）

（1）TQI 定义。轨道不平顺质量指数（Track Quality Index，TQI），是采用数学统计方法描述区段轨道整体质量状态的综合指标和评价方法。运用 TQI 评价和管理轨道状态，是单一幅值扣分评判轨道质量方法的补充，提高轨道检测数据综合应用水平，为科学制订线路维修计划，保证轨道状态的均衡发展提供科学依据。

（2）TQI 计算。TQI 是高低、轨向、轨距、水平和三角坑的动态检测数据的统计结果，该值的大小与轨道状态平顺性密切相关，表明 200 m 区段轨道状态离散的程度，即数值越大，表明轨道的平顺程度越差、波动性也越大。各单项轨道不平顺的统计值，同样也反映出该项轨道状态的平顺程度。

$$TQI = \sum_{i=1}^{7} \sigma \tag{8.1}$$

$$\sigma_i = \sqrt{\frac{1}{n}\sum_{j=1}^{n}(x_{ij}^2 - x_i^2)}, \quad x_i = \frac{1}{n}\sum_{j=1}^{n} x_{ij}$$

式中　σ_i——各项几何偏差的标准差；$i=1, 2, \cdots, 7$，分别为左高低、右高低、左轨向、右轨向、轨距、水平和三角坑；

　　　x_{ij}——在 200 m 单元区段中各项几何偏差的幅值；$j=1, 2, \cdots, n$，$i=1, 2, \cdots, 7$；

　　　n——采样点的个数（200 m 单元区段中每隔 0.25 m 采集一个点，$n=800$）。

表 8.3 某工区峰值管理得分表

检测长度 km	高低				轨向				轨距				水平				三角坑				垂向加速度				横向加速度				70 m 高低				70 m 轨向				曲率变化率		轨距变化率		横加变化率		千米扣分	通过速度
	1	2	3	4	1	2	3	4	1	2	3	4	1	2	3	4	1	2	3	4	1	2	3	4	1	2	3	4	1	2	3	4	1	2	3	4	1	2	1	2	1	2		
1 172 1 000	0	0	0	0	0	0	0	0	0	0	0	0	0	0	0	0	1	0	0	0	0	0	0	1	0	0	0	0	0	0	0	0	0	0	0	0	0	0	3	0	1	0	4	126
1 173 1 000	0	0	0	0	0	0	0	0	0	0	0	0	0	0	0	0	4	0	0	0	0	0	0	0	0	0	0	0	0	0	0	0	0	0	0	0	0	0	2	0	0	0	6	122
1 174 1 000	0	0	0	0	0	0	0	0	0	0	0	0	0	0	0	0	0	0	0	0	0	0	0	0	0	0	0	0	0	0	0	0	0	0	0	0	0	0	2	0	0	0	3	117
1 175 1 000	0	0	0	0	0	0	0	0	0	0	0	0	0	0	0	0	0	0	0	0	0	0	0	0	0	0	0	0	0	0	0	0	0	0	0	0	0	0	1	0	1	0	3	109
1 176 1 000	0	0	0	0	0	0	0	0	0	0	0	0	0	0	0	0	2	0	0	0	0	0	0	0	0	0	0	0	2	0	0	0	0	0	0	0	0	0	4	0	8	0	20	116
1 177 1 000	0	0	0	0	0	0	0	0	0	0	0	0	0	0	0	0	2	0	0	0	0	0	0	2	0	0	0	0	6	0	0	0	0	0	0	0	1	2	2	0	5	0	20	125
1 178 1 000	0	0	0	0	0	0	0	0	0	0	0	0	0	0	0	0	2	0	0	0	0	0	0	0	0	0	0	0	0	0	0	0	0	0	0	0	0	0	0	0	13	0	15	133
1 179 1 000	0	0	0	0	0	0	0	0	0	0	0	0	0	0	0	0	0	0	0	0	0	0	0	0	0	0	0	0	4	0	0	0	0	0	0	0	0	0	0	0	21	0	25	139
1 180 1 000	0	0	0	0	0	0	0	0	0	0	0	0	0	0	0	0	0	0	0	0	0	0	0	0	0	0	0	0	2	0	0	0	0	0	0	0	0	0	0	0	20	0	22	145
1 181 1 000	0	0	0	0	0	0	0	0	1	0	0	0	0	0	0	0	0	0	0	0	0	0	0	0	0	0	0	0	0	0	0	0	0	0	0	0	0	0	1	0	13	0	15	149

表 8.4　某工区线路得分

项目	四级	三级	二级	一级	个数 总计	个数 个数/km	个数 百分比	扣分 总计	扣分 扣分/km	扣分 百分比	TQI 平均指数 左	TQI 平均指数 总	TQI 平均指数 右	TQI 超标段数 左	TQI 超标段数 总	TQI 超标段数 右	TQI 超标百分比 左	TQI 超标百分比 总	TQI 超标百分比 右
高低	0	0	0	37	37	0.49	2.58	37	0.49	2.02	1.25	2.5	1.25	4	0	6	1.06	0	1.6
轨向	0	0	0	11	11	0.14	0.77	11	0.14	0.6	0.95	1.88	0.94	0	0	1	0	0	0.27
轨距	0	0	2	9	11	0.14	0.77	19	0.25	1.04	0	0.75	0	0	4	0	0	0.53	0
水平	0	0	0	0	0	0	0	0	0	0	0	0.86	0	0	0	0	0	0	0
三角坑	0	0	12	223	235	3.09	16.41	283	3.72	15.45	0	1.18	0	0	50	0	0	6.65	0
垂向加速度	0	0	0	2	2	0.03	0.14	2	0.03	0.11	0	0	0	0	0	0	0	0	0
横向加速度	0	0	0	15	15	0.2	1.05	15	0.2	0.82	0	0	0	0	0	0	0	0	0
高低 70 m	0	0	3	124	127	1.67	8.87	139	1.83	7.59	0	0	0	0	0	0	0	0	0
轨向 70 m	0	0	2	21	23	0.3	1.61	31	0.41	1.69	0	0	0	0	0	0	0	0	0
曲率变化率	0	0	66	16	82	1.08	5.73	346	4.55	18.89	0	0	0	0	0	0	0	0	0
轨距变化率	0	0	15	86	101	1.33	7.05	161	2.12	8.79	0	0	0	0	0	0	0	0	0
横加变化率	0	0	0	788	788	10.37	55.03	788	10.37	43.01	0	0	0	0	1	1	0	0.13	0
总和	0	0	100	1332	1432	18.84	100.01	1832	24.11	100.01		7.17							

累计检测：	76 km		
每千米平均扣分：	24.11分		
优良千米：	72 km	优良率：	94.74%
合格千米：	4 km	合格率：	5.26%
失格千米：	0 km	失格率：	0%
每千米平均T值：	15.03		
每千米平均TQI：	7.18		
均衡千米：	59 km	均衡率：	77.63%
计划千米：	14 km	计划率：	18.42%
优先千米：	3 km	优先率：	3.95%

（3）TQI 管理。TQI 能综合评价线路整体质量，合理编制区段线路的综合维修计划，指导整修和大机作业，提高轨道状态维修的科学性、经济性、合理性，使维修管理更加科学化。250（不含）～300 km/h 线路轨道质量指数（TQI）和单项标准差管理值见表 8.5。

表 8.5 250（不含）～ 300 km/h 线路轨道质量指数（TQI）管理值

项目	高低	轨向	轨距	水平	扭曲	TQI
波长范围	1.5 ～ 42 m	0.8×2	0.7×2	0.6	0.7	0.7	5.0

注：波长范围为 1.5 ～ 42 m 的单项标准差计算长度 200 m。

（4）T 值管理。为便于对区段轨道不平顺质量指数 TQI 管理标准的推广与应用，依据《铁路线路修理规则》轨道不平顺幅值扣分管理办法，确定 TQI 的管理办法，以千米为维修长度的管理单位，对 TQI 值得评价引入 T 值的概念。

1）T 值的定义。每千米 5 个单元区段的扣分数 T_{200} 值之和，称为 T 值。它的大小是由单元区段内 TQI 值超过对应管理值大小确定的。

用于 T_{200} 值计算的 200 m 区段轨道不平顺质量指数 TQI 管理值标准见表 8.6。

表 8.6 用于 T_{200} 轨道不平顺质量指数 TQI 管理标准

项目	$200 \leqslant v < 250$	$300 < v \leqslant 350$
TQI 管理值	8	5
超过 10%	8.8	5.5
超过 20%	9.6	6

2）T 值的含义。为了有效发挥区段轨道不平顺质量指数（TQI）指导线路养护维修和制订维修计划，对于 T_{200} 值为未超过该速度等级管理值，则该 200 m 区段扣分 T_{200} 值为 0；该值大于管理值，但小于等于超过 10% 管理值，则该 200 m 区段扣分 T_{200} 值为 40 分；该值大于超过 10% 管理值，但小于等于超过 20% 管理值，则该 200 m 区段扣分 T_{200} 值为 50 分；该值大于超过 20% 管理值，则该 200 m 区段扣分 T_{200} 值为 61 分，具体见表 8.7。

表 8.7 200 m 单元区段 T_{200} 值

TQI 值	未超过管理值	超过管理值	超过 10%	超过 20%
T_{200} 值	0	40	50	61

3）T 值的计算。以每千米作为管理长度，则每千米所包含的 5 个 200 m 单元区段的 TQI 扣分之和为 T，计算公式为

$$T = \sum_{1}^{5} T_{200} \qquad (8.2)$$

4）T 值的意义。通过上述公式计算，从而实现以千米为管理长度的轨道状态质量的综合评价，某千米的 T 值越大，说明该千米超过 TQI 管理值的段数和超限程度越大，应优先安排维修。根据 T 值的大小评价每千米轨道状态质量，以均衡、计划、优先三种形式制订大型养路机械维修或轨道综合维修计划，它的意义见表 8.8。

表 8.8　整千米 T 值评价定义表

评价定义	均衡	计划	优先
每千米 T 值	$T = 0$	$0 < T \leqslant 100$	$T > 100$

5）T 值的应用。基于 TQI 上的 T 值轨道质量指数，是按照数理原理统计结合现场实际情况得出的，具有很强的科学性，在现场具有很强的指导作用。

对 $T > 100$ 的线路，应优先列入维修计划，尽快安排成段维修；对于 $0 < T \leqslant 100$ 的线路，应统筹兼顾，合理安排维修或保养修；对 $T = 0$ 的线路，应避免成段扰动道床，只对超限峰值进行处理。

线路大修、中修、综合修和大型养路机械作业验收 T 值为 0，不应当出现 TQI 超过管理值的单元区段。

任务 8.2　长轨精调

任务引入

高速铁路工程施工和运营中，采用轨检小车与全站仪协同作业，请查阅文献完成长轨精调。

任务分组

班级		组号		组长	
组员	姓名	学号	姓名	学号

熟悉任务

工作单 8-5（课中下发，课后交给教师）

组员姓名：　　　学号：　　　日期：　　月　　日　　天气：

观看视频，了解施工维修流程，掌握相关知识。

1. 轨道精调包含哪些工作？

2. 长轨精调使用的仪器设备有哪些？

轨道精调硬件设备

3. 轨检小车检测的内容是什么？

4. 短波与长波的区别有哪些？

5. 线路参数包含哪些？

6. 填写南方高铁 MEASLLEY 各部分名称。

工作计划

工作单 8-6

观看视频,了解施工维修流程,掌握相关知识。

1. 铁路线路维修流程是什么?

2. 长轨精调工作流程是什么?

轨道精调外业测量实训

决　策

工作单 8-7

1. 师生讨论全站仪选择。

2. 小组讨论轨道参数符号规则。

3. 小组讨论线路设计参数。

4. 师生讨论换站搭接。

工作实施

工作单 8-8

1. 全站仪设站精度控制

精度项目	X/mm	Y/mm	H/mm
规范要求			
本次设站			
是否超限			

2. 长轨精调数据有哪些?

模块 8　高速铁路线路维修

评价反馈

个人自评表、小组内互评表、小组之间互评表、教师评价表。

相关配套知识

线路静态检查主要量具应按铁路总公司《铁路工务计量器具运用管理办法》有关规定进行管理，使用前必须按规定进行检定，合格后方可投入使用，使用中应按检定规程的周期进行检定或校准，其中轨检小车是线路静态检查的主要测量设备。

轨检小车配合全站仪、测量软件可以对长轨进行精调；长轨数据采集完成后通过 TDES 数据处理软件对数据进行模拟，计算调整量找线路维修，具体流程如图 8.19 所示。

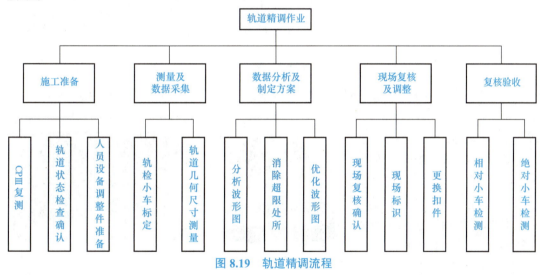

图 8.19　轨道精调流程

1. 长轨精调仪器设备

（1）全站仪。采用测角精度≤1″，测距精度为≤1±（2×10⁻⁶D） mm 的高精度全站仪，如徕卡（Leica）TS16、TS60，天宝（Trimble）S6、S8 等，如图 8.20 所示。高精度全站仪具有自动搜索、自动观测、自动记录及自动照准（ATR）功能，在保证精度的前提下，极大地提高测量工作效率。

（2）轨检小车。轨道检测小车（轨检小车）是一种检测轨道静态不平顺的检测工具。它采用电子传感器结合

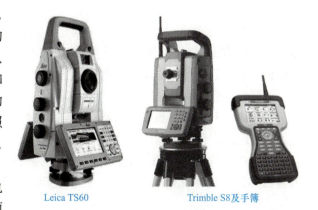

Leica TS60　　　　Trimble S8及手簿

图 8.20　长轨精调使用的全站仪

工业计算机等先进检测工具和数据处理设备，对轨道的水平、高低、轨向、扭曲等指标的微小偏差进行快速检测处理分析，并得到实时调整量，进行现场调整。目前，高速铁路常用的有瑞士安伯格轨检小车、美国 GEDO 小车、日月明小车、南方高铁小车等，如图 8.21 所示。

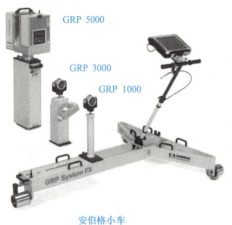

安伯格小车　　　　　　　　　　　GEDO小车

图 8.21　轨检小车

（3）笔记本电脑。采用坚固性的笔记本电脑作为外业控制器，如图 8.22 所示。其中，笔记本电脑采用松下 CF19 或 CF20，该笔记本电脑具有防尘、防摔、防水、屏幕可翻转的特点。其供电方式采用直流 12 V 或交流 220 V 两用，笔记本电脑坚固耐用，适用于野外探测和勘探，内置锂电池可以提供 7 h 左右的续航时间，工作时间为 4.6～8 h。

CF19笔记本电脑　　　　　　CF20笔记本电脑

图 8.22　军用笔记本电脑

2. 轨检小车检测

轨检小车分为绝对小车和相对小车。其中，绝对小车是指绝对测量：轨道施工、轨道检测、轨道轨距测量、轨道超高测量、绝对里程测量；相对小车是指相对测量：轨道测量检测、轨道超高测量、相对里程检测。

长轨精调测量系统主要由轨检小车和分析软件包两大部分组成，即可单独测轨道水平、轨距等相对结合参数，也可配合 Leica TPS 全站仪来实现平面位置和高程的绝定位测量，上述绝对定位测量通过全站仪的自动目标照准功能及无线电通信来完成。

测量外业完成后，系统能产生轨道几何测量的综合报表。用户可根据需要定义报表的输出界面，选择性地输出轨道位置、轨距、水平、轨向（短波和长波）、高低（短波和长波）等几何参数。

（1）轨检小车检测的精度。轨检小车精度可参考表 8.9。

表 8.9　轨检小车精度指标

项目	精度
里程	光电计数器测量方式
测量误差	<0.5%
里程分辨率	±5 mm
轨距/mm	1 453 mm 标准轨距
轨距测量传感器	−25～+65 mm
轨距测量传感器精度	±0.3 mm
超高测量传感器	−10°～+10°
超高测量传感器精度	±0.5 mm
水平位置和高程测量精度	±1 mm

（2）检测内容及方法。

1）中线坐标和轨面高程。轨道中线坐标和轨面高程的检测是对线路轨道工程质量状况的基本评价，通过实测线路坐标和高程与设计值相对比得出偏差，可以全面反映轨道的几何状态。在进行轨道坐标和高程测量时使用高精度全站仪实测出轨检小车上棱镜中心的三维坐标，然后结合严格标定的小车几何参数，水平传感器所测横向倾斜角度，以及实测轨距即可换算出相对应的里程处的中线位置和轨面高程，然后与该里程处的设计参数相对比，得到实测与设计的差值，根据相对应的技术规范来进行评价。

2）轨距检测。轨距是指两股钢轨顶面向下 16 mm 处内侧的距离。轨距检测是通过轨距传感器测得。

3）水平超高检测。该指标由搭载在轨检小车横梁上的倾角传感器测得横向倾角，再结合两股钢轨顶面的距离，即可计算出超高，进而与设计超高相对比得到差值，此值将作为调整超高的依据。

4）轨向高低检测。水平轨向是指轨道沿里程方向上轨道内线性状态；高低轨向是指轨道顶面的线性状态。横向轨向不良将会影响列车的横向加速度不稳定，高低轨向不良将会影响轨道的垂向减速度。

5）长波与短波。轨道平顺性检测方法，国内客运专线目前验收标准为 10 m 弦轨向、高低，考虑借鉴国外经验，暂时引入德铁 30 m 弦、300 m 弦的轨道平顺性检核，基本要求如下：

① 30 m 弦（2 mm/5 m）轨道平顺性检核。假设钢轨支承点的间距，或者说轨枕间距为 0.625 m，采用 30 m 弦线，按间距 5 m 设置一对检测点，则支承点间距的 8 倍正好是两检测点的间距 5 m。检测示意如图 8.23 所示。

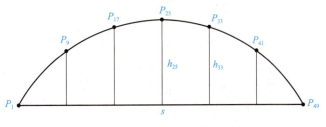

图 8.23　30 m 弦轨道平顺性检测示意

图中的点是钢轨支承点的编号,以 P_1 到 P_{49} 表示。P_{25} 与 P_{33} 间的轨向检测按下式计算:

$$\Delta h = |(h_{25} - h_{33}) - (h'_{25} - h'_{33})| \leqslant 2 \text{ mm} \quad (8.3)$$

式中,h_{25}、h_{33} 表示设计值,h'_{25}、h'_{33} 表示实测值。由于 P_1 与 P_{49} 的正矢为零,故可检测 P_2(对应点 P_{10})到 P_{40}(对应点 P_{48})的轨向。新的弦线则从已检测的最后一个点 P_{40} 开始。

② 300 m 弦(10 mm/150 m)轨道平顺性检核。假定钢轨支承点的间距,或者轨枕间距为 0.625 m,采用 300 m 弦线,按间距 150 m 设置一对检测点,则支承点间距的 240 倍正好是两检测点的间距 150 m。检测示意如图 8.24 所示。

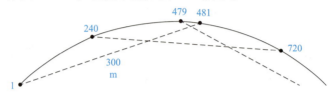

图 8.24 300 m 弦轨道平顺性检测示意

图中的点是钢轨支承点的编号,以 P_1 到 P_{481} 表示。P_{25} 与 P_{265} 间的轨向检测按下式计算:

$$\Delta h = |(h_{25} - h_{265}) - (h'_{25} - h'_{265})| \leqslant 10 \text{ mm} \quad (8.4)$$

式中,h_{25}、h_{265} 表示设计值,h'_{25}、h'_{265} 表示实测值。由于 P_1 与 P_{481} 的正矢为零,故可检测 P_2(对应点 P_{242})到 P_{240}(对应点 P_{480})的轨向。新的弦线则从已检测的最后一个点 P_{240} 开始。

该套系统还可以单独测量轨道的水平轨距,等级和参数也可以配合全站仪来测量平面位置和高程的绝对定位。

通过外业采集数据,系统还可以产生测量报表,用户可以通过选项输出所需要的指标,如轨距、水平、超高、轨向(长波、短波)、高低(长波、短波)等几何参数。

(3)轨检小车符号规定。

1)轨道参数符号规则。轨道参数符号如图 8.25 所示。

图 8.25 轨道参数符号

2)偏差/调整量符号规则。
①偏差与调整量符号相反。
②以面向大里程方向定义左右。
③平面位置:实际位置位于设计位置右侧时,偏差为正,调整量为负。

④轨面高程：实际位置位于设计位置上方时，偏差为正，调整量为负。

⑤超高（水平）：外轨（名义外轨）过超高时，偏差为正，欠超高时偏差为负；调整量相反。

⑥轨距：以大为正，实测轨距大于设计轨距时，偏差为正，调整量为负。

3. 长轨精调工作流程

（1）长轨精调前准备。轨道精调前的准备工作主要包括轨道板的复测、扣件安装、CPⅢ的复测。

在长轨锁定后轨道精调静态数据采集之前必须全面检查区段范围内的扣件、垫板，扣件应安装正确，无缺少、无损坏、无污染、无空吊，扭力矩达到设计标准，弹条中部前端下颚与轨距块凸台间隙不大于 0.5 mm，确认无异常后再开始轨道几何尺寸检查。

（2）组装轨检小车。以南方高铁 MEASLLEY 为例，在轨道上将推把、平板电脑、电池、吸盘天线、DPU 等安装在小车上，如图 8.26 所示。

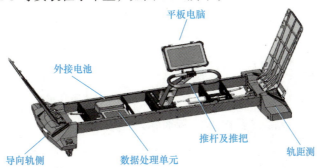

图 8.26 南方高铁 MEASLLEY 小车

（3）全站仪设站。安装 8 个 CPⅢ 棱镜，在棱镜中间架设全站仪，瞄准棱镜采用后方交会进行全站仪设站，如图 8.27 所示。在设站时要求 CPⅢ 控制点精度和设站精度，见表 8.10 和表 8.11。

计算测站点坐标，单击"信息"，剔出超限点，重算测站点坐标，直到满足精度要求。

图 8.27 全站仪设站

表 8.10 CPⅢ控制点坐标不符值限差要求　　　　　　　　　　　　　　　mm

项目	X	Y	H
控制点限差	≤2	≤2	≤2

表 8.11 自由设站精度要求

项目	X	Y	H	方向
中误差	≤0.7 mm	≤0.7 mm	≤0.7 mm	≤2″

（4）输入线路设计参数。

1）平面曲线参数。

①MEASLLEY 平曲线参数采用交点输入法，输入顺序：曲线起点→交点 1 →…→交点 N→曲线终点；

②曲线起点和曲线终点必须是直线段上的点；

③平曲线要素点应该按照里程增大的顺序输入，起点里程必须准确；

④圆曲线超高在交点参数中输入，单位为 mm，如图 8.28 所示。

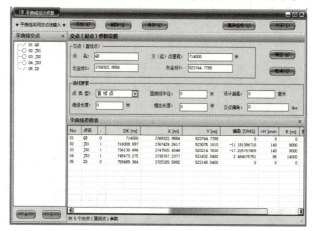

图 8.28　平面曲线参数设置

2）纵断面参数。

①MEASLLEY 纵断面（竖曲线）参数采用变坡点参数输入，输入顺序：起点→变坡点 1 →…→变坡点 N→终点；

②起点必须是直线段上的点；

③竖曲线要素点应该按照里程增大的顺序输入，如图 8.29 所示。

图 8.29　纵断面参数

（5）通信连接测试。

1）用 Y 形电缆将全站仪、外挂电池、数传电台连接好；

2)将小车的外接电池和数据处理器(DPU)连接好,并打开 DPU 开关;

3)打开平板电脑的采集软件,执行"设备标定"→"通信测试"命令;

4)依次选择全站仪、倾角传感器、位移传感器、数据处理器等设备,任意选择一项测试命令,单击"发送"按钮,查看测试结果,如图 8.30 所示。

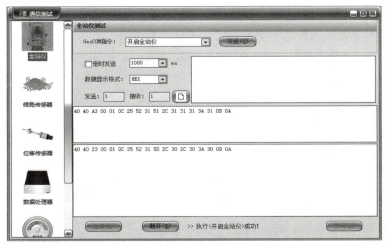

图 8.30 通信连接测试

(6)传感器零位标定。

1)轨距传感器标定。轨距传感器零位标定原则上应在专用轨距标定器上完成,也可以采用 I 级以上的道尺完成标定:

①选择内侧较为光滑的钢轨位置,做好标记,用道尺精确测量该位置轨距值,将小车放置在同一位置;

②执行采集软件的"设备标定"→"传感器标定"命令,切换至位移标签页;

③输入测量的轨距值,单击"标定位移"按钮,完成标定工作,如图 8.31 所示。

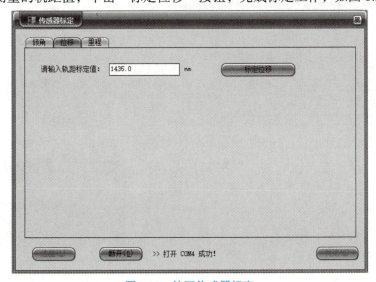

图 8.31 轨距传感器标定

2）倾角传感器标定。

①选择顶面较为光滑的钢轨位置，做好标记，将小车放置在该处；

②执行采集软件的"设备标定"→"传感器标定"命令，切换至倾角标签页；

③单击"开始检校"按钮，至数据稳定后，单击"正置读数"按钮；

④将小车掉头，再放置于同一位置，至数据稳定后，单击"倒置读数"按钮；

⑤单击"标定倾角"按钮，完成标定，如图 8.32 所示。

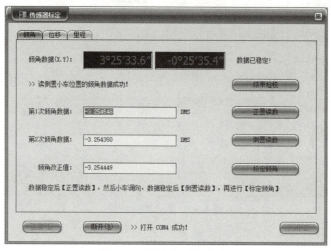

图 8.32　倾角传感器标定

（7）轨道静态测量。

1）完成全站仪 CPⅢ设站，瞄准小车棱镜；执行小车采集软件"轨道检测"→"常规测量"命令；单击"测量选项"按钮，设置检测线路、导向轨，以及自动保存数据文件名等信息，如图 8.33 所示。

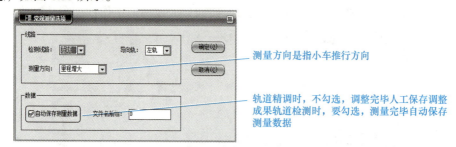

图 8.33　设置轨道检测选项

2）单击"设置点名生成规则"按钮，设置相邻轨枕间距、最小轨枕号和最大轨枕号，如图 8.34 所示。

3）测量轨道偏差。单击"测量"按钮，等待提示测量完成，显示测量结果，如图 8.35 所示。

图 8.34　设置相邻轨枕间距

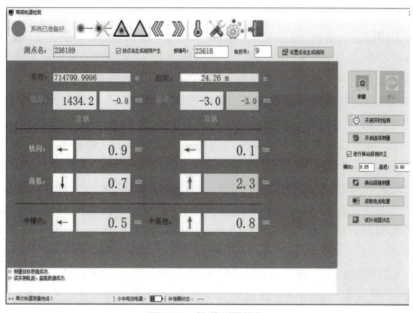

图 8.35 轨道测量数据

（8）换站搭接。要保证整个线路平顺性，在下一站轨检小车数据采集前要对上一站进行搭接测量。

全站仪架设在本站远端，小车由远及近地完成测量，行进方式为推行；相邻两测站之间有 5～10 轨枕重复测量区作为换站搭接。选中"进行换站搭接改正"，将小车推行至新的精调轨枕位置，开始测量。新站的测量偏差将按照与搭接点距离自动加入换站偏差改正换站，偏差超过 2 mm 将给出警告提示，或重新设站，或继续，如图 8.36 所示。

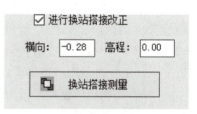

图 8.36 搭接测量

（9）导出数据成果文件。轨道静态测量数据成果文件保存在工程项目目录下，以设定的文件名前缀加测量的年、月、日等信息的 CSV 文件中（逗号分隔的文本文件）。

4. 长轨精调质量控制措施

（1）检查设计数据（平曲线、竖曲线、超高、控制点），检核无误输入计算机。

（2）到达现场后检查控制点是否发生变形或遭到破坏。

（3）每天开始测量之前检查全站仪测量精度：正倒镜检查全站仪水平角和竖角偏差，如果超过 3″，在气象条件较好的情况下进行组合校准及水平轴倾斜误差（α）校准；检查全站仪 ATR 照准是否准确（照准偏差少于 3″）。

（4）全站仪采用后方交会的方法进行设站，设站距离应控制在 70 m 以内；测量条件较差时，根据具体环境缩短目标距离（建议 50～60 m，实时测量结果应稳定在 0.7 mm 以内）；恶劣条件下禁止作业。

（5）为了确保全站仪的设站精度，建议使用 8 个控制点，如果现场条件不满足，至少应使用 6 个控制点。设站中误差为东坐标、北坐标和高程：0.7 mm；方向：2″；与轨检小车同向的控制点自由设站计算时弃用要谨慎。优先剔除背离轨检小车所在一侧的控制点，最后要确保选用的控制点覆盖本测站的测量范围。高程不能只使用近处的 4 个控制点来控制，这容易造成目标距离较远的点的高程数据不可靠。

（6）全站仪定向通不过，首先考虑设站问题，检查精平气泡，控制点棱镜是否对准全站仪（这将影响方位及坐标），棱镜头与插杆是否严密套实（影响高程）。如果不存在上述原因，再看是不是个别控制点本身精度低造成的，剔除低精度点即可。

（7）全站仪设站的位置应靠近线路中心，不可在两侧控制点的外侧。

（8）每天测量之前都要在稳固的轨道上对超高传感器进行校准，校准后可在同一点进行正反两次测量，测量值偏差应在 0.3 mm 以内；如发生颠簸、碰撞或气温变化迅速，可再次校准。

（9）采集数据时小车要停稳，棱镜要正对全站仪，全站仪采用精确模式。

（10）测量时要实时关注偏差值，如果存在明显异常，需重发采集数据，覆盖之前采集的结果，如依然存在突变，要及时分析原因。

（11）全站仪搬站后进行设站时，应使用上次设站已用过的 4～6 个控制点，以保证轨道的平顺性。

（12）搬站后需重复测量 5～10 根轨枕，并进行交叠补偿，以避免设站精度对平顺性分析的影响；如因控制点精度不高等原因造成交叠段两次测站测量数据偏差较大（2 mm 以上），在证实交叠段及前后一段范围内（前后各多测一段距离）相对较为平顺的情况下，交叠时采用"扩展模式"，一般情况下可采用"标准"模式。

（13）如轨道测量偏差较大，应避免对单点进行调整。

（14）轨道几何参数测量应符合验收标准，具体见表 8.12。

表 8.12　高速铁路轨道静态平顺度允许偏差

序号	项目	容许偏差	备注
1	轨距	±1 mm	相对于标准轨距 1 435 mm
		1/1 500	变化率
2	轨向	2 mm	人工拉弦法（弦长 10 m）
		2 mm/ 测点间距 8a （m） 10 mm/ 测点间距 240a （m）	基线长 48a （m）
3	高低	2 mm	人工拉弦法（弦长 10 m）
		2 mm/ 测点间距 8a （m） 10 mm/ 测点间距 240a （m）	基线长 48a （m）
4	水平	2 mm	不包含曲线、缓和曲线上的超高值
5	扭曲	2 mm	基长 3 m，包含缓和曲线上由于超高顺坡所造成的扭曲量

续表

序号	项目	容许偏差	备注
6	高程	10 mm	与设计值比较，站台处的轨面高程不应低于设计值
7	中线	10 mm	

注：1. 表中 a 为轨枕/扣件间距；
　　2. 站台处的轨面高程不应低于设计值

知识拓展

"北斗惯导小车"

"北斗惯导小车"集成了支持北斗三号的国产卫星导航接收机和惯性导航系统，用于替换传统轨道精测手段，快速精准获取轨道的三维位置坐标、姿态和轨距，实现轨道中线里程、轨向、高低、轨距、水平等各项几何参数的高效测量，如图8.37所示。

"北斗惯导小车"可以实现铁路轨道内部几何参数毫米级、里程厘米级测量

图 8.37 "北斗惯导小车"

精度，满足高铁有砟轨道数字化捣固要求；同时，北斗卫星导航系统的可见卫星数量更多，在复杂场景下的系统抗干扰性能和可靠性更具优势；另外，与采用传统轨道精测手段相比，测量效率提高20倍以上。使用"北斗惯导小车"后，每小时可以测量3～5 km，大大提高了作业效率，同时进一步提升了测量精度。

任务 8.3　长轨精调数据处理

任务引入

轨检小车采集数据完成后，车间技术员使用TDES软件对数据进行处理、分析，请查阅文献完成铁路线路数据处理。

📍 任务分组

班级		组号		组长	
组员	姓名	学号	姓名	学号

📖 熟悉任务

工作单 8-9（课中下发，课后交给教师）

组员姓名：　　　学号：　　　日期：　月　日　　　天气：

观看视频，了解数据处理流程，掌握相关知识。

1. 调整总体原则是什么？

2. 调整基本思路是什么？

3. TDES 作用是什么？

TDES 轨道平顺软件说明

4. 符号法则是什么?

工作计划

工作单 8-10

观看视频,了解数据处理流程,掌握相关知识。

1. 轨道数据处理调整方法有哪些?

2. 平面调整流程是什么?

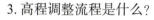

TDES 软件轨道精调实训

3. 高程调整流程是什么?

决 策

工作单 8-11

1. 师生讨论限差设置。

2. 小组讨论 5 m 短波调整。

3. 小组讨论 150 m 长波调整。

4. 小组讨论数据调整原则。

5. 小组讨论软件操作流程。

6. 师生共同讨论调整结果评价与处理。

工作实施

工作单 8-12

下载工程项目案例，使用 TDES 数据处理软件进行处理。

使用 TDES 软件对轨道数据进行调整。

评价反馈

个人自评表、小组内互评表、小组之间互评表、教师评价表。

相关配套知识

轨道平顺性调制软件（Track Detection and Evaluation System，TDES），是高速铁路轨道精调精测数据处理软件。高速铁路钢轨铺设后，通过轨道检测小车测量轨道线路几何形位、高程、里程和坐标等数据；通过使用 TDES 轨道平顺性调制软件分析这些数据，计算超限值和调整量，导出数据报表给工区，指导铁路线路施工与维修。

铁路工务部门，根据轨检小车采集的数据，软件处理的数据，对高速铁路所有设备进行编号管理，一切以数据为准，做到"精准管理、精确维修"，实现了数字工务、数字中国。

1. 软件技术要求及主要参数

（1）支持轨检小车导出格式。

（2）导入数据后自动生产图表和数值，警告数值以黄色底纹显示，超限数值以红色底纹显示。

（3）可以自定义不同内容的限差和对应显示颜色，以提高注意度。

（4）调整中途可以保存退出，无须重新调整。

（5）自动识别导向轨，避免减少调整基本轨出错。

（6）软件满足《高速铁路工程测量规范》（TB 10601—2009）的平顺性限差设计要求。

2. 调整总体原则

（1）测量数据模拟调整前，必须保证数据的真实、可靠性。调整原则："先整体、后局部，先轨向、后轨距，先高低、后水平"，优先保证参考轨的平顺性，另外一股钢轨通过轨距和水平控制。

（2）力求最佳调整量，实现最大平顺性：注意轨道几何尺寸变化率，力求最佳调整量、实现最大平顺性，确保调整后的线型尽量接近设计线型、相对平顺性良好、高程和中线在误差允许范围之内。

（3）采用传统手段与先进仪器相结合：采用轨道测量仪等先进测量仪器与电子道尺、弦线相结合，互相复核、验证，以提高精调作业的准确性。

3. 调整基本思路

（1）明确基准轨：平面位置以高轨（外轨）为基准，高程以低轨（内轨）为基准，直线区间上的基准轨参考大里程方向的曲线；

（2）"先整体后局部"：特别是在长波不佳的区段，可基于整体曲线图，大致标出期望的线路走线或起伏状态，先整体调整，再局部调整；

（3）"先轨向后轨距"：轨向的优化通过调整高轨的平面位置来实现，低轨的平面位置利用轨距及轨距变化率来控制；

（4）"先高低后超高（水平）"：高低的优化通过调整低轨的高程来实现，高轨的高程利用超高和超高变化率（三角坑）来控制；

（5）在 TDES 轨道精调软件中，平顺性指标可通过对主要参数（平面位置、轨距、高程、超高）指标曲线图的"削峰填谷"来实现，曲线平直意味着轨道的平顺；

（6）数据处理中，要消除Ⅱ级超限，减少Ⅰ级超限。

4. 符号法则

（1）生成的报表中，导向轨为"-1"表示右转曲线，平面位置以左轨（高轨）为基准，高程以右轨（低轨）为基准；导向轨为"1"表示左转曲线，平面位置以右轨（高轨）为基准，高程以左轨（低轨）为基准。

（2）TDES 中曲线图显示偏差，偏差与调整量符号相反。

（3）以面向大里程方向定义左右。

1）平面位置：实际位置位于设计位置右侧时，调整量为负，反之为正；

2）轨面高程：实际位置位于设计位置上方时，调整量为负，反之为正；

3）水平：外轨（名义外轨）过超高时，调整量为负，欠超高时调整量为正；

4）轨距：以大为正，实测轨距大于设计轨距时，调整量为负，反之为正。

5. 调整软件标题栏说明

轨道精调分为平面调整和高程调整，标题如图 8.38 所示。其含义如下：

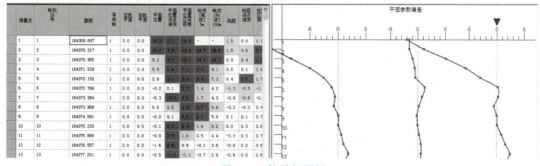

图 8.38　软件标题栏

（1）测量点号和轨枕 ID 号：轨检小车对每个轨枕要测量，测量点号和轨枕 ID 号是相同的。

（2）里程：指每个轨枕对应的里程。

（3）平面位置：平面实测值与设计值差值。

（4）平面位置邻点递变：从上向下，相邻两个测量点的平面位置数值的差值。

（5）平面位置区间极差：9 个测量点中平面位置值相互差值最大的。

（6）轨向/高低：实测中线平面坐标得到以后，在给定 5 m 和 150 m 弦长的情况下，可计算出任一实测点的正矢值；该实测点向设计平曲线投影，则可计算出投影点的设计正矢值，实测正矢和设计正矢的偏差即为轨向。

（7）轨距：实测轨距与标准轨距 1 435 mm 的差值。

（8）轨距邻点递变：从上向下，相邻两个测量点的轨距数值的差值。

（9）轨距区间极差：5 个测量点中轨距值相互差值最大的。

（10）高程：高程实测值与设计值差值。

（11）高程邻点递变：从上向下，相邻两个测量点的高程数值的差值。

（12）高程区间极差：9 个测量点中高程值相互差值最大的。

（13）水平/超高：由轨检小车上搭载的水平传感器测出小车的横向倾角，再结合两股钢轨顶面中心间的距离，即可计算出线路超高，进而进行实测超高与设计超高的比较。

（14）水平/超高邻点递变：从上向下，相邻两个测量点的水平/超高数值的差值。

（15）水平/超高区间极差：5 个测量点中水平/超高值相互差值最大的。

6. 调整方法

在数据处理中，Ctrl 键代表左轨，Alt 键代表右轨，↑、↓键代表数值大小。

（1）菜单中执行"工具"→"平面调整"命令，在表格中拾取要调整的行数后（每行代表一个测点），可对平面参数进行调整，"左轨平面"和"右轨平面"调整量会添加到相应表格中。

（2）菜单中执行"视图"→"平面曲线图"命令，主界面中从左到右依次显示"左轨平面偏差""轨距偏差"以及"右轨平面偏差"曲线图，平面调整的快捷键：

Ctrl 键和↑键：同时按下一次表示将左轨右调 1 mm；

Ctrl 键和↓键：同时按下一次表示将左轨左调 1 mm；

Alt 键和↑键：同时按下一次表示将右轨右调 1 mm；

Alt 键和↓键：同时按下一次表示将右轨左调 1 mm。

如果调整量较大，可多次按下快捷键。

（3）菜单中执行"工具"→"高程调整"命令，在表格中拾取要调整的行数后（每行代表一个测点），可对高程参数进行调整，"左轨高程"和"右轨高程"调整量会添加到相应表格中。

菜单中执行"视图"→"高程曲线图"命令，主界面中从左到右依次显示"左轨高程偏差""超高偏差"及"右轨高程偏差"曲线图，高程调整的快捷键如下：

Ctrl 键和↑键：同时按下一次表示将左轨调高 1 mm；

Ctrl 键和↓键：同时按下一次表示将左轨调低 1 mm；

Alt 键和↑键：同时按下一次表示将右轨调高 1 mm；

Alt 键和↓键：同时按下一次表示将右轨调低 1 mm。

如果调整量较大，可多次按下快捷键。

（4）自动调整时可执行“自上而下”或“自下而上”命令，自动生成的调整量会添加到相应数据表格中。如果曲线上方满足平顺性指标（更平直），下方超限，可将上方平直的区间与待调整的区间一同选中，然后执行“自上而下”命令进行自动调整；如果曲线下方满足平顺性指标（更平直），上方超限，可将下方平直的区间与待调整的区间一同选中，然后执行“自下而上”命令进行自动调整。

7. 限差设置

根据要求对软件进行限差设置，如图 8.39 所示。

名称	限值Ⅰ下限	限值Ⅰ上限	限值Ⅱ下限	限值Ⅱ上限
高程	-5.0	5.0	-10.0	10.0
高程邻点递变	-0.3	0.3	-0.6	0.6
高程区间极差	-1.0	1.0	-2.0	2.0
高低[短波,5m]	-1.0	1.0	-2.0	2.0
高低[长波,150m]	-5.0	5.0	-10.0	10.0
平面位置	-5.0	5.0	-10.0	10.0
平面位置邻点递变	-0.3	0.3	-0.6	0.6
平面位置区间极差	-1.0	1.0	-2.0	2.0
轨向[短波,5m]	-1.0	1.0	-2.0	2.0
轨向[长波,150m]	-5.0	5.0	-10.0	10.0
水平/超高	-1.0	1.0	-2.0	2.0
水平/超高邻点递变	-0.3	0.3	-0.6	0.6
水平/超高区间极差	-1.0	1.0	-2.0	2.0
轨距	-0.8	0.8	-1.0	1.0
轨距邻点递变	-0.3	0.3	-0.6	0.6
轨距区间极差	-1.0	1.0	-2.0	2.0

图 8.39 限差设置

8. 调整结果评价与处理

（1）曲线平直度体现调整结果，调整前后的结果可从“工具”菜单中进行“统计分析”，便于对轨道进行评价及准备调整件。统计分析的结果也可导出，如图 8.40 所示。

（2）统计分析中可以查看调整前后轨道几何参数统计，如图 8.41 所示。

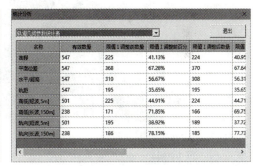

统计分析

调整量统计表 退出

调整量	垫板总数	左轨高程	右轨高程	高程调整百分比	
-3.0	1094	0	0	0.00%	1C
-2.0	1094	0	5	0.46%	1C
-1.0	1094	4	0	0.37%	1C
0.5	1094	2	2	0.37%	1C
1.0	1094	7	3	0.91%	1C
1.5	1094	3	0	0.27%	1C
2.0	1094	2	4	0.55%	1C
3.0	1094	0	0	0.00%	1C
			总百分比：	2.93%	

图 8.40 调整结果统计

统计分析

轨道几何参数统计表 退出

名称	有效数量	限值Ⅰ调整前数量	限值Ⅰ调整前百分	限值Ⅰ调整后数量	限值
高程	547	225	41.13%	224	40.95
平面位置	547	368	67.28%	370	67.64
水平/超高	547	310	56.67%	308	56.31
轨距	547	195	35.65%	195	35.65
高低[短波,5m]	501	225	44.91%	224	44.71
高低[长波,150m]	238	171	71.85%	166	69.75
轨向[短波,5m]	501	195	38.92%	189	37.72
轨向[长波,150m]	238	186	78.15%	185	77.73

图 8.41 调整前后轨道几何参数统计

9. 调整要求

（1）在制订调整方案时不可一味地关注短波不平顺，中长波不平顺（波长 30 m 以上）将可导致严重晃车，影响列车舒适性，数据调整要以 150 m 长波调整后走向为基准。

（2）钢轨和扣件系统状态良好的情况下，轨向连续多波不平顺、轨向与三角坑的复合不平顺是导致横向加速度超限的主要原因，要重点控制。

（3）钢轨和扣件系统状态良好的情况下，高低连续多波不平顺是导致垂直加速度超限的主要原因，要重点控制。

（4）除验收标准外，轨距、超高、平面、高程四大参数邻枕变化不超过 0.7 mm；5 m（8 倍枕距）内任意两点相对偏差不能超过 2 mm；按技术标准合格率 100%；同时，根据动检状况控制或提高优良率；30 m（50 倍枕距）内任意两点相对偏差不能超过 3 mm；疑难区段 50 m（80 倍枕距）内任意两点相对偏差不能超过 3 mm。

（5）5 m 短波超限，要调整 8 个轨枕；150 m 长波超限，要调整 240 个轨枕，根据长波确定曲线走势。

（6）调整既要看曲线走势，也要注意数值大小。

任务 8.4　高速铁路线路联调联试与维修作业

任务引入

高速铁路正式开通前，铁路总公司、铁路局和工程局共同对车机工电等进行联合调试，请查阅文献完成高速铁路线路联调联试与维修作业。

任务分组

班级		组号		组长	
组员	姓名	学号	姓名	学号

熟悉任务

工作单 8-13（课中下发，课后交给教师）

组员姓名： 　　学号： 　　日期： 　月　　日 　　天气：

个人自评表、小组内互评表、小组之间互评表、教师评价表。

1. 联调联试是什么？

2. 联调联试的主要内容有哪些？

线路轨向、轨距精调作业指导书

3. 轨道精调目标是什么？

4. 轨道现场调整原则有哪些？

5. 现场检查主要工具包含哪些？

工作计划

工作单 8-14

1. 联调联试工作流程有哪些？

2. 线路维修流程有哪些？

3. 精调作业程序有哪些？

4. 如何进行施工方案的审批？

5. 现场作业程序有哪些？

决 策

工作单 8-15

1. 师生讨论联调联试的目的。

2. 小组讨论联调联试与动态检测的关系。

3. 小组讨论常规检测和专项检测。

4. 小组讨论静态精调和动态精调。

5. 小组讨论精调方案。

6. 师生讨论不平顺的检查与调整。

工作实施

工作单 8-16

选择一段具有代表性的线路,采用轨检小车等仪器设备进行现场数据采集,制订维修计划,实施现场维修作业。

1. 全站仪设站精度。

精度项目	X/mm	Y/mm	H/mm
规范要求			
本次设站			
是否超限			

2. 数据采集。

3. 轨道数据处理及维修方案制订。

4. 现场维修。

5. 回检。

评价反馈

个人自评表、小组内互评表、小组之间互评表、教师评价表。

相关配套知识

联调联试是以铁路开通运营时一次性达到设计速度为目标，在动车组高速运行状态下对全线各系统进行综合测试、调试，评价供变电、接触网系统设计参数和设备选型的合理性；验证通信、信号、客服、防灾等系统的功能、性能、安全性；验证路基、轨道、道岔、桥梁等结构工程的安全性和适用性；检验各系统接口关系；对全线的各系统进行调试，优化各系统的状态和性能，检查工程在规定速度范围内的工作状态，确定其功能是否达到设计要求和相关技术标准，是对建设成果的综合检验，为铁路的顺利开通提供科学依据。

联调联试是高速铁路工程建设的重要组成部分，是运营准备的必要环节。

1. 联调联试的目的

（1）测试、评价各系统设计的合理性。测试、评价包括线路工程（包括路基、桥梁、无砟轨道、道岔）、牵引供电、通信、信号等系统是否达到设计要求及设计的合理性。

（2）测试、评价整体系统性能。测试、评价高速动车组在轨道上运行的安全性、平稳性和跨线动车组的适应性，弓网受流性能、通信信号系统的安全性、稳定性，噪声振动、电磁辐射的环境影响和总体系统功能是否满足运输需求。对全线的各系统和系统之间的匹配进行充分的测试、检验、调试、优化。同时，为动态验收提供技术支撑和科学依据。

（3）为高速铁路开通运营提供技术支持。联调联试系统地验证了动车组高速运行各方面的关键技术，优化了设备的配置和性能，使整体系统满足开通运营要求。

2. 工务系统线桥设备联调联试的主要内容

（1）联调联试的主要内容。联调联试主要是检验、调试线桥设备、通信信号、牵引供电、运营调度、客运服务等系统的性能或功能和动车组与各系统间接口关系是否满足设计和运营要求。重点是动车组与轨道、通信信号、牵引供电、运营调度、客运服务等系统间的匹配。

（2）竣工验收。竣工验收分为五个阶段，如图 8.42 所示。

图 8.42　客运专线竣工验收程序

1）静态验收：由运营使用单位（铁路局）组织实施，专家组进行检查，运营使用单位编写《静态验收报告》报铁路总公司。

2）动态验收：由运营使用单位组织实施，铁科院负责动态检测，专家组审查《动态检测报告》后，运营使用单位编写《动态验收报告》报铁路总公司。动态验收是在静态验收合格，并经铁路总公司确认后采用实车对工程质量和系统安全运行状态进行全面检查和验收。其工作内容包括动态检测和运行试验。动态检测是通过采用检测车和试验列车，在规定速度范围内对系统功能、动态性能和系统安全状态进行检测，并按照相关技术标准进行评定。动态检测结果是动态验收的主要依据。

3）初步验收：由铁路总公司组织成立初步验收委员会召开会议，提出《初步验收报告》，明确验收结论。

4）安全评估：初步验收合格后，由铁路总公司安全监察部门组织进行安全评估，对试运营提出安全评价意见。

5）国家验收：初步验收一年后，由国家主管部门或委托铁路总公司组织进行整体验收和综合评价。

3. 联调联试工作流程

（1）大纲及计划编制、评审、报批。铁科院根据各客运专线的具体情况和联调联试的时间要求与路局和客专公司商定试验内容、地面测点位置，编写"联调联试大纲和初步计划"。经铁路总公司运输局组织的专家评审，修改后报铁路总公司，铁路总公司批准后下发执行。

（2）实施组织方案编制、报批。铁路局根据铁路总公司批准的大纲和初步计划，编制具体的组织实施方案，内容包括：组织机构、人员及职责运输组织方案、安全措施、应急预案、安全保卫及保密后勤保障等，报铁路总公司批准后执行。

（3）联调联试实施。铁路局根据铁路总公司批准的"组织实施方案"，组织联调联试。铁科院负责具体测试，客专公司负责根据测试数据进行整改。

（4）报告编写。铁科院独立编写"动态检测报告"供动态验收专家组审查。铁科院与铁路局、客专公司共同编写"联调联试报告"。

4. 动态检测的工作流程

（1）动态检测前，由客专公司与铁科院签订动态检测委托合同，铁科院会同铁路局、客专公司共同编制"试验大纲",经铁路总公司组织专家审查后,批准实施。

(2)动态检测中,列车速度由低到高,逐级提速,检测最高速度为设计速度的110%;信号系统检测范围包括所有进路;动态检测完成后,由铁科院编制"动态检测报告",报动态验收组织单位—铁路局。报告内容包含检测目的、内容和方法,检测结果与分析,评价结论和建议等。

铁路总公司运输局和工程管理中心组织站前工程、通信、信号、牵引供电等专家组,审查路局的"动态验收报告"(包括"动态检测报告")。

5. 联调联试与动态检测的关系

(1)联调联试是采用实际运营列车或检测列车,对客运专线的各个系统的状态、性能、功能和系统间匹配进行的综合测试、验证、调整、优化,使客运专线整体系统达到设计要求。强调的是调—试—调的过程,重点是动车组运行下的各系统的状态、功能调试。

(2)联调联试的组织实施一般应由铁路局负责,测试由铁科院负责,各个系统的状态或功能的整改由客专公司负责组织承包商或集成商完成。

(3)动态检测是采用检测车或实际运用列车(动车组或货物列车)检查工程在规定速度范围内的工作状态,确定其功能和性能是否达到设计要求及相关技术标准的规定,强调的是检测结果。动态检测是铁路局负责组织进行的动态验收工作中的重要组成部分,由铁路局委托铁科院进行检测、评价,但检测费用由客专公司承担,纳入工程建设费。

(4)联调联试除按计划进行逐级提速测试外,还必须根据测试结果,对各系统不符合标准的状态、性能等进行整改、调整;动态检测则是以联调联试的最后检测结果作为对工程质量评价、验收的依据。

由于两项工作的内容基本相同,铁路总公司领导单位、组织单位、测试单位都相同,因此动态检测都是结合联调联试进行的。

6. 联调联试工务试验

线桥设备间的联调联试主要是检验轮轨关系是否满足列车运行的稳定性(安全性)和平稳性要求。主要测试试验列车运行下轨道几何状态和路基状态、路基及过渡段、桥涵、隧道、轨道、道岔等线桥设备的动力性能及动力响应(包括脱轨系数、减载率、轮对横向力和竖、横向振动加速度等);隧道空气动力学效应(列车交会、隧道气动力效应等和噪声振动及减振降噪措施效果等)调试的重点是轨道状态和道岔状态。

(1)路基及过渡段动力性能测试。主要测试轨道结构路基与过渡段动应力、动变形与振动特性及挡墙侧向变形,掌握其动力特性,评价轨道路基的工程适应性和设计的合理性。测试设备如图8.43所示。

图8.43 路基及过渡段动力性能测试

（2）轨道动力性能测试。主要测试动车组高速运行条件下路桥过渡段、桥上直线和曲线、路基地段无砟轨道结构的动力性能，验证和评估列车运行的安全性、轨道稳定性、轨道部件承载强度的安全储备及线路的平顺性。测试设备如图 8.44 所示。

图 8.44　轨道动力性能测试

（3）道岔动力性能测试。主要进行道岔的安全性、道岔平顺性、道岔部件的变形、道岔部件强度、轨道刚度、轮轨垂直力的过渡、转换和监测设备性能等测试，调整道岔状态。测试设备如图 8.45 所示。

图 8.45　道岔动力性能测试

（4）桥梁动力性能测试。主要测试 350 km/h 动车组的空车、重车以各种速度通过桥梁工点时桥梁的自振特性和动力响应（竖横向自振频率、阻尼比、动力系数、挠跨比、梁端转角、支座竖横向动位移、竖横向振幅、强振频率、竖横向振动加速度、梁缝两侧钢轨支点横竖向位移）。测试设备如图 8.46 所示。

图 8.46　桥梁动力性能测试

（5）隧道内列车空气动力学测试。测试动车组通过隧道和在隧道内交会时列车表面及车厢内部空气气压力变化，验证动车组在隧道内运行及交会的空气动力效应是否满足相关标准要求，验证动车组高速通过隧道时运行的安全性、舒适性和隧道设计参数的合理性。测试设备如图 8.47 所示。

图 8.47　隧道内列车空气动力学测试

（6）隧道内气动效应测试内容。测试隧道内瞬变压力、隧道洞口微气压波和列车风，为论证隧道断面参数的合理性和辅助坑道优化设计提供依据。隧道内空气传播如图 8.48 所示。

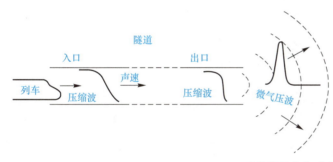 

图 8.48　隧道内的空气动力学

7. 线路维修概述

（1）高速铁路线路维修工作的基本任务是保持线路设备状态完好，保证列车以规定速度安全、平稳、舒适和不间断地运行，尽量延长设备使用寿命，并应积极采用新技术、新设备、新材料、新工艺和先进的施工作业方法，优化作业组织，提高线路检修质量。

（2）现场作业必须按照下述程序办理：人工添乘（确定地点）→轨检车图谱分析（确定偏差处所）→测量仪器现场静态检查（复核、查找偏差地点）→专业技术人员综合分析（查找原因、确定整修方案）→作业方案审批→作业方案实施→作业质量回检→处理情况信息反馈。

轨道精调是根据轨道测量数据对轨道几何状态进行的精确调整，使轨道精度达到规范标准，满足列车平稳、舒适运行要求。轨道精调是为了实现轨道的高平顺性。

（3）轨道精调分为静态精调和动态精调。

1）静态精调是指联调联试前的精调，是在轨道应力放散、线路锁定、焊缝打磨之后（道岔在直、侧股与正线、到发线焊联，焊缝打磨之后），在联调联试之前根据轨道静态测量数据对轨道进行全面、系统地调整，对轨道线型进行优化，将轨道几何尺寸调整到允许范围内，合理控制轨距、水平、轨向、高低等变化率，使轨道精度满足静态验收标准要求。

2）动态精调是指联调联试、运行试验、运营期间的精调，根据轨道动态检测情况对轨道局部缺陷进行修复，对部分区段几何尺寸进行微调，对轨道线型进一步优化，使轮轨关系匹配良好，使轨道精度全面达到高速行车条件。

轨道精调贯穿轨道施工的全过程，无砟轨道从底座、有砟轨道从道碴摊铺施工开始，直至投入运营；施工精度决定着精调的工作量、精调费用及所需时间。轨道精调质量对动车的运行品质具有重要的影响，甚至影响行车安全。

8. 技术标准

（1）线路精调作业严格执行铁运《高速铁路无砟轨道线路维修规则（试行）》（铁运〔2012〕83号）关于无缝线路作业轨温及锁定轨温的相关规定。

（2）线路水平、高低应通过更换不同规格调高垫板进行调整，调高垫板的规格和数量应符合要求，调整作业应做记录。

（3）线路作业应优先保证几何尺寸，高低应通过更换不同规格的微调垫片进行调整，调整作业应做记录。

（4）作业轨温条件严格按照《高速铁路无砟轨道线路维修规则（试行）》（铁运〔2012〕83号）第5.6.3条规定执行，见表8.13。

表8.13　无缝线路作业轨温条件

作业项目	线路平面条件	最多连续松开扣件个数（按实际锁定轨温计算）				
		−10 ℃及以下	−10 ℃～0 ℃	0 ℃～+10 ℃	+10 ℃～+20 ℃	+20 ℃以上
改道、垫板作业	$R<2\,000$ m	9	40	15	9	禁止
	$R\geqslant 2\,000$ m 或直线	15	40	20	9	禁止
更换扣件或涂油	—	隔一松一、流水作业				禁止

（5）线路轨道静态几何尺寸容许偏差管理值严格按照《高速铁路无砟轨道线路维修规则（试行）》（铁运〔2012〕83号）第6.1.1条的规定执行，见表8.14。精调后轨道几何尺寸需达到"作业验收"标准。

表8.14　250（不含）～350 km/h 线路轨道静态几何尺寸容许偏差管理值

项目	作业验收	经常保养	临时补修	限速（200 km/h）
轨距 /mm	+1 −1	+4 −2	+5 −3	+6 −4
水平 /mm	2	4	6	7
高低 /mm	2	4	7	8
轨向（直线）/mm	2	4	5	6
扭曲 /[mm·(3 m)$^{-1}$]	2	4	5	6
轨距变化率	1/1 500	1/1 000	/	/

（6）线路轨道动态质量容许偏差管理值严格按照《高速铁路无砟轨道线路维修规则（试行）》(铁运〔2012〕83号）规定执行。精调后综合检测列车检测数据不得出现"经常保养"偏差，见表8.15。

表8.15　250（不含）～350 km/h 线路轨道动态质量容许偏差管理值

项　目		经常保养	舒适度	临时补修	限速（160 km/h）
偏差等级		Ⅰ级	Ⅱ级	Ⅲ级	Ⅳ级
轨距 /mm		+4 −3	+6 −4	+7 −5	+8 −6
水平 /mm		5	6	7	8
扭曲（基长3 m）/mm		4	6	7	8
高低 /mm	波长1.5～42 m	4	6	8	10
轨向 /mm		4	5	6	7
高低 /mm	波长1.5～70 m	7	9	12	15
轨向 /mm		6	8	10	12
复合不平顺 /mm		6	8	/	/
车体垂向加速度 /（m·s^{-2}）		1.0	1.5	2.0	2.5
车体横向加速度 /（m·s^{-2}）		0.6	0.9	1.5	2.0
轨距变化率（基长3 m）/‰		1.0	1.2	/	/

（7）线路轨道动态均值管理，线路轨道质量指数（TQI）和单项标准差按照《高速铁路无砟轨道线路维修规则（试行）》(铁运〔2012〕83号）第6.2.4条的规定执行。精调后综合检测列车检测 TQI 单元值小于2.0，单项标准不得超标，见表8.16。

表8.16　250（不含）～350 km/h 线路轨道质量指数（TQI）管理值

项目		高低	轨向	轨距	水平	扭曲	TQI
波长范围	1.5～42 m	0.8×2	0.7×2	0.6	0.7	0.7	5.0
注：波长范围为1.5～42 m 的单项标准差计算长度200 m							

9. 轨道精调准备工作

（1）人员培训。参加轨道精调的有关人员应掌握相关技术标准、轨道测量技术、轨道调整方法等。

（2）轨道精调仪器、量具、工具、材料的准备。包括测量仪器（测量小车、棱镜）、轨距尺、弦线、塞尺、电动扭矩扳手、内燃扳手、液压起道器、调整扣件等；每次测量前均应对测量仪器进行校核。我国客运专线扣件类型比较多，见表8.17。在我国高铁建设初期采用 WJ-7型扣件比较多，目前主要使用 WJ-8型扣件，因此，精确之前要调查清楚扣件类型。

表 8.17 我国客运专线扣件类型

扣件类型	运营条件	线路条件	承轨槽结构	已应用线路
WJ-7（A）	250 km/h 客货	Ⅰ型板式或双块式	无挡肩	东南沿海（甬台温、温福、福厦）、宜万
WJ-7（B）	350 km/h 250 km/h 客运			武广、广珠、广深港、哈大、沪宁、海南东环
SFC（直列式）	250 km/h 客货 350 km/h 250 km/h 客运	双块式	无挡肩	合武
SFC（错列式）		Ⅰ型板式		石太
WJ-8（A）	250 km/h 客货	双块式	有挡肩	—
WJ-8（B）	350 km/h 250 km/h 客运			武广、郑西
WJ-8（C）	350 km/h 250 km/h 客运	Ⅱ型板式	有挡肩	津秦、京石、石武、沪杭、成灌
300-1a	350 km/h 250 km/h 客运	Ⅱ型板式	有挡肩	京津、京沪
300-1u		双块式		武广、郑西

（3）轨道结构状态的全面检查。重点检查扣件系统安装是否正确、完整、扭矩是否达到标准；钢轨焊接接头的平顺性是否满足要求；清除无砟轨道上的所有杂物，包括钢轨顶面污物，以确保测量数据真实可靠，防止错误调整或重复调整。

10. 轨道精调方法

（1）采集数据。轨道精调数据采集采用轨检小车，具体操作详见任务 8.2 内容。

（2）制订精调方案。高铁精调目的是优化线型，消灭几何尺寸超限。如精测数据反映线路线型平顺，各项偏差在标准范围内，则不做调整；否则应制定精调方案进行调整。根据精测数据结合测量区段现场扣件规格、轨向偏差图和 TDES 模拟图"削峰填谷"处理外业数据，调整轨道参数，编制精调方案。

调整原则："先轨向、后轨距，先高低、后水平"，优先保证基准轨的平顺性，另外一股钢轨通过轨距和水平向基准轨靠齐。一般轨距控制在 ±1 mm 以内；水平控制在 1 mm 以内；轨向和高低控制在 2 mm 以内，连续两根轨枕各指标的变化率控制在 0.5 mm 内。特殊情况下，对于调整量突然变化较大的地段，需现场核对或重新测量后再做调整。精调方案含方案说明（调整原因、调整范围、工作量、最大调整量、精调前波形图与精测数据线型图对比）、精调方案、扣件调整表等内容。

（3）精调作业程序。

1）全面检查几何尺寸。在完成小车精测，制订调整方案后，开始作业前，首先对作业段轨距、水平，逐个承轨台检查，并标记在一股钢轨轨底脚部位，曲线地段还要检查 20 m 弦、每 2.5 m 点正矢。

2）标准股确定。曲线地段上股为标准股，直线地段标准股的选择应与相邻曲线上股一致。

3）精调数据标注。按照调整方案先将高程、平面调整数据标注在承轨台或钢轨上。

4）精调方案复核确认。作业负责人结合轨距、水平，选择小车分析方案中的"0"点拉弦线对高程、平面数据进行复核，若复核结果与小车分析方案总体调整趋势一致，则划定标准股作业范围，最终调整量以现场实测为准。如现场复核与精调方案有明显差别，则应安排精确测量小车重新测量、重新制订方案。

5）根据作业方案，分发调整材料至各承轨台。

6）直线地段调整作业。按先高程、后平面顺序调整好标准股，再根据轨距、水平对另外一股钢轨进行调整。

7）曲线地段的调整作业。平面调整：首先计算曲线每2.5 m点的理论正矢和超高，并印刷在上股钢轨腰部内侧。测量各测点的正矢，用简易拨道法计算好各点拨量；若根据精测小车分析资料，曲线无连续20 m及以上调整段，则直接用2.5 m曲线正矢各测点的拨量，调整标准股平面；若曲线段内有连续20 m及以上平面调整区段，则先根据小车资料调整一遍后，再利用曲线正矢调整一次。高程调整：曲线段与直线段相同。

8）复核、复测。精调作业完成后，当日用弦线、电子道尺等核查几何尺寸，记录偏差值；复核扣件扭矩，记录调整区段的扣件、垫板型号，建立台账。

当一个单元精调作业完成后，应及时安排轨道测量仪进行复测。

11. 轨道现场调整方法

首先明确基本轨，然后现场调整对照调整量表，按"先高低、后水平；先方向，后轨距"的原则进行精调施工。每个作业面分为两个调整小组：一组调高程；另一组调轨向。

（1）高程调整。根据调整方案和对应的轨枕号首先用石笔在基准轨表面或轨腰处标记调整量。根据现场的标示，把调整件准确无误地摆放在承轨台的两侧。调整件摆放要有专人复核，摆放要整齐，以便于更换。

高程调整时，不能同时松开两股钢轨的扣件，应先固定一根钢轨作为参照，松开另外一根。每次松开扣件数量不得连续超过10个扣件。松开扣件之前，应先用电子道尺检查轨距、水平相对关系并记录读数确定调整后的数据，用以检查调整是否到位。

1）钢轨高低位置正调整时，可采用轨下调高垫板或铁垫板下调高垫板，如图8.49所示。

①采用轨下调高垫板进行调整时，先松开弹条，取出绝缘块，提升钢轨，在轨下垫板和铁垫板间垫入所需厚度的轨下调高垫板（轨下调高垫板的型号分别为0.5 mm、1 mm、2 mm、5 mm、8 mm），钢轨落下后扭紧螺母，使弹

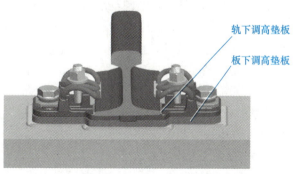

图8.49 WJ-7扣件系统

条安装到位。轨下垫板总厚度不得超过 10 mm，数量不得超过 2 块，并将最薄的垫板放在下面，以防止下调高垫板窜出。当调高量需 0.5 mm 级别时，可紧贴铁垫板承轨面加垫 0.5 mm 厚的轨下调高垫板，数量可为 3 块。

②采用铁垫板下调高垫板进行调整时，先卸下锚固螺栓，提升钢轨，在铁垫板和绝缘缓冲垫板之间垫入需要厚度的铁垫下调高垫板，钢轨复位后检查轨向和轨距，必要时进行调整，确认合适后用可控扭矩的扳手机具以 300～350 N·m 的扭矩扭紧锚固螺栓，铁垫板下调高垫板总厚度不得超过 16 mm，数量不得超过 2 块。

2）钢轨高低位置负调整时，应先卸下锚固螺栓，提升钢轨，将铁垫板下 6 mm 厚的绝缘缓冲垫更换为 2 mm 的绝缘缓冲垫，钢轨复位后检查轨向和轨距，必要时进行调整，确认合适后用可控扭矩的扳手或机具以 300～350 N·m 的扭矩扭紧锚固螺栓，然后根据调整量，在轨下垫板和铁垫板间垫入所需厚度的轨下调高垫板。

钢轨高低位置调整范围为 –4～+26 mm，施工调整范围为 –4～+6 mm，可按表 8.18 选用所需厚度的绝缘缓冲垫板和调高垫板进行调整。

表 8.18　绝缘缓冲垫板和调高垫板尺寸　　　　　　　　　　　　　　　mm

轨高低位置调整量	绝缘缓冲垫板厚	轨下调高垫板厚度	铁垫板下调高垫板厚度
–4	2	0	0
–3	2	1	0
–2	2	2	0
–1	2	3	0
0	6	0	0
+1～+7	6	+1～+7	0
+8	6	0	8
+9～+15	6	+1～+7	8
+16	6	0	2×8
+17～+26	6	+1～+10	2×8

注：当调高量需 0.5 mm 级别时，可紧贴铁垫板承轨面加垫 0.5 mm 厚的轨下垫板。

（2）轨向调整。首先调基准轨：轨向调整，松开扣件之前应先用电子道尺检查轨距相对关系并记录读数，确定调整后的数据，用以检查调整是否到位，然后松开锚固螺栓，用改道器卡住钢轨，横向移动铁垫板予以调整，使轨向达到要求。当铁垫板横向移动受到平垫块卡阻时应将平垫块掉头使用。WJ-8 扣件系统如图 8.50 所示。

基准轨调整完成之后，根据电子道尺或

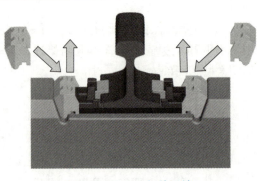

图 8.50　WJ-8 扣件系统

轨检小车数据用相同的方法调整另外一根钢轨的水平及轨距。

（3）复测。

1）复测前准备。把第一次调整记录整理备案，以便复测时复核。对调整区段的扣件、垫板进行全面检查，确认安装正确，扣压力达到设计标准。

2）测量。轨检小车采集数据与第一次一样，但是两次测量设站位置要尽量错开，对比第一次测量数据，对复测数据进行分析，不满足精度要求的地段重新调整。

12. 现场核对检查

（1）局部短波（波长 1～10 m）不平顺的检查。

1）检查项目：轨道检测报告中Ⅰ级及以上偏差处所，波形图中的突变点、轨向和水平复合不平顺，动力学检测报告中的减载率、脱轨系数、轨道横向力超标处所。

2）检查主要工具：轨道小车、轨距尺、弦线、1 m 直钢尺、塞尺等。

3）检查范围：轨道缺陷里程前后各 50 m，必要时可适当扩大检查范围。首先必须对区段范围内的扣件、垫板进行全面检查，确认无异常再开始轨道几何尺寸检查。

4）轨向：用 10 m、20 m 弦线检查钢轨，逐根轨枕连续测量。

5）轨距：用轨距尺检查，逐根轨枕连续测量。

6）水平：用轨距尺检查，逐根轨枕连续测量。

7）三角坑（基长 2.5 m）：根据水平测量值，每隔 3 根轨枕计算水平变化率。

8）高低：用 10 m 弦线检查，逐根轨枕连续测量。

9）焊缝：用 1 m 直钢尺检查，塞尺测量钢轨顶面、工作边和圆弧面，检查所有焊接接头。

10）减载率：重点检查焊缝平顺度、扣件、垫板状况。

11）脱轨系数：重点检查扣件、垫板状况，多为扣件扣压力不足、吊板所致。

12）轨道横向力：重点检查轨向、水平，多为轨向和水平的复合不平顺的叠加所致，可以结合波形图一并检查分析，同样还应重点检查扣件、垫板密贴状况。

对静态检查数据应做好详细记录，并认真分析，如确认已经找到真实缺陷地点，则可以据此进行现场调整，否则，应继续扩大检查范围，继续检查，直至找到为止。

（2）长波不平顺的检查。根据轨道检测报告和波形图分析的轨向、高低长波（波长 70 m）不平顺，采用轨道小车在波峰或波谷里程前后各 300 m 范围内进行测量。

（3）连续短波不平顺的检查。根据轨道检测车波形图分析，轨向、高低存在的连续短波不平顺（波幅为 1.5～4 mm，波长为 6～9 m），可以采用轨道小车测量，也可以采用人工拉弦线的方法进行测量。

13. 确定调整方案

（1）短波不平顺的调整。根据现场检查、测量情况可以当即确定调整方案，形成调整量表。

（2）长波不平顺的调整。根据轨道小车测量情况，对轨道超限指标进行调整，并对线型进行合理优化后形成调整量计算表，其程序及要求等同于轨道精调调整量。

14. 施工方案的审批

所有需进行动道的作业（含钢轨打磨），均须报铁路局进行审批。具体程序如下：现场确定方案→车间提报施工方案（方案要重点说明现场病害情况、地点近期的轨检车动检车情况、处理方案、技术方案负责人、现场整治负责人等）→段线路科→主管副段长→段长→电传工务处调度→工务处线路科主管工程师→主管副处长→工务处处长→铁路局主管副局长→现场作业。

15. 精调施工现场标示方法

（1）调整方案的标示。

1）方向和轨距：现场标识统一采用记号笔进行标识，方向、轨距调整方案按照如图 8.51 所示的要求标识在道心位置。轨距标示时，将标示内容靠近调整的钢轨一侧标注。

图 8.51　方向和轨距现场标示

2）高低、水平：现场不单独标示调整方案，与扣件调整型号一起，统一标注在钢轨外侧正对轨枕位置的右侧下轨底上，如图 8.52 所示。

图 8.52　郑西客专现场方向和轨距标示

（2）WJ-8 扣件型号的标示。

1）高低：高低数据，统一标识在钢轨外侧正对轨枕位置的右侧下轨底上，采用黑色记号笔进行标识。标识格式统一为："⊕x 4+X+X+X+Ap-x"，标识方法采用按照调整顺序进行标识，不需要用到的内容现场不标识（图 8.53）。

其中，⊕x 表示对应枕木头处的调整方案，"+"表示抬道，"-"表示落道，"x"表示需要抬道或落道的量值；"4"表示此处钢轨下所需要用到的基本垫为 4 mm（个别地方可能需要用到 2 mm、3 mm 的基本垫）；"+X+X+X"表示现场此处钢轨下调整所需要用到的微调垫板，此处"X"的数值为"0.5、1、2、5、8"几种类型，未使用 0.5 mm 的情况下，只能叠加两层，若此处使用有 0.5 mm 的调高垫，可以叠加 3 层；"+Ap-x"表示此处钢轨下需要使用的铁垫板下 Ap 调高垫板，分 10 mm 和 20 mm 两种型号。对需要更换长形螺栓的轨枕头，需要在上面标识后用黑色记号笔标上"S3"字样。

图 8.53　高低标示

2）方向：在每个轨枕头上，面朝钢轨，在枕木头左侧用阿拉伯数字表示调整后此处位置需要用到的绝缘块型号，在轨枕头右侧用汉字数字表示调整后此处位置需要用到的轨距挡块型号（图 8.54）。调整时优先调整绝缘块，当绝缘块能够满足调整要求时，轨距块型号现场可以不标识。

图 8.54　轨向标示

16. WJ-8 型扣件养护维修

（1）扣件组成。

1）WJ-8 型扣件由螺旋道钉、平垫圈、弹条、绝缘轨距块、轨距挡板、轨下垫板、铁垫板、铁垫板下弹性垫板和预埋套管等组成。为满足高低调整需要，还包括轨下微调垫板和铁垫板下调高垫板，如图 8.55 所示。

2）弹条。弹条分两种，即一般地段使用的 W1 型和桥上可能使用的 X2 型。W1 型弹条的直径为 14 mm；X2 型弹条的直径为 13 mm。

3）轨下垫板。轨下垫板分为一般

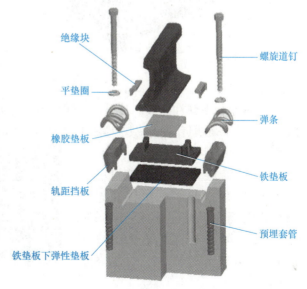

图 8.55　WJ-8 型扣件系统

地段使用的橡胶垫板和桥上可能使用的复合垫板两种，如图 8.56、图 8.57 所示。桥上需要降低线路阻力时，可采用 X2 型弹条并配用复合垫板，此时每组扣件的钢轨纵向阻力为 4 kN。

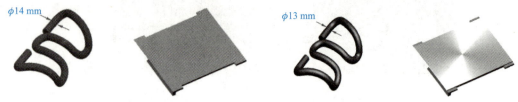

图 8.56　W1 弹条和橡胶垫板

图 8.57　X2 弹条和复合垫板

4）轨距挡板。轨距挡板分为一般地段用 WJ8 轨距挡板和钢轨接头处用 WJ8 接头轨距挡板两种，如图 8.58 所示。

一般地段用 WJ8 轨距挡板分 2、3、4、5、6、7、8、9、10、11 和 12 号 11 种规格，标准轨距时使用 7 号轨距挡板，其中 10、11、12 号 3 种规格可用于钢轨接头处。

WJ8 接头轨距挡板分 2、3、4、5、6、7、8、9 号 8 种规格，标准轨距时使用 7 号。

WJ8 轨距挡板　　WJ8 接头轨距挡板

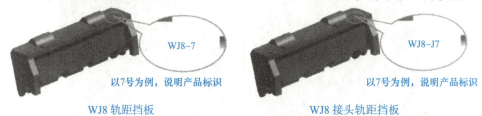

图 8.58　轨距挡板

5）绝缘块。绝缘块分为 I 型和 II 型两种。一般地段采用 I 型，钢轨接头处采用 II 型绝缘块，如图 8.59 所示。

I型　　II 型

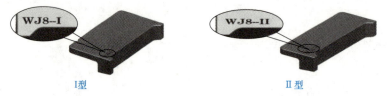

图 8.59　绝缘块号

6）铁垫板下弹性垫板。铁垫板下弹性垫板分为 A、B 两类（厚度均为 12 mm）。A 类弹性垫板用于兼顾货运的高速铁路；B 类弹性垫板用于仅运行客车的高速铁路，如图 8.60 所示。

图 8.60　铁垫板下弹性垫板

7）螺旋道钉。螺旋道钉分为 S2 型和 S3 型两种。在扣件正常状态安装或钢轨调高量不大于 15 mm 时用 S2 型螺旋道钉；调高量大于 15 mm 时用 S3 型螺旋道钉，如图 8.61 所示。

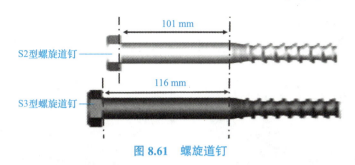

图 8.61 螺旋道钉

8)预埋套管。该部件预先埋设于轨枕或轨道板中,预埋套管顶面应与轨枕或轨道板承轨面齐平。预埋套管埋设后,应加盖塑料(或其他材料)盖以防雨水和泥污进入。

9)调高垫板。调高垫板分为轨下微调垫板和铁垫板下调高垫板两种,分别放置于轨下垫板与铁垫板之间和铁垫板下弹性垫板与轨枕或轨道板承轨面之间。轨下微调垫板按厚度分为 1 mm、2 mm、5 mm 和 8 mm 四种规格;铁垫板下调高垫板按厚度分为 10 mm 和 20 mm 两种规格,铁垫板下调高垫板由两片组成,应成对使用,如图 8.62 所示。

图 8.62 调高垫板

(2)作业程序与要领。

1)安装前准备。

①按以上要求选择并准备合适类型的弹条(W1 型或 X2 型)和合适类型的轨下垫板(橡胶垫板或复合垫板),同时适当准备厚度 1 mm 和 2 mm 的轨下微调垫板。

②准备 I 型绝缘块,并适当准备 II 型绝缘块以备用于钢轨接头处。

③选择并准备 7 号轨距挡板,并适当准备 6 号、8 号轨距挡板和相同型号的接头轨距挡板。

④根据前面要求选择并准备铁垫板下弹性垫板(A 类或 B 类)。

⑤选择并准备 S2 型螺旋道钉。

⑥清除轨枕或轨道板承轨面和轨底的泥污。

⑦摘除预埋套管上的塑料(或其他材料)盖。

2)安装顺序。

①在承轨台铺设铁垫板下弹性垫板,使垫板孔与预埋套管孔对中,如图 8.63 所示。

②安放铁垫板,铁垫板的螺栓孔中心应与预埋套管

图 8.63 安放铁垫板下弹性垫板

中心对正，如图 8.64 所示。

③在铁垫板中间位置安放轨下垫板，轨下垫板的凸缘应扣住铁垫板，如图 8.65 所示。

图 8.64　安放铁垫板

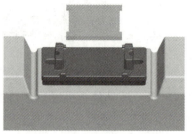
图 8.65　安放轨下垫板

④安设合适规格的轨距挡板，轨距挡板的圆弧凸台应安放在轨枕或轨道板承轨槽底脚的凹槽内，如图 8.66 所示。

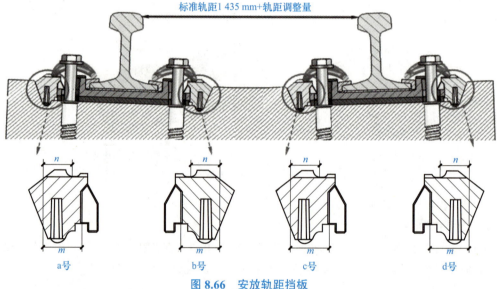
图 8.66　安放轨距挡板

⑤轨距挡板斜面和前端两支撑面应与轨枕或轨道板的承轨槽挡肩、承轨面密贴。若因钢轨、轨枕和轨距挡板的制造偏差，安设规定号码的轨距挡板不能满足轨距要求或轨距挡板不能安装入位时，可根据实际情况予以调换，不得猛烈敲击使其入位。

⑥铺设钢轨。

⑦绝缘块，不得猛烈敲击使其入位，如图 8.67 所示。

⑧安放弹条，将螺旋道钉套上平垫圈且在螺纹部分涂满铁路专用防护油脂，然后拧入套管，紧固弹条，如图 8.68 所示。弹条的紧固以弹条中部前端下颚与绝缘块

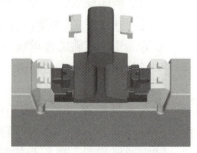
图 8.67　安放绝缘块

不宜接触，两者间隙不得大于 0.5 mm 为准，此时紧固扭矩。

钢轨接头处要用 WJ8 接头轨距挡板和 Ⅱ 型绝缘块。

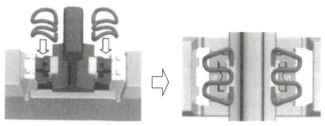

图 8.68　安放弹条

⑨将螺旋道钉套上平垫圈且在螺纹部分涂满铁路专用防护油脂，然后拧入套管，紧固弹条。弹条的紧固以弹条中肢前端下颚与绝缘块接触为准，如图 8.69 所示。

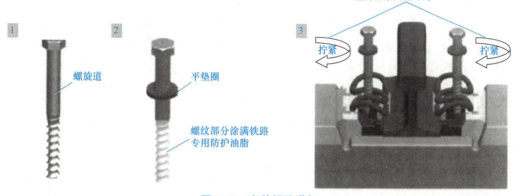

图 8.69　安装螺旋道钉

3）安装要求。

①检查轨距和轨向，如有不适调换不同号码的轨距挡板。

②检查钢轨空吊、高低和水平，如有不适，放入适当厚度的调高垫板。

③轨下调高垫板应放在轨下垫板下，放入垫板的总厚度不得大于 10 mm，总数不得超过两块，如图 8.70 所示。

4）注意事项。

①运营初期应注意观察扣件的使用情况，如因铁垫板下弹性垫板压缩残变引起扣件松弛，应及时复拧。当发现钢轨空吊和高低不平顺，应及时垫入调高垫板。

图 8.70　安装轨下调高垫板

②铁垫板下调高垫板每对由两片组成，从侧面插入。铁垫板下调高垫板只能单对使用，不能摞叠使用。钢轨相对正常状态的调高量大于 15 mm 时，应采用 S3 型螺旋道钉。

③使用中如发现扣件部件损坏应及时更换。

④如遇需要卸下螺栓道钉的情况时，应避免泥污进入预埋套管。

17. 施工作业

施工负责人在施工前、后应对材料机具、照明设备、作业人员进行清理、检查，并在作业前根据作业情况对人员进行分工，可分为数据分析小组、现场标注小组、作业小组等。

作业现场必须有一名技术负责人，技术负责人主要负责对现场病害数据、施工方案进行核对，确保方案正确无误，并将调整数据标注在轨枕或钢轨上。

现场作业应按照"标示→松卸→更换→锁紧→检查→记录"的程序和"先轨向，后轨距""先高低，后水平"的调整原则进行。分析测量数据，确定调整区间。

对照调整量适算表，由施工负责人指挥进行严格施工。调整完毕后，全面拧紧扣件螺栓，达到设计标准。回收更换下来的调整件，根据现场实际调整情况，形成调整件使用情况详表。

作业完毕后必须进行回检，首先对调整区段的扣件、垫板进行全面检查，确认安装正确，扣压力达到设计标准；其次对调整区段采用小车进行逐根轨枕连续测量，测量数据经施工负责人确认后存档备查，复测数据不满足精度和 350 km/h 运行安全要求的地段还应重新调整；最后形成最终的轨道静态调整量表和调整件使用情况详表，经作业负责人确认后存档备查。

参考文献

[1] 中华人民共和国铁道部. TB 10601—2009 高速铁路工程测量规范[S]. 北京：中国铁道出版社，2009.

[2] 赵景民. 无砟轨道施工测量与检测技术[M]. 北京：人民交通出版社，2011.

[3] 张福荣，赵景民. 高速铁路精密测量[M]. 北京：中国铁道出版社，2019.

[4] 张宪丽，王天成，郭亚琴. 高速铁路施工测量[M]. 北京：中国铁道出版社，2015.

[5] 李超雄，常光辉，曲玉福，等. 高速铁路线路养护维修[M]. 北京：中国铁道出版社，2015.

[6] 姜雄基，解宝柱. 铁路轨道工程测量[M]. 北京：中国铁道出版社，2018.

[7] 中华人民共和国铁道部. 高速铁路无砟轨道工程施工精调作业指南[S]. 北京：中国铁道出版社，2009.

[8] 中华人民共和国铁道部. 高速铁路 CRTSⅡ型板式无砟轨道施工质量验收暂行标准[S]. 北京：中国铁道出版社，2012.

[9] 李超雄，寇东华，杨厚昌，等. 高速铁路无砟轨道线路养护维修[M]. 北京：中国铁道出版社，2011.

[10] 卢建康，任自珍，岑敏仪. 客运专线无砟轨道施工平面控制网优化设计[J]. 铁道工程学报，2007（8）：49-52.

[11] 刘成，刘洪东，徐大志. 客运专线铁路无碴轨道基岩水准点及深埋水准点的建立[J]. 铁道勘察，2007（6）：26-28.

[12] 王长进，刘成. 京津城际轨道交通工程建立精测网的必要性分析[J]. 铁道标准设计，2006（S1）：193-195.

[13] 李晓娥. 任意带高斯正形投影平面直角坐标系统在武广客运专线勘测设计中的应用[J]. 铁道标准设计，2006（S1）：195-196.

[14] 周玉辉. 高速铁路工程测量有关技术问题的探讨[J]. 铁道勘察，2005（3）：28-31.

[15] 卢建康. 铁路客运专线测量方法探讨［J］. 铁道勘察，2005（6）：1-4.

[16] 储孝巍. 客运专线轨道检测及维修技术的分析探讨［J］. 铁道标准设计，2005（2）：29-32.

[17] 陈新焕. 高速铁路控制测量的精度研究［J］. 铁道勘察，2004（1）：29-31.

[18] 罗林. 高速铁路轨道必须具有高平顺性［J］. 中国铁路，2000（10）：8-11.

[19] 朱颖. 客运专线无砟轨道铁路工程测量技术［M］. 北京：中国铁道出版社，2008.

[20] 中华人民共和国国家铁路局. TB 10101—2018 铁路工程测量规范［S］. 北京：中国铁道出版社，2019.

[21] 周建东，谯生有. 高速铁路施工测量［M］. 西安：西安交通大学出版社，2011.

[22] 王峰. 高速铁路联调联试探索与实践［M］. 北京：中国铁道出版社，2011.

[23] 王志坚，杨友元，李明领，等. 武广铁路客运专线无砟轨道精密工程测量［M］. 北京：中国铁道出版社，2012.

[24] 中华人民共和国铁道部. 高速铁路无砟轨道线路维修规则（试行）［M］. 北京：中国铁道出版社，2012.

[25] 李昌宁. CRTSⅡ型板式无砟轨道轨道板预制与铺设技术［M］. 北京：中国铁道出版社，2012.

[26] 李昌宁. CRTSⅠ型板式无砟轨道轨道板预制与铺设技术［M］. 北京：中国铁道出版社，2012.

[27] 中华人民共和国国家铁路局. TB 10621—2014 高速铁路设计规范［S］. 北京：中国铁道出版社，2015.

[28] 张建军. 铁路轨道动态检测与不平顺管理［M］. 北京：中国铁道出版社，2019.

[29] 邢雪辉. CRTSⅢ型板式无砟轨道施工技术［M］. 北京：人民交通出版社，2015.

[30] 铁道部劳动和卫生司，铁道部运输局. 高速铁路线路维修岗位［M］. 北京：中国铁道出版社，2012.

[31] 中国铁路总公司. Q/CR 9604—2015 高速铁路隧道工程施工技术规程［S］. 北京：中国铁道出版社，2015.

[32] 郭占月. 高速铁路隧道施工与维护［M］. 成都：西南交通大学出版社，2012.

[33] 安国栋. 高速铁路精密工程测量技术标准的研究与应用［J］. 铁道学报，2010（2）：99-104.

[34] 卢建康，刘华. 高速铁路精密工程测量技术体系的建立及特点［J］. 铁道标准设

计，2010（S1）：70-73.

［35］马文静，刘宏江. CPⅢ平面网的解算方法研究及仿真计算［J］. 铁道勘察，2009（1）：18-21.

［36］张忠良，杨友涛，刘成龙. 轨道精调中后方交会点三维严密平差方法研究［J］. 铁道工程学报，2008（5）：33-36+71.

［37］郭保青，唐涛，余祖俊. 基于GPS与轨道信息的地图匹配列车定位算法［J］. 电子测量与仪器学报，2007（1）：49-52.

［38］罗天宇，宋运辉. 高速铁路施工测量［M］. 北京：人民交通出版社，2020.

［39］石德斌. 中国高速铁路精密测量实践与创新. 北京：中国铁道出版社，2018.

［40］梁世川，加依娜·塔吾列. 高速铁路无砟轨道施工测量［M］. 成都：西南交通大学出版社，2018.